U0103376

20世紀
中國科學家口述史

程開甲
口述自傳

程開甲　口述

熊杏林　程漱玉　王瑩瑩　訪問整理

開明書店

序 言

    2014 年 1 月 10 日,中共中央、國務院在人民大會堂隆重舉行國家科學技術獎勵大會,中共中央總書記、國家主席、中央軍委主席習近平親自將 2013 年度國家最高科學技術獎證書頒給程開甲院士。這是一名科技工作者的最高榮譽,也是他在 1999 年被中共中央、國務院、中央軍委授予「兩彈一星功勳獎章」後,黨和國家對他的又一次崇高褒獎。

    程開甲院士,是中國著名的物理學家,長期從事理論物理、核武器研製與試驗、抗輻射加固等領域的科學技術研究工作,是中國核武器事業的開拓者之一,中國核試驗科學技術體系的創建者之一。他經歷了中、西兩種不同文化的教育熏陶和新、舊兩種不同社會制度的變革,見證了新中國科學技術的發展繁榮,參與了中國「兩彈一星」的偉大事業。記錄和整理程開甲院士的科學人生、學術思想和重大貢獻,不僅對於近現代科技史的研究具有重要價值,而且對於我們探尋科學大家的成長規律具有典型借鑒意義。

    程開甲成長在中華民族積貧積弱的苦難歲月,他的大學學業是在流亡中完成的。日本帝國主義的侵華戰爭,激起他「為中華崛起而讀書」的強烈愛國主義情感;讀科學家傳記,讓他體會了科學技術對生產力發展的巨大作用,科學報國的思想在他的心裏牢牢紮根。在英國取得博士學位後,他聽從祖國的召喚,謝絕導師玻恩的

挽留，於 1950 年回到剛剛成立、百廢待舉的新中國。回國後，他先後在浙江大學、南京大學執教十年，傳道授業，桃李芬芳。1960 年，他被錢三強點將，來到二機部九所任副所長，開始從事中國核武器事業，隱姓埋名，踏上征程。

從 1963 第一次進入有着「死亡之海」之稱的羅布泊，程開甲在戈壁大漠工作、生活了 20 多年。歷任核試驗技術研究所副所長、所長、核試驗基地副司令。同時，兼任九所副所長、九院副院長，直至 1977 年。20 多年裏，作為中國核試驗技術的總負責人，他成功地參與決策和主持了包括中國第一顆原子彈、氫彈、增強型原子彈、兩彈結合、首次地下平洞和首次豎井方式試驗在內的三十多次試驗。帶領科技人員建立發展了中國的核爆炸理論，系統闡明了大氣層核爆炸和地下核爆炸過程的物理現象及其產生、發展規律，並在歷次核試驗中不斷驗證完善，成為中國核試驗總體設計、安全論證、測試診斷和效應研究的重要依據。他以理論為指導，創立了核爆炸效應的研究領域，建立完善不同方式核試驗的技術路線、安全規範和技術措施；領導並推進了中國核試驗體系的建立和科學發展，指導建立核試驗測試診斷的基本框架，研究解決核試驗的關鍵技術難題，滿足了不斷提高的核試驗需求，支持了中國核武器設計改進和運用。

程開甲院士的科學貢獻，不僅是在大家有所瞭解的核武器研製與試驗方面，也在理論物理、超導理論和材料科學等領域。從事核武器事業的 20 多年裏，他沒有發表文章，其他方面公開發表的著作有論文 107 篇、專著 3 本。早期的研究成果發表在英國《自然》（*Nature*）、《劍橋哲學學會會刊》（*Proceedings of the Cambridge Philosophy Society*），法國《物理與鐳》（*Physique et le Radium*），美國《物理評論》（*Phys.Rev.*），前蘇聯《蘇聯科學院報告》等期刊上。其中，有開創意義的研究成果包括：

1. 對狄拉克方程進行了嚴格的理論證明，這一方程對相對論量子力學的發展有着重要意義，此前，狄拉克本人也未證明過。

2. 在中國率先開展了系統的內耗理論研究，提出了較為全面系統的普適線型內耗理論，出版了中國首部《固體物理學》專著，對推動中國內耗理論與固體物理研究發展作出重要貢獻。

3. 創立和發展了「程－玻恩」超導電性雙帶理論。1948 年，他與導師玻恩共同提出超導雙帶理論。80 年代中期，高溫超導體的發現，使人們看到了 BCS 理論的局限性。程開甲深入分析國際上超導理論的研究現狀，於 1991 年、1993 年出版了英文、中文超導專著，進一步發展、完善了用於高溫和低溫的統一的超導雙帶理論。

4. 提出並建立了「TFDC」電子理論。20 世紀 90 年代，程開甲提出了「TFDC」（湯瑪斯－費米－狄拉克－程開甲）電子理論，為材料科學的發展提出了新的研究思想與方法。獲得了國家自然科學基金委員會的基金項目支持，進一步開展了電子理論的研究，並在實驗中得到驗證，在金剛石觸媒、納米管生成、薄膜大電容等方面取得了有應用價值的成果。

程開甲一生保持着科學家的品質，淡泊名利、抱樸守真。為了讓中國核試驗事業持續發展，他高度重視在完成任務中帶隊伍、培養人。在他的言傳身教下，中國核試驗研究團隊先後走出 10 位院士，薪火傳承，桃李滿園。他一生擔任過許多領導職務，但腦子裏從來沒有裝下過「權力」二字，有的只是「權威」，是「能者為師」的那種權威。他始終堅持學術民主的作風，過着質樸、簡單的生活。

真正的科學家是不求名利的。但真正為國家做出了重大貢獻的科學家，國家和人們也是不會忘記的。程開甲院士 1999 年被授予「兩彈一星」功勳獎章，又獲得 2013 年度國家最高科學技術獎，他還是全國人民代表大會第三、四、五屆代表，中國人民政治協商會議第六、七屆委員。他的研究成果，榮獲國家科技進步特等獎、一等獎、國家發明獎二等獎和全國科學大會獎等。對於這些崇高榮譽，程開甲有他自己的詮釋：「我只是代表，功勞是大家的。功勳獎章是對『兩彈一星』精神的肯定，國家最高科學技術獎是對整個核武器事業和從事核武器事業團隊的肯定。我們的核試驗，是研究所、基地所有參加者，有名的、無名的英雄們，在彎彎曲曲的道路上一步一個腳印去完成的。」

程開甲院士今年已 96 歲，但耄耋之年，仍然心繫科學研究、心繫國防科技發展，為中國國防現代化事業貢獻着自己的智慧和力量。

我們真心祝願程老不老長青！

熊杏林

2014 年 10 月於北京

自 序

　　走過了 97 年，非常慶倖我一生能為國家盡力，能實現「奉獻」的人生價值。

　　回顧歷程，我是幸運的。我遇到了影響我人生的許多人，秀州中學著名教育家顧惠人校長和于滄泉、姚廣鈞，浙江大學恩師束星北、王淦昌、陳建功和蘇步青，英國著名學者李約瑟博士，愛丁堡大學導師 M. 玻恩教授。從他們那裏，我學到先進知識，打下了涉足很廣的功底。我學到了求真務實，扭住不放，科技創新的理念。我遇到挑戰自我的機遇，盡到了自己應盡的職責。面對國家建設和十二年科學規劃的需要，我服從需要去建立不懂的專業。面對國防力量強大的需要，我堅決服從，並且無怨無悔地全身心為之付出。我遇到了我真正的朋友們：尊重科學和人才的張愛萍、張蘊鈺、朱光亞。他們尊重我的意見，尤其是張蘊鈺，當我遇到麻煩時總是站在我的身邊，給我以支持和保護。在此，我非常感謝他們，感謝他們每一個人為我做的一切。另外，我一生中還僥倖躲過了三次最壞的情況：一是浙江大學流亡到廣西宜山時遭到日軍 118 枚炸彈的轟炸，我的宿舍被炸，書籍衣物被毀；二是未能趕上的長途車掉進了山谷；三是因工作需要臨時取消與郭永懷同機返京，而飛機落地時失事了。

現在，我可以自豪地説我一生遵循熱愛國家、熱愛科學的信條，為了國家的強大不斷創新，不斷拚搏，用自己的科學知識報效國家。

　　為此，黨和國家肯定了我的工作成績，這是對整個核武器事業和從事核武器事業團隊的肯定，我只是這個團隊中的一員。我仍要努力不懈、不老常青。

　　今年是馬年，感謝熊杏林、程漱玉和王瑩瑩的辛勤勞作，讓我的人生旅程記錄能在本命年完成。

程開甲於北京

2014 年 8 月 30 日

走过了97年，非常庆幸我一生能为国家尽力，能实现"奉献"的人生价值。

回顾历程，我是幸运的。我遇到了影响我人生的许多人：秀州中学著名教育家顾惠人校长和俞沧泉、姚广钓，浙江大学恩师束星北、王淦昌、陈建功和苏步青，英国著名学者李约瑟博士，爱丁堡大学导师M.玻恩教授。从他们那里，我学到先进知识，打下了涉足很广的功底，我学到了求真务实，把住了抓科技创新的理念。我遇到挑战自我的机遇，尽到了自己应尽的职责：面对国家建设和十二年科学规划的需要，我服从需要去建立不懂的专业；面对国防力量强大的需要，我坚决服从，并且无怨无悔地全身心为之付出。我遇了我真正的朋友们：尊重科学和人才的张爱萍、张德钰、朱光亚，他们尊重我的意见；尤其是张蕴钰当我遇到麻烦时总是站在我的身边，给我以支持和保护。

在此，我非常感谢他们，感谢他们每一个人为我做的一切。另外，我还侥幸躲过了最坏的情况。浙江大学流亡到广西宜山遭到小日军118枚炸弹的轰炸，我的宿舍被炸，书籍衣物被毁，未能赶上的长途车掉进了山谷；因工作需要临时取消与郭永怀同机返京，飞机落地时失事。

现在，我可以自豪地说，我一生遵循热爱国家热爱科学的信条，为了国家的强大不断创新，不断拼搏，用自己的科学知识报效国家。

为此，党和国家肯定了我的工作成绩，这是对整个核武器事业和从事核武器事业团队的肯定，我只是这个团队中的一员。我仍要努力不懈，不老长青。

今年是马年，感谢熊杏林、程漱玉和王莹莹的辛勤劳作，让我的人生旅程记录能在本命年完成。

程开甲 于北京

2014年8月30日

目　錄

第一章　少年時代

我常想，求學問和學做人，
中學時期最關鍵，
我有幸在一個比較完美的環境中成長。

出生之前已有「名」

1918 年 8 月 3 日，我出生在江蘇吳江盛澤鎮。我的先祖在洛陽，後來遷到安徽徽州。徽州是全國商業最為發達的地區，「徽商」非常有名。徽州人有個俗例，家中男丁到了十六歲，就要出門做生意，「流寓五方，輕本重末」。我的祖輩也是這樣流到了吳江而定居下來。

到祖父程敬齋時，程家發達了。據說，祖父很能幹，能左手撥算盤，右手寫字，左右同時開弓。他經營紙張生意，賺了錢，置了兩處房產，還有古董古籍。

與徽州文化不同，吳地文化很崇尚讀書做官。祖父經商多年，有了家產，他最大的願望就是家裏能出個做官的。

祖父娶了兩位太太，楊氏和王氏。我的父親程侍彤，為楊氏所生，是祖父唯一的兒子。一開始，祖父把讀書做官的希望寄託在我父親身上，但是父親不爭氣，考了幾次，連個秀才也沒考取。於是，祖父希望第三代能實現他的願望，他早早就給朝思暮想的孫子取好「開甲」[1] 之名。所以，「開甲」

1　明清科舉制度中，根據成績高低，將考中進士的人分為一甲、二甲和三甲。此處「開甲」之意，似應指在本族家人中最早考中進士者。

這個名字，不是我出生後為我取的，是祖父為程家的第一個孫子預備的。

父親娶的第一位太太洪氏，是我的大媽。洪家是大家庭，有錢有地。大媽的父親是舉人出身，洪家其他弟兄也都出過國、留過洋。但很遺憾，大媽一連生了六個女兒，沒有人可領「開甲」之名。後來，祖父做主，讓我父親又娶了一位潦倒書生的女兒做妾，希望她為程家生個孫子，這便是我的母親董雲峰。

1911 年爆發辛亥革命，全國兵荒馬亂，祖父到上海租界做生意，本想租界比較安定，沒有料到，在這裏他被騙去了錢財，做了一筆相當大的賠本生意，程家家道也從此衰敗。

1918 年 8 月 2 日，祖父去世，沒有看到「開甲」出生，死時他沒合眼。第二天，我出生了，領了「開甲」之名，並在祖父出殯前做了他的孝孫，大家都說我的出生是程敬齋死後有靈。

童年

祖父去世後，父親對生意一竅不通，是二姐夫幫忙籌劃還清了祖父的借款。後來，父親在家裏開了私塾館，教書為業。全家人的開支，都靠着一些房租和他的微薄收入。他還喝酒、抽鴉片，對我不怎麼關心。印象裏，他給我的父愛，就是有一年除夕給我買了個小銅鑼。1925 年父親去世。之後，母親也無奈地離開了程家，那一年，我 8 歲。

早在唐宋時代徽州商人就已相當活躍，明以後更是蔚然成風。王世貞曾説，「大抵徽俗，人十三在邑，十七在天下；其所積蓄，則十一在內，十九在外」。自明代中葉至清代康、乾年間，徽商從崛起並走向鼎盛，所謂「無徽不成鎮」。徽州地區也由此出現了「貨殖之事益急，商賈之勢益重」的文化走向。凌濛初在他的名作《拍案驚奇》中寫道，在那裏「商賈為第一等生業，科第反在次者」。在徽州人汪道昆的文集中，也有「古時右儒而左賈，吾郡（徽）或右賈而左儒」的記載。孫枝蔚的文集，更是反映了「滿路尊商賈，窮愁獨縉紳」的徽州地域文化現象。

與徽州尊商不同，吳地卻尊教尚文。魏晉以來，經隋唐五代，中原戰亂，知識分子逐漸流向南方。南宋以降，大批文人一次又一次南渡，吳地成了全國的文化中心。這裏書院興盛，文化繁榮，名流輩出，稱冠全國。明代著名文學家曾有「吳為人材淵藪，文字之盛，甲於天下」的讚譽。據《登科記考》《宋歷科狀元錄》《文獻通考》《明清進士題名碑錄索引》等文獻記載，自隋唐開創科舉後的 1300 餘年中，全國共出文狀元 596 名，吳地，僅蘇州就有 45 名，佔總數的 7.55％。清朝一代，全國文狀元 112 名，蘇州有 25 名，佔總數的 22.3％。蘇州被稱為「狀元之鄉」。吳地儒生不但在朝廷做官的多，曾出現「戶部十三司胥算，皆吳越人也」的情景，而且名人大家、文化世族、書香門第比比皆是。在吳地，要想光宗耀祖，科舉取士是首選之道。

　　我母親本是南潯鎮梅姓大戶人家的丫鬟，嫁過來的時候不到 20 歲，又是二房，在家裏很受歧視。有一天，她終於坐船走了，哭得很傷心。臨行前，母親給我洗了澡，換上乾淨的衣服、鞋襪，塞給我幾個銅板。

　　母親走後，家裏剩下大媽、五姐、六姐，沒人管教我。家人冷眼，連奶媽都罵我是個「落貨」（沒人管）。我變得孤僻、膽怯、怕見人。

到了讀書的年紀，家裏送我到綢業小學，在那裏我除了玩，還是玩，根本不讀書。成績常常是倒數第一，小學二年級時留級，接連留了3年，成了「年年老闆」。我還逃學，有一次拿着家裏的錢，一個人跑到上海去玩，錢花光了，就找到上海二姐家。二姐告訴家裏，把我帶回盛澤。

我這次離家出走，讓全家上下很震動。大媽讓我跪在父親的靈前，狠狠地教訓了我一頓，但從此她開始管我了。畢竟我是程家的獨苗，萬一有個三長兩短，她覺得對不起程家的列祖列宗。其次是五姐，她是小學教師，比我大十歲，對我好些。她調到觀音弄小學後，將我轉學到那裏。每天早晨她會叫醒我，督促我洗漱、吃飯，與她一起去學校。放學後，帶我回家。如果她找學生談話或批改作業，就讓我到她辦公室等着一道回家。

在新的小學裏，我漸漸開竅，學習成績逐漸好轉。老師們教學認真，教學方式和管理方法都很有效。特別是簡曉峰校長，不但課講得好，還給同學們講許多大人物成才的故事，我深受觸動。在這裏，我似乎開始懂得了「成才」的含義，並立志也要成為一個「大人物」。

由於「年年老闆」的經歷，我在全班同學中年齡最大，感到不好意思，於是，四年級時提出跳級申請，簡校長考慮到我數學和音樂成績突出，批准了。

我跳過五年級，到淘沙弄小學直接讀六年級，拿到了高小畢業證書。

秀州中學

1931 年，我 13 歲，考取了浙江嘉興私立秀州中學。嘉興離盛澤鎮約 40 里。我平時住校，寒暑假回家。我在這裏度過了六年，讀完初中、高中。

秀州中學，是一所很有名氣的教會學校。陳省身、李政道、美國科學院院士軍工專家潘文淵等都是這個學校畢業的。到 2011 年，秀州中學已經走出 11 位院士[1]。我常想，求學問和學做人，中學時期最關鍵，我有幸在一個比較完美的環境中成長。

我進校的時候，校長是顧惠人。他篤信基督教，很會辦學，教學十分嚴謹。我們對顧校長很尊敬，至今印象也很清晰，他是位十分出色的教育家。在秀州中學，我接受了六年具有「中西合璧」特色的基礎教育。

秀州中學教育注重人品第一。學校有嚴格的紀律，早晨必須出早操，不准抽煙、喝酒，每天必須要洗澡，誰不去要登記。生活也要求學會自理。記得高二時同學們推選我當「膳食委員會主任」，那是我生平第一次「當官」。膳食委員會是住校生的一個管理學校伙食的組織，責任是監督伙食質量和食品衛生。當這個主任，每天要同老闆算出一天的主、副食品的用量，米、油、肉、菜多少，都要算清楚。因為同學們信任我，我幹得特別賣力，管理很認真，有時耽誤功課，結果學習受影

1　除程開甲之外的其他 10 人，是幾何學家陳省身，物理學家李政道，昆蟲學家陳世驤，地球物理學家顧功敘，歷史地理學家譚其驤，地理學家周廷儒，生化藥理學家周廷沖，昆蟲學家欽俊德，航天生理學家方懷時，美國科學院院士、軍工專家潘文淵。

響，《詩經》課考試不及格。後來，高年級同學對我的管理不滿意，聯合起來要罷我的官，俞滄泉老師找我談話，指點我如何揚長避短，最後他鼓勵我說：「將來你會成功的。」這句話當時對我激勵很大，現在還記得。

秀州中學注重全面教育，什麼都學，除了英文、數、理、化，也學《易經》《孟子》《詩經》，學種田、插秧。這些對一個人的成長十分有益，因為誰也不知道將來自己會怎麼發展，有的可能從事化學專業，有的則可能從事農學……

秀州中學校園生活豐富多彩，演講、辯論、歌詠、體育、演劇等各種比賽長年不斷。我們都很用功，而且興趣廣泛，經常參加體育鍛煉。學校有四個網球場，四個籃球場，還有健身房，都是師生募捐建造的。我喜歡打籃球，是籃球隊的後衛，搶籃板球技術很好，還當過籃球裁判。顧校長有時和我們一起打籃球賽。他還以身作則，親自參加運動會的賽跑，同學們看到非常振奮，在邊上高喊加油：「Hip Hip, Hurrah, School long!」

學校文藝活動也多種多樣，有演劇團、歌唱隊、國樂團、繪畫會等社團。我參加了唱詩班，還在一次聖誕晚會上，男扮女裝演聖母瑪利亞，表演很成功。

數學、英語嶄露頭角

剛上初中時，我的成績不突出。到初中二年級，情況就變

了，我的數學和英文成績很好，數學常考 100 分。我到秀州中學上學後，六姐出嫁了，家裏只剩下大媽和我。大媽每次看到我拿回的成績單都很高興，開學時就痛痛快快把學費給我帶上。

數學老師是姚廣鈞，他對我影響很大。為了訓練學生的數學記憶，他要求我們將圓周率背誦到小數點之後 60 位，1~100 的平方表都要背。這樣的訓練，讓我至今還是一看題目，就能估出大概結果。

初二學代數，所教內容我在小學四年級就學過，姚老師看到我的數學水平高於同班同學，就給我「開小灶」，讓我經常到他宿舍做題目，引導我去解課堂以外的難題。他還借給我一些習題集，我每道題都做，且儘量採用多種方法去做。有一次，我把一道很難的幾何題做出來了，姚老師就拿着這道題

去考他的同事，老師們做不出來，他就笑他們，要他們當他的學生。

記得高一暑假時我們到杭州拱辰橋軍營接受了 3 個月軍訓，帶隊的徐老師與我約定，空閑時，我教他數學，他教我軍事，互相幫助。沒想到，每天軍事訓練太過緊張，根本沒有什麼空閑時間。3 個月過去了，我都沒找到兌現諾言的機會，現在回想起來還欠着徐老師的債呢。

除了數學，我的英文也很好。當時用的英文課本是林語堂編的，我能把每篇課文背誦出來。有一次，英文老師張才茂生病了，顧校長代我們班的英文課，聽到我流利地背誦整篇課文後，非常高興，對全班同學説：「你們就要這樣去勤奮學習。」

我還閱讀和背誦其他英文書籍。我曾從表弟洪兆鉞那裏借過《格列佛遊記》（*Gulliver's Travels*），讀過好幾遍，愛不釋手，一直未還。一年暑假，家住盛澤的秀州同學在木蘭洲公園比賽英文，記得我背的是林肯內戰時的演講，高年級的潘文淵也參加了這次活動。

秀州中學每年都會舉行一次英文背誦比賽。初三時，我第一次參加比賽，台下背得很好，一上台就緊張了，背了 3 句，下面全忘了，只好下台。輔導老師姚廣鈞鼓勵我説：「沒關係，看以後的。」第二年，我高中一年級，由駱之駿老師訓練，汲取了上次失敗的教訓，穩定了情緒，獲得全校英文背誦比賽第一名。

到了高三，我代表學校參加了浙江省四所教會中學的演説競賽，奪得單項第一名。對這次比賽，我至今印象深刻。當時

輔導我的老師是秀州中學第二任校長竇維思的夫人,同學們都稱她竇師母。竇師母是美國人,基督教徒,為人十分友善,但教學很嚴格。她讓我準備了好幾篇演講稿,最後確定將莎士比亞的《凱撒大帝的悲劇》(*The Tragedy of Julius Caesar*)劇本中 Brutus 的一段精彩演講作為參賽內容。之後,竇師母一遍又一遍地聽我背誦,糾正我的每一個發音,並教我如何用身體動作表達人物內心的感情。

萌發當科學家的理想

秀州中學圖書館有許多名人傳記。伽利略、愛因斯坦、牛頓、法拉第、巴斯德、居里夫人、萊布尼茨、詹天佑等中外科學名人傳記我都看過。是這些書,使我增加了知識,也增強了責任感和使命感。科學家追求真理、熱愛祖國的精神感動教育了我,他們執着創新和不倦研究的品格也影響了我。比如,讀了巴斯德的書,才知道食物為什麼會變質、變餿。巴斯德發現了細菌、利用了細菌,掌握了它的規律,還使法國的釀酒業發生了巨大的變化,僅此一項科研成果不僅支付了當時戰爭失敗的賠款,還使法國的釀造業稱雄一世。讀過這些之後,我漸漸產生長大要當科學家的理想。

愛迪生說科學上的成功靠的是「99% 的汗水加 1% 的靈感」。我評價自己不算聰明,當時班上有的同學成績比我好,但我的刻苦是他們比不了的。讀完中學課本,我就預讀大學課

程，開始鑽研微積分，許多課程老師還沒有教，我就已經學了。我還找來美國的原版課本，常常學習到晚上十一二點鐘，熄燈以後，就坐在樓梯口的燈下，有時甚至在廁所燈下讀書。

我肯動腦筋，敢想別人沒有想過的事情。初二時，我想搞個「發明」，造一條大船，通過船的重量把海水壓到船裏面，然後用水的衝力帶動發電機發電，發電機工作後，一面把船開動，另一面把船中的水抽出去⋯⋯當然，這不是一個發明，也不可能「發明」出這樣的大船。

每當我有一些奇思妙想時，姚老師都會鼓勵我「再動動腦筋」。因為有老師的鼓勵，我動腦就更勤了。一次，我想用平面幾何的方法三等分角，做了幾天幾夜沒有結果。後來，別人告訴我，高等數學已經證明這道題用直尺、圓規的辦法做不出來，必須用群論。高三時，我還曾經花費很多時間，嘗試研究一個定理，但沒有成功。那句「再動動腦筋」，讓我一直不能忘懷，我很感激他們。老師對學生敢於想像、敢於「發明」之心精心呵護、鼓勵和引導，對學生的成長很重要。

中學時，我也有不足，特別是語文基礎較差。中學學《孟子》《易經》《詩經》等，我不太重視，現在覺得有點遺憾。學習不可偏廢，學好傳統文化對每個人的素質培養很有益，我現在還讀《古文觀止》《論語》《孟子》等書籍。人的邏輯推理思維能力、理解和表達能力的培養，都離不開語文基礎。

說起中學時期，令我難忘的事情不少。那時我還有一個綽號「豬頭三」。起因是：剛入秀州中學時，有些東西我不懂。一天，看到別人用電話與家人說話，覺得新奇，我也去排隊。

排到了，我拿起話筒就喊「媽」。後面的同學看我喊了半天，對方沒反應，過來幫我，發現我沒撥號。問我家的電話號碼，我說，我們家沒電話。這個笑話在同學中傳開了，我被人喊作「豬頭三」。後來，我和同學們關係好了，「豬頭三」演變成「豬倌」，成了昵稱，從初中到高中，我當了6年「豬倌」。

秀州中學對我如何做人和讀書都起到了相當大的作用，對我的一生產生了積極影響。

本校參加浙省中等教育首研究會
第五屆年樂會之作文及演說競賽之優勝者

1. 高中英語演說競賽
   第一名　程開甲

2. 高中作文競賽
   第一名　于康莊

3. 初中中文演說競賽
   第三名　施光楊

4. 初中作文競賽
   第四名　沈保康

1　程開甲的大媽程洪氏
2　程開甲獲浙江省四所教會中學高中
　　英語演說競賽第一名
3　2000 年參加秀州中學百年校慶活動
　　（右起程開甲、陳省身、欽俊德）

1 | 2
3

4　1995 年程開甲（左）看望俞滄泉老
　　師（右）

5　2000 年程開甲（左）在顧惠人校長
　　銅像前

6 秀州中學 1937 級畢業照（前排右 1
顧惠人、左 3 程開甲）

7 1989 年為母校觀音弄小學題字

項家漾校門

思進堂

科學館

東齋

西齋

8　秀州中學老照片

第二章　大學時光

同學和我打賭，

「你要能白天黑夜連着看書不睡覺，

晚上的燈油錢我出。」

我年輕氣盛，加上機不可失，

接受了這個賭局。

我兩天兩夜沒有合眼，

一直看書、計算。

賭局之後，

我就有了「程BOOK」的綽號。

流亡大學

1937 年 7 月，我高三畢業。接着，我和幾個同學一起複習準備考大學，我同時報考了浙江大學物理系和上海交通大學機械系。這時，七七事變發生了。我是在設於上海租界內的考場考的，結果兩個學校都錄取了我。大媽很高興，拉着我到祖宗的牌位前上香，告慰祖父，開甲未負「開甲」之名，實現了程家人的夙願。

因為浙江大學的錄取通知書上註明是「公費生」[1]，所以，我選擇了這所大學。9 月，我到浙江大學報到。

入學時校長是已經上任一年半的竺可楨。竺可楨到校後，聘回了在「驅郭罷課」學潮中憤然離校的許多老師，如物理系的張紹忠、何增祿、束星北等。對原有的老教授蘇步青、陳建功、李壽恆、貝時璋、吳耕民等都加以重用，此外，還聘請了當時的著名學者胡剛復、梅光迪、王淦昌、盧守耕等，這時的

1　公費生是浙江大學在抗戰前給予極少數考生的一種獎勵，每學期可以從學校領取 100 元的資助。按照當時的物價水平，有了這筆資助，大學四年的基本生活開銷可以不用家裏出錢。在抗戰期間，情況有變化。

浙江大學的前身是 1897 年 5 月由清末杭州知府林啟創辦的求是書院。歷經幾度易名，1927 年建制為浙江大學。1933 年 4 月，郭任遠出任浙大校長，他與國民黨浙江省黨部相互配合，在大學推行法西斯統治，對學生實行軍事化管理制度，依靠軍訓教官和訓育管理員偵查學生活動，任意處分學生。在他任校長 3 年中，開除、處分學生近百人。郭的行為引起浙大師生和杭州各界有識之士的極大不滿，梁希、吳耕民、蔡邦華等 50 多位著名教授憤然辭職。1935 年 12 月，浙大學生響應「一二・九」運動，郭又勾結軍警，逮捕學生，從而引發了師生「驅郭罷課」學潮。運動持續一個月，蔣介石親赴學校訓話，學生也毫不退讓。在此情形下，既無黨派之見，又在學術界享有盛譽的竺可楨教授經人推薦，於 1936 年 4 月入主大學，成為浙江大學第五任校長。

浙江大學教授陣容是很強的。

剛上浙大，抗戰開始，我跟隨學校輾轉流亡到大後方。一年級時，我們新生 100 多人，在西天目山的禪源寺上課。第一學期還未完，上海淪陷，日本人入侵南京，於是，浙江大學集中到建德，再遷到江西吉安，開始流亡。當時在浙江大學教英文的美國學者馬利奧特（Mariotte）寫了一篇報道 *A University in the March*，描述了當時浙大流亡的情況。

從 1937 年秋到 1941 年秋，我讀大學的四年間，學校搬遷了 7 個地方：杭州、建德、吉安、泰和、宜山、遵義、湄潭。搬遷時，學校沒車，學生自己走。由於時局和交通的限制，每次搬遷，學校只能作出一個整體安排，至於如何到達目的地，則需要自己想方設法。

學校從建德遷往江西吉安時，計劃從蘭溪出發，再去金

華，然後搭乘火車去樟樹鎮。我從浙江蘭溪出發，剛到金華，碰上敵機轟炸，鐵路客車都停開了，就想辦法搭上一輛無棚的貨運火車。一路非常艱苦，車上沒地方坐，冬天又很冷。我又冷又餓，在車上堅持站了3天3夜，才到達樟樹鎮。還好，在那裏遇到了校方的接應人員，於是由樟樹鎮坐汽車去吉安。在吉安，學校借住在白鷺洲的吉安中學和鄉村師範，並利用兩校放寒假的時機，上課兩周，舉行考試，結束學期課程。

1938年2月，學校再遷往泰和，借用書院和蕭氏舊宅，抓緊開課。在泰和上了七八個月課，到1939年初，又遷到廣西柳州北部的宜山。

宜山縣城不大，我們在這裏安心學習了1年2個月。這是學校離開杭州後搬遷途中停留時間最長的地方，也是所受驚嚇與損失最為嚴重的地方。

1939年2月的一天，十幾架日本飛機飛來，把我們的宿舍當作軍營，投下118枚炸彈，所幸學校平時防空教育得法，沒有死人。當時同學們正在上課，警報發出後，大家迅速避到周圍掩蔽物後面，我當時躲在河邊一塊大石頭下面。這次轟炸，炸毀了學校標營東宿舍、大禮堂和許多教室，有些價值很高的實驗儀器被震壞，百餘同學的衣物行李被焚毀，我的書籍、筆記本、衣服、被褥都沒有了。空襲過後，師生們捐錢捐物，幫我們渡過難關，我的棉袍、筆記本等都是大家捐的。

狂轟濫炸沒有使我們屈服。我們搭起草棚，三天後照常上課、讀書。除了這次轟炸外，敵機仍時不時來投彈，三天兩頭有空襲。學校在龍江對岸的山上，用很高的架子掛起報警的燈

籠：一個燈籠，表示有敵機，要準備跑；兩個燈籠表示敵機快到了，需要馬上跑；兩個燈籠都沒有，就表示敵機來了，大家紛紛往龍江兩岸河谷或山腳下的石灰巖溶洞裏躲避。我們就在這樣時常有空襲威脅的情況下，堅持學習，堅持實驗。

南寧淪陷後，我們又被迫遷往貴州遵義、湄潭一帶，在那裏稍微安定些。

幾經搬遷，雖過着艱苦的流亡生活，但老師們從不降低教學要求。為了堅持教學和科研，師生們一路上視圖書和儀器設備為命根子，別的可以扔掉，這些一定保護好。記得圖書和儀器由江西水運入廣西宜山時，遭到日本軍艦的追擊，物理系有幾箱儀器設備和圖書落水受潮。開箱時，看到有些雜誌的紙張黏合在一起，師生們都傷心落淚，一起動手一本一本弄乾、修補。

恩師束星北和王淦昌

我在浙大求學時，有幾位很重要的老師，如物理系的束星北、王淦昌教授，數學系的蘇步青、陳建功教授等。他們都是留學歸來，在學術上很有名氣的大師。記得剛入學時，束星北教授來天目山看望一年級新生，他拿出一個天平，用手一碰，天平上下擺動起來，問：「這是什麼道理？」同學們都答不上來，他說：「道理很簡單，天平的重心在底下。」然後，他給我們講起學物理要「懂得道理，弄清原理」。

束星北教授思維敏捷，課講得深入淺出，我們都很佩服他。

大學二年級時，他給我們講力學課，把力學的基本概念和基本原理講解得十分透徹、生動，很多見解在今天實踐過程中被證明是正確的。我們從其啟發性的物理洞察力和哲理中獲益良多。期末考試，他出了一道考題：「太陽吸引月亮的力比地球吸引月亮的力要大得多，為什麼月亮還跟地球跑呢？」這道考題全班只有我和胡濟民做出來了。我用牛頓力學的原理解釋這個問題，在太陽的作用下，地球與月亮間的相對加速度要比太陽與月亮間的相對加速度大得多，所以月亮只能繞着地球轉。

束星北教授還教我們熱力學、量子力學，這些課也講得很好。相對論是他的研究專長，開始選相對論課程的人很多，最後只剩下我一個，這門課真正變成了師生兩人的「相對」論，兩人面對面切磋、研討。這種面對面的教學和討論，讓我學得非常紮實。

在束先生的指導下我開始做研究，很好地完成了畢業論文《相對論的 STARK 效應》。

物理系在浙江大學是舉足輕重的一個系。除了束星北教授，還有王淦昌、何增祿、張紹忠等教授，他們在國內外都很有名氣。1944 年，英國著名科學家李約瑟博士來湄潭，參觀考察浙江大學，進行學術交流。第二年回國後，他在英國《自然》周刊發表文章說，「湄潭是浙江大學活動的中心。在那裏不僅有世界一流的氣象學家和地理學家竺可楨教授，有世界一流的數學家陳建功、蘇步青教授，還有世界一流的原

子能物理學家盧鶴紱、王淦昌教授。他們是中國科學事業的希望。」

王淦昌留學德國，他學識淵博，性格開朗、待人真誠，教職員工和學生都十分喜歡他，稱他為 "Baby Professor"。王教授對科學研究的新發現很敏感，並能及時介紹給大家。1939年2月哈恩（Otto Hahn）關於重核裂變的發現和邁特納（Lise Meitner）關於這種現象的解釋相繼發表。同年7月，王教授就在物理討論班上做《鈾的裂變》的報告，介紹鈾核裂變的發現。他還試圖用照相底片法尋求核裂變產生的核徑跡，也曾試圖用中子轟擊鐳酸鎘來引起爆炸。1940年，他講原子核物理，當講到核裂變時，他指出：如果可控的核裂變鏈式反應能夠建立，人類將進入一個新的時代。很久之後，我們才知道著名女科學家邁特納是他博士論文的指導老師，但他在做報告時一點都不提他與邁特納之間的師生關係。聽了王先生的報告，我們很受啟發，養成了主動閱讀《自然》《科學》等國際上著名的科學刊物、跟蹤物理學發展的好習慣。

抗戰時期的浙江大學，地處僻壤，交通不便，圖書設備不齊全，但王淦昌教授的枕頭常放着輾轉寄來的《物理評論》之類的國外物理期刊。他從這些文獻裏尋找科學發現的新信息。這類期刊儘管來得很晚，卻是他的精神食糧。他對這些著名物理學雜誌上一些論文的重要實驗數據都記得很清楚，談話中常常引用。對此，連束星北教授對他也很敬佩，他曾對我說：「王先生熟悉文獻資料，他那裏思路很多，你可以從他那得到啟發、找到研究課題。」

王先生的研究是走在世界科學研究前沿的。他研究電子、中微子，堅信原子核變化時「中微子一定存在，而且是可以測量的」。20 世紀 40 年代初，中微子假設已提出 10 年，但是過去的實驗都不能確切地證實中微子的存在。經過研究，1941 年，他撰寫了論文《關於探測中微子的一個建議》，建議測量 ^{7}BeK 俘獲的終態原子核反衝能量，來驗證中微子的存在。論文在美國《物理評論》發表後，美國物理學家阿倫（Allen）按照王先生的方案進行測試，基本驗證了王先生的論斷。這個成果是弱相互作用實驗中的一個里程碑，是粒子物理中一個值得紀念的發展環節。由於王先生對確認中微子存在的物理研究工作作出的重要貢獻，美國《物理評論》把他的論文評選為 1942 年最佳論文之一，1943 年美國《現代物理評論》（*Reviews of Modern Physics*）將其列為國際物理學重大成就之一。王先生的這項研究是 1941 年抗戰時期在遵義一座破廟裏完成的，很了不起。環境再惡劣，王先生也念念不忘實驗研究。1939 年在廣西宜山，敵機天天轟炸，王先生和助教錢人元卻不顧個人安危，堅持到龍江對岸存放儀器的木棉村開箱做實驗。有人反對說：「飯都吃不上，還做什麼實驗？」他回答：「沒有飯吃也要做實驗。」貴州素有「天無三日晴」之稱，學校遷到貴州後，做靜電學實驗，要等晴朗乾爽天氣。事先把儀器搬到室外，讓陽光照射，確保無剩餘濕氣，才可進行演示。在湄潭，實驗時沒有自來水可提供高真空系統用的循環水流，他們就設法將水桶放在一隻高高的木凳上，利用落差，提供水流。束星北先生也是這樣，1942 年他做實驗沒有電，就帶領物理系的

技工夜以繼日地修理一台破舊的發電機，居然發了電，保證了實驗工作的開展，還讓我們收聽到國際無線電廣播。

活躍的物理系

浙大學術討論活動很多，有一套完整的學術活動制度，各系高年級都有專門的學術討論課，報告新的學術動態或傳遞新的研究信息，師生可以互換角色、輪流主講。

物理系開了「物理討論班」，分甲、乙兩個班。甲班由全系教師和學生輪流做學術報告，乙班由束星北和王淦昌兩位教授就物理學前沿課題做學術報告，朱福炘、朱正元、羅鄂復、吳沛民等老師都參加。學生可以報告學習心得、研究工作，也可以報告自己的新想法或文獻綜述，大家一起討論。每次參加的人都很多。物理系的討論課比較自由，報告可以打斷、插話。老師經常會提一些問題，或要求報告人回答，或引發討論。討論引人入勝，老師公開表揚優秀的報告，也會坦率地指出不令人滿意的問題。每次報告會，王先生和束先生都是最活躍的，報告時他們經常插話、提問和爭論。他們兩人同歲，一個擅長實驗，一個擅長理論，往往對問題爭論不休，有時像小孩吵架一樣，聲音很大，如果達成共識，他們會爽朗地大笑，問題沒有解決，下次繼續討論。在他們的影響與帶動下，物理系的同學也常就學術問題進行爭論。所有這些都為全校所知。

一次討論時，王先生深究深挖的勁兒遇到了困難，束星北

笑他：「天下本無事，唯王淦昌自擾之。」他們兩人是好朋友，像他們這樣的交往和友誼在學術界極少。他們彼此了解很深，王先生對束先生的學術成就的評價很高，他說：「束星北是一位十分嚴謹的科學家」，「我很敬佩他的物理基礎的堅實，思維的敏捷，對問題看法的獨到之處。因此我常請教他，得益匪淺」。

物理討論班，開闊了我們的眼界，培養了我們實事求是的學風，不但督促我們密切關注科學領域的新事物，也督促我們養成嚴謹治學的科學態度，不浮躁，不僥倖。在這種濃厚的學術氛圍熏陶下，我們刻苦學習的自覺性更強了。

物理系我們年級起初一共有 12 個學生，畢業時只剩我和胡濟民兩人，有些人轉到工學院去了，因為工學院畢業後出路有保障，學物理只能過淡泊的生活。在這個過程中，儘管學生人數在減少，但老師們的教學仍很認真，聽課學生的學習熱情也很高，課堂氣氛十分活躍。我們勇於提問，敢於發表自己的看法，下課後經常把老師圍住，七嘴八舌地問，有些提問自己都覺得很幼稚，但王先生和束先生都認真回答。他們尊重每個學生，對比較深奧的問題，總是適時地給以鼓勵與引導。在老師們的啟示下，我們每天都有新體會。

在內遷的困難條件下，物理系能堅持開展教學和學術活動，是與有張紹忠、王淦昌、束星北、何增祿等一批勇於探索、獻身科學與教學的中流砥柱分不開的。因為他們對科學的熱愛、執着、追求和堅持，才使浙大物理系不斷向着前沿邁進。

在浙大讀書，生活雖然艱苦，但校園的氣氛充滿了活力。

學校主張學生全面發展，支持師生們的各種愛好和課外活動，比如創辦音樂、戲劇等方面的社團，組織演出，舉辦各類報告會、座談會、講座、講習會、科普演示。我還去聽豐子愷教授的藝術修養課。

三年級時完成數學論文

我很幸運，一入大學就遇到學界一流的老師。當年，王淦昌、束星北等老師雖然很年輕，但在科學事業的道路上已很成熟。他們不僅學識淵博、學術過硬，在為人、做學問等方面也深深教育了我們。在他們的影響和指導下，我打下了堅實基礎，學到了勇於探索、勇於創新、獻身科學的精神。

老師們還鼓勵我們跨系選課，引導我們開闊知識領域，在較寬的知識基礎上研究專業學科或邊緣學科。我選修了數學系的課，聽陳建功教授的複變函數論和蘇步青教授的微分幾何。其他系的同學，受王淦昌和束星北先生的影響，也來選修物理系的課。

大學三年級，我聽了陳建功教授的複變函數論課，很受啟發，研究完成了論文《根據黎曼基本定理推導保角變換面積的極小值》。我把論文送給陳教授，當時他沒看，助教彭慧雲仔細看了，認為我的推導正確，就告訴他。陳教授看完論文，十分高興，對蘇步青和束星北說：「程開甲寫了篇文章。」後來，陳教授寫信將與我共同署名的論文推薦給英國著名數學家Tischmash教授，後又幾次寫信去詢問稿件發表情況。文章最

後被蘇聯斯米爾諾夫著的《高等數學教程》第 3 卷第 2 分冊第 2 章 39 節全文引用。

束星北、王淦昌、陳建功、蘇步青對我的影響非常大。多年後，蘇步青見到我還對人說：「程開甲了不起。」

王淦昌在一次核試驗任務會議上對大家說：「要向程開甲學習。」我與王先生一生保持交往，並經常去看望他。

燈油錢與「程 BOOK」

因為流亡中求學的痛苦經歷，浙江大學的師生對日本侵略者特別憎恨。校園內經常有抗日活動，如抗日演講、遊行罷課、參軍參戰等。王淦昌教授還專門開了「軍用物理課」。

大學二年級時，我聽了竺可楨校長的演講，他說：「一國的強弱盛衰，並非偶然而致，現在世界是技術的世界，是科學的世界，今後應精研科學，充實國力。」我就照着去做，樹立了科學救國的思想。我學習特別刻苦，經常在桐油燈底下學習，燈油錢總是比別人多好幾倍。

從上大學那年開始，我再沒有用過家裏的錢。起初，所有費用都可以從學校發給我的公費中解決。後來通貨膨脹、物價飛漲，100 元公費變得不值錢，我不得不節衣縮食。為了省油，我把桐油燈的燈芯撥得很小，經常在昏暗的燈光下讀書。

一天，一個同學和我打賭，「老兄，你要有本事，能白天黑夜連着看書不睡覺，晚上的燈油錢我出。」我年輕氣盛，加

上機不可失，接受了這個賭局。從圖書館和束星北那裏借來幾本關於量子力學的書，兩天兩夜沒有合眼，一直看書、計算。賭局之後，我就有了「程 BOOK」的綽號。

後來，訓導長費鞏[1]為學生發明了「費鞏燈」。有了「費鞏燈」後，我開夜車讀書的燈油就省多了。費鞏與學生打成一片，深受學生愛戴。他經常演說、寫文章宣傳抗日，揭露當局的腐敗，為國民黨所不容，1945 年 3 月，他在重慶失蹤，後來知道他被特務祕密逮捕、殺害了。我們永遠不會忘記這位好導師，現在，浙江大學還建了「費鞏廳」紀念他。

1　費鞏（1905—1945），江蘇吳江人。1933 年被聘為浙江大學副教授，講授政治經濟學和西洋史。1940 年 8 月出任浙江大學訓導長，深受學生愛戴。他一直為改善師生的學習和生活條件努力，設計了一種用白鐵罐加玻璃燈罩的油燈，亮度大、煙霧少，被稱之為「費鞏燈」。

1 浙江大學時期程開甲
2 訓導長費鞏
3 浙江大學宜山標營校舍
4 遭受敵機轟炸後的浙江大學宜山校舍

1 | 2
---
3 | 4

第三章　成家立業

物理系按助教待遇給我準備了一
間宿舍，
從此我有了家。
此後我常在湄潭與遵義間往返，
有時步行，邊走邊思考問題。
有時會停下來，
用樹枝在地上計算思考，
有些問題就是在這時候想明白的。

回鄉完婚

1941 年，我大學畢業留校，秋天回到上海，是為了回鄉完婚的。

在我高中一年級 16 歲那年，大媽給我定了親，女孩叫高耀珊，讀過小學。高家是做漁網生意的，與六姐的婆家——顧家是親戚。訂婚的時候，我見過高耀珊一面。之後，我一直在外讀書。大學三年級時，她給我寫了第一封信。那時，我與同班的一位女同學經常一起學習、探討問題，來往密切。束先生看到後，很想給我們撮合。一次，束先生與我聊起這個話題，我坦言相告大媽已為我訂婚之事。束先生聽後說：「既然這樣，就要遵守婚約。」我聽了老師的話，給高耀珊回了信。

這次回上海一路很艱辛。先坐汽車到柳州，再從柳州坐船到南寧、廣州、澳門。從澳門坐偷渡船到香港，然後從香港坐船到上海。經香港時，我拜訪了中學老師姚廣鈞，姚老師還借給我錢買船票，到九龍見到祝紹華等同學。經過上海租界時，規定中國人過關卡都要向日本兵鞠躬。在自己的國土上受着入侵者的刁難，我非常氣憤。

回到盛澤程家大院，大媽已去世，家產被幾個姐姐分光，只剩幾塊祖宗牌位。眼前的情景令我心酸。我祭拜了大媽，感謝她的養育之恩，然後就去了太倉高家。不久，由高家操辦，我與耀珊在浮橋鎮結婚。

婚後，我們來到上海，準備返校。當時，束星北先生的母親去世，他也回到上海。於是，我同耀珊商量，要她在六姐家等我，我去看望束先生，沒想到她提出要求同去。我們就一起到束先生家弔喪。束先生知道我們已結婚，表示了祝賀。這時，耀珊拿出我們的結婚證，恭恭敬敬放到束先生面前，請他在結婚證的證婚人處簽名。等束先生簽字後，她詭祕地對我一笑，意思是，我們的婚姻有束先生做擔保了。

耀珊雖然文化程度不高，事業上不能直接幫助我，但從此在生活上無微不至地照顧我，使我能將全部精力用於工作。

因為內地交通中斷，從上海回貴陽，我們仍得繞道香港。1941 年 12 月，我們離開上海去香港，除了我、耀珊和她兄弟，還有一個遠房親戚。到香港後，立即買好到廣州灣的船票，但第二天發生了珍珠港事件，交通中斷，買回的 4 張船票成了廢紙。我們走不了，在香港滯留了 3 個月。

由於帶的錢大部分買了船票，剩下的錢不夠日常開銷。為節省開支，我們搬到一間閣樓，4 人擠在一間房，什麼用具也沒有。更糟糕的是，搬家時，來了幾個問都不問就「幫忙」的人，完了就向我們索取「20 門（即元）」錢，無奈，只好給錢了事。後來，錢用完了，我還向姚廣鈞老師和束星北的親戚束白濤借了錢。

香港淪陷後，燃料緊張，糧食奇缺，買不到米，只配給綠豆、漿粉。我們只能把綠豆用水泡泡當飯吃，後來綠豆也沒有了。黑市糧價暴漲，許多人餓死、病死，社會秩序非常混亂。

經歷過上海淪陷，經歷過浙江大學流亡跋涉搬遷，再經歷香港淪陷時，我心理上沒有其他人那樣惶恐、驚慌。顛沛流離生活的磨礪，反而堅定了我要用科學技術去改變國家落後捱打局面的決心和意志。這種環境下，我仍然堅持學習和研究。

一天，一個同學急急忙忙跑來通知我，要我當夜坐船離開。夜裏，我們匆忙上船，從香港到淡水、惠陽、韶關、貴陽。一路難關重重，要躲過日軍崗哨盤查，要闖過敵偽、頑匪的層層障礙，中途乘坐的船還遭遇過幾次激戰，但每次都得以脫險。一路上有人護送，有人接待。記得在韶關接待我們的是在交通銀行工作的、我的中學同班同學祝紹華，他一路負責船上幾十人的聯絡和安排。

新中國成立以後，我才知道，這次脫險是中共中央南方局安排的「神祕大營救」。香港淪陷後，中共中央很重視在香港的文化人士的安危，周恩來指示：「要不惜代價地搶救出這批文化精英和愛國民主人士。」中共中央南方局精心部署，選派抗日游擊隊東江縱隊的骨幹和經驗豐富的交通員展開營救活動。據說，共營救出愛國民主人士和文化界人士及其家屬 800 餘人。

與千萬罹災受難乃至身家不保的人相比，我們是不幸中的幸運者。唯一不幸的是，束星北在上海託我帶的裝有皮鞋、毛衣的小箱子弄丟了。

到了韶關，我們沒有錢了，不得已只好讓內弟先留在贛州的一個流亡學校讀書，準備到遵義後再來接他。我們其餘三人又坐火車從韶關經湖南到桂林，到了一個叫金城江的地方，搭「黃魚車」到貴陽。在貴陽，那位遠房親戚找到了丈夫。我和耀珊繼續前行，終於回到遵義。這時，浙江大學理學院已搬到湄潭，我們又乘汽車抵達湄潭。

學術研究的起步

1942 年 3 月，我們到達湄潭。束星北早到了，他走的是淪陷區，反而比我們快。物理系按助教待遇給我準備了一間宿舍，從此我有了家。不久，束星北通過親戚在遵義醫院為耀珊找了份工作。此後，我常在湄潭與遵義間往返，有時步行，邊走邊思考問題。有時會停下來，用樹枝在地上計算思考，有些問題就是在這時候想明白的。

湄潭是只有 1200 戶的小縣城，距遵義 75 里，青山綠水。湄潭文廟是學校上課、開會的地方，這裏沒有敵機轟炸，沒有濃濃硝煙，仿佛「世外桃源」，抗戰時期曾被稱為「貴州的瑞士」。師生們很珍惜這來之不易的寧靜環境。理學院在湄潭四年，創造了一段輝煌，取得了很多研究成果。如蘇步青的微分幾何，陳建功的三角級數，王淦昌的中微子研究，束星北的相對論研究，何增祿的光學，盧鶴紱與王謨顯的量子力學，朱福忻的應力研究，貝時璋的細胞重建研究等。王淦昌的中微

子研究屬於世界性的重大發現。1944 年，當英國著名學者李約瑟教授來考察浙江大學時，對浙大取得的學術研究成果非常驚訝，稱它為 "Cambridge East"（東方劍橋）。

這時，我在物理系任助教，經常參加物理討論班。討論班上，β 衰變是其中一個問題，束星北講理論，王淦昌講實驗和學術動態，由此，我開始深入接觸原子核物理。

為了說明 β 衰變中的極弱作用，我進行思考和研究，獨立完成了論文《弱相互作用需要 205 個質子質量的介子》，論文假定存在十分重的重介子傳遞弱作用，並計算給出這一重介子的質量為 205 個質子質量，作用距離很短。王先生對我做的這項研究十分支持。

與王先生一起工作，我體會到科學研究不僅要嚴肅謹慎、一絲不苟，還應該超脫、開懷，兼容有些沒有證據否定的觀點。對不可能的問題，王先生也會明確提出自己的看法。我在考慮研究自能不發散的電子模型時，曾向王先生請教電子結構理論的研究。王先生勸我：「電子結構問題不是當前能解決的，因為還沒有足夠的實驗研究。」我聽從他的勸告，就沒有去鑽研電子結構問題。現在看來，這條路走不通，王先生的看法至今仍是對的。

1943 年下半年，束星北去了重慶，國民黨軍事委員會請他研究雷達。1944 年上半年，日軍打到廣西、貴陽，快到宜山了，學校派了一批戰地服務隊到貴陽。1944 年日本人打到貴陽的獨山，離湄潭只有 200 多公里。當時貴陽很亂，束星北就回來接家眷到重慶。1945 年初，日本人離開貴陽後他才回

來，我繼續與他一起做研究。1944 年我被派到永興，輔導物理系一年級學生，後來聽說李政道當年也在這個班上。

這期間我一個人搞研究，首先，我研究水星繞太陽運動的軌道。這個軌道計算是一直沒有解決的問題，經典的牛頓力學計算給出的運動軌道與天文測量軌道偏差一倍。我從相對論角度進行分析考慮和計算，首次給出了與測量結果一致的水星運動軌道。1945 年在 Nature（《自然》）上發表了論文 A Simple Calculation of the Perihelion of Mercury from the Principle of Equivalence（《用等價原理計算水星近日點進動》），這是我獨立發表的第一篇文章，束星北知道後很高興。

不久，我又完成了論文《對自由粒子的狄拉克方程推導》，寄給狄拉克，他看後親自推薦，在劍橋大學《劍橋哲學學會會刊》上發表。狄拉克方程，只是狄拉克提出的一個方程，以前沒有人證明過，包括狄拉克本人，我應用相對論原理完成了證明。

1946 年，大女兒在遵義出生，因湄潭到遵義的往返車費很貴，她出生三個月後我才見到，我給她起小名「小湄」。湄潭，是我終生難忘的地方，在這裏，我有了家，有了事業的開端。

受李約瑟推薦赴英留學

為科學報國而出國深造，一直是我的心願。隨着科學研究事業的起步，這種願望更加強烈。1946 年，經李約瑟博士推

薦，我實現了願望。

1942 年，世界反法西斯同盟形成，盟國希望了解中國。1942 年後，來華訪問的學者很多。1942 年，李約瑟博士受英國文化委員會（The British Coucil）資助和英國生產部支持，出任英國駐華使館科學參贊和英國駐華科學考察團團長，代表英國皇家學會赴中國進行科學文化交流活動。他到華之後，在重慶籌建了「中英科學合作館」，為當時受日本封鎖的中國科學家提供援助，提供科學文獻、儀器、化學試劑，傳遞學科信息和溝通中國與國外的科學交流，包括推薦學者去英國進修研究。

在中國期間，李約瑟博士走遍了未被日軍佔領的 10 個省，參觀和考察了許多教育和科研機構、中國的文化遺蹟，結識了一批中國科學家。我與李約瑟博士認識，是在 1944 的湄潭物理年會上。

1944 年 10 月下旬，在湄潭舉行中國科學社成立 30 周年活動。李約瑟博士攜夫人和助手專程從重慶趕來參加，竺可楨校長很重視，親自從湄潭趕到遵義迎接和陪同。會前，在浙江大學理學院膳食廳，李約瑟博士發表了「科學與民主」的演講，他闡述了科學與戰爭的關係，認為民主國家國防科學迅速發展，一定能戰勝納粹國家，他的演講受到在場師生的熱烈歡迎，鼓舞了中國科學家的抗戰士氣。演講前，竺校長還介紹了中英科學合作館的任務。

紀念中國科學社成立 30 周年的學術年會，共收到論文 80 多篇，竺可楨校長的《二十八宿的起源》、錢寶琮教授的《中國古代數學發展之特點》、李約瑟博士的《中國科學史與西方

之比較觀察》、英國劍橋動物學講師畢丹耀（L.E.R.Pickon）的《近來生物物理學之進展》等 30 餘篇論文在會上宣讀，引起熱烈的討論。

會議給李約瑟留下了很好的印象，他對浙江大學師生在戰時困難條件下還能利用簡陋的儀器設備堅持科研、開展教學讚歎不已。按照原定計劃，李約瑟博士只在湄潭停留四五天。但來了之後，他發現可看的東西很多，行程一再延後，考察了整整八天才離開。

其間，李約瑟博士到物理系參觀，王淦昌教授對我說，李約瑟博士約我和你去見他。見面時，王先生說我在《自然》雜誌上獨立發表過論文，並收到了《劍橋哲學學會會刊》關於《對自由粒子的狄拉克方程推導》一文的發稿通知。李約瑟與我熱情交談。王淦昌將我那篇已經完成但尚未發表的《弱相互作用需要 205 個質子質量的介子》的論文以及自己寫給狄拉克教授的推薦信一起交給李約瑟，託他回國後轉交。李約瑟很高興，還親自對文稿做了修改[1]。

但是，狄拉克在不久之後給我回信說，「目前基本粒子已太多了，不需要更多的新粒子，更不需要重介子。」這樣，文章未能發表。

狄拉克是物理學界的權威人物，我沒有去懷疑他的判斷，

---

1 《李約瑟與中國》（王國忠著，上海科學普及出版社，1992 年）一書中對此事有這樣的敘述：「26 日上午，李約瑟在竺可楨陪同下參觀數學系、物理系⋯⋯當時物理系教授王淦昌的一名學生，撰寫了一篇關於說明 β 衰變中極弱作用的論文，王淦昌於是將其介紹給正在訪問的李約瑟，請他於下月回國時將論文轉達英國的狄拉克（Dirac）教授，李約瑟當即高興地表示接受，後來他還親自將外文稿作了修改。」

放棄了進一步研究。20 世紀 70 年代，實驗證實了該粒子的存在，且實驗所測得的粒子質量與我當年的計算值基本一致，這個實驗結果得到國際最高的科學評價，於 1979 年獲得諾貝爾獎。現在看來，對這個問題，我沒有堅持，是我學術上的遺憾。

狄拉克回信後，王淦昌教授不贊同他的觀點，認為世界上事物那麼複雜，多一些粒子也是合理的。王先生能客觀地聽取年輕人的想法，而且循循善誘。後來，我又提出用一個五維空間場來容納無窮系列粒子的時空，以各種康普頓長度（Compton Length）描述五維空間中的維，完成了研究論文，研究期間與王先生有過討論，1946 年與王先生共同發表在《物理評論》上。

當年，李約瑟博士從湄潭一共帶走 5 篇給他留下深刻印象的論文，其中包括束星北的《加速系統的相對論轉換公式》、王淦昌的《中子的放射性》等。回國後，他把這些文章都推薦給英國《自然》雜誌。我的文章，雖因故未能發表，但李約瑟博士能親自修改論文，狄拉克教授能親筆回信，對我的科學研究有很大激勵。

與李約瑟的交往，帶來了我科學人生的重大轉折。由於李約瑟博士的推薦，我參加了教育部在重慶組織的選派人員出國留學考試。1946 年，我獲得英國文化委員會的資助，赴英留學。

1　1941 年與高耀珊在江蘇太倉結婚
2　1976 年在新疆紅山坳的家門口

1
—
2

3　1993 年在大連
4　湄潭文廟的浙江大學圖書館

第四章　留英歲月

由於和海森堡觀點完全不同，
我們在會上爭論起來。
一會兒用英文吵，
一會兒用德文吵。
大會主持人泡利覺得很有意思，
說「我來當裁判。」
我和海森堡雖學術觀點不同，
但幾天的爭論，反而加深了友誼。

走進愛丁堡大學

1945 年 8 月，美國在日本廣島、長崎投擲原子彈的消息傳到湄潭，幾天後日本投降。當時，大家都不知道原子彈是怎麼一回事，8 月下旬，王淦昌做了原子彈及其原理的報告，引起師生的極大興趣。那時誰也不會想到，十幾年後，我和王先生都參加了中國原子彈的研製和試驗。

抗戰結束，內遷的大學都着手回遷。1946 年暑假，浙江大學準備回遷杭州，我們家要遷回上海。女兒小湄 1 歲多，愛人又懷有身孕，一家算三口半人。回遷前我還曾擺攤賣過舊東西。

從湄潭、永興有汽車送到長沙，然後乘船到漢口、上海。我們在南京下船，再坐火車到上海。到上海後，住在六姐家，老二在這個時候出生。母親董雲峰也到上海找我，失散 20 年後才重逢，我們一起吃了飯照了相。

把耀珊送回老家太倉浮橋鎮後，我開始做出國準備。束先生再次幫我們，他託人將耀珊安排到揚州醫院當出納。耀珊人很寬厚，儘管拖家帶口，還是支持我出國，讓我安心讀書。

1946 年 8 月，我從上海乘飛機到香港，在九龍飯店住了 4

天，等待英國文化委員會辦手續。在他們的安排下，我乘坐澳大利亞飛往倫敦的軍用飛機，與20多個中國留學生同行。

第一天，飛機從香港出發，經過越南，到緬甸加油，夜裏到達印度的加爾各答。

第二天，從加爾各答到巴基斯坦卡拉奇。

第三天，從卡拉奇到伊拉克的巴士拉，之後降落在特拉維夫。那裏很荒涼，到處是沙漠。

第四天，從特拉維夫出發，到希臘雅典，吃了中飯，再到意大利羅馬。

第五天，天氣不好，停飛。在羅馬逗留兩天，我抽空參觀了羅馬的名勝古蹟，在聖保羅大教堂，看到世界上最大的金剛石。

第七天，從羅馬起飛到法國馬賽，下午到倫敦。

一到倫敦，英國文化委員會的一位女士負責接待我們，安排了旅館，並發給每人20英鎊。出國時我沒帶錢，都留給家裏作生活費了。開學前，我就靠這20英鎊生活。我的第一筆開銷是給家裏發「平安到達」的電報，花了10個先令。我在浙江大學的同址同學胡濟民在倫敦，我從羅馬給他帶了串葡萄，兩人見面都很高興。

兩天後，接到通知，我被分配到愛丁堡大學。

房子是英國文化委員會幫我找的，我和一個埃及同學住在房東老太太家。離愛丁堡大學很遠，路是砂石路，當時汽車很少，外出一般坐無軌電車。房租一個禮拜3.5英鎊。房東太太提供的伙食很差，我提出來，她反而發火，埃及同學只好在旁邊打圓場。文化委員會每月給我們25英鎊生活費，房租用去

14 英鎊，剩下的用來生活很緊張。一個月後，我就搬家了。過了一個月，我再次搬家。這次是一個中國留學生回國，介紹給我的，離學校近些，我在那裏住了兩年。

住在愛丁堡這座美麗的城市，想起國內炮火硝煙，我決心珍惜機會，學有所成，報效國家。我相信通過我們的努力，中國會富強起來。

做了玻恩的學生

來到英國，到哪一所大學學習，是英國文化委員會按照個

○─── 愛丁堡大學 ───○

　　愛丁堡大學（University of Edinburgh）創建於 1583 年，是一所擁有 400 多年歷史的世界著名大學。早在 17 世紀末就已成為歐洲主要學術研究和教育中心之一。18、19 世紀之後，隨着英國和全世界的經濟、科學技術、文化、學術的迅猛發展，學校規模不斷擴大，辦學成績斐然，這所學校培養出來的著名學者有：哲學家大衛·休謨（David Hume），生物學家 C. 達爾文（Charles Robert Darwin），物理學家阿普爾頓（Edward Victor Appleton）和麥克斯韋（James Clerk Maxwell），醫學家利斯特（Listes Joseph），文學家瓦爾特·司各特（Scott Walter）和 R.L. 斯蒂文森（Robert Louis Stevenson），等等。中國第一位留歐學生黃寬也在這裏學習過，1856 年畢業於愛丁堡大學醫學院獲得醫學博士學位。朱光潛先生，也曾於 1920 年代末求學於此。

　　這所大學位於愛丁堡市中心。愛丁堡是蘇格蘭的首府，素有「北方雅典」之稱。城市處於山巒和峽谷之間，依山傍水，風光綺麗，氣候溫和濕潤，夏秋季綠樹成蔭，鮮花盛開。市內名勝古蹟建築有古城堡、聖伍德皇宮、議會大廈、教堂等。

人的研究方向指定的。在愛丁堡大學，指導我學習和研究的導師是著名的馬克斯·玻恩（Max Born）教授。

在出國留學申請表上，我們填寫了自己所做研究的情況，由英國文化委員會請專家審查。因為我的研究方向與玻恩的研究領域基本一致，於是我很幸運地成了玻恩教授的學生。

與玻恩教授的第一次見面，令我難忘。那天，大霧蒙蒙。我早早起來，收拾整齊。按照約定的時間，我提前了不少，想趕在導師之前到他辦公室，以示尊敬。然而，我到時，玻恩已站在門口等我，讓我不知所措，連準備的問候語都忘說了。好

○ 馬克斯·玻恩 ○

馬克斯·玻恩（Max Born，1882—1970），猶太血統德國理論物理學家。他的主要研究領域是點陣動力學和量子力學，1954 年諾貝爾物理學獎獲得者。1912 年，玻恩受聘為哥廷根大學無薪金講師，同年與馮·卡曼（Theodore von Kármán）合作發表著名論文《關於空間點陣的振動》，從此開始了他以後幾十年創立點陣理論的事業，創立了獨樹一幟的玻恩學派。在該領域，以其名字命名的理論或方法有：玻恩－馮·卡曼理論、玻恩－哈伯理論、玻恩－奧本海默法、玻恩－奧本海默近似法、玻恩－梅耶方程等。玻恩還是量子力學的奠基人之一，量子力學的矩陣理論也被稱為哥廷根矩陣力學。1921 年，他接替 P.J.W. 德拜出任母校哥廷根大學物理系主任，在這裏一直工作到 1933 年，他把哥廷根建設成為物理學研究中心之一，與柏林（普朗克和愛因斯坦）、慕尼黑（索末菲）和哥本哈根（玻爾）並列，形成哥廷根學派，泡利、海森堡、約爾丹、狄拉克、維格納、索末菲和加莫夫等均受益於此。1933 年，納粹上台，玻恩被迫離開德國，流亡到英國，在劍橋大學講學一個時期後，於 1936 年接替 C.G. 達爾文任愛丁堡大學教授，直到 1953 年退休。此後，他返回德國居住，仍繼續進行科研和寫作活動，1970 年 1 月 5 日在哥廷根逝世。

在玻恩犯了個小小的錯誤，把我錯當成早 20 天報到過的楊立銘，他問我：「你不是已經來報到過了嗎？」

當他意識到搞錯了，馬上表示歉意。原來，玻恩早已接到我到他那裏讀書的通知，楊立銘是經人介紹找到玻恩的。後來，有一次，玻恩和我、楊立銘一起外出，玻恩還在電車上開玩笑說我是「lost sheep」（失去的羔羊），意即差點失去你這個學生。

玻恩為人謙遜在學界早有口碑，初次見面我就領略到了。他看到我有些緊張，和藹地對我說：「不要緊張，別把我當成什麼專家。」接着給我介紹他自己的研究方向、研究領域，也介紹了學生中突出的人。知道我從中國來，就介紹彭桓武在他那裏學習時取得的成績，還從書架上把彭桓武的論文取下來送給我，要我拿回去看，勉勵我以他為榜樣。

玻恩一共帶過 4 個中國學生[1]，除我以外，還有彭桓武[2]、楊

1　玻恩在回憶錄《我的一生——馬克斯·玻恩自述》（陸浩等譯，東方出版中心，1997 年）描述他的幾個中國學生：在彭之後，愛丁堡又來了他的兩個同胞，程和楊，他們是極不同類型的人。彭除了他那神秘的才幹以外是很單純的，外表像個壯實的農民。這兩位卻是高尚、文雅、有高度教養的紳士，兩人都很精於數學，在物理學方面也有天賦。最後一個中國人黃昆，不能算我的學生，因為他到我這兒時已是個有能力的理論物理學家。他是作為 I.C.I（帝國化學公司）研究員在利物浦弗留里希指導下搞研究工作，弗留里希建議他用一部分假日時間到我的部門來學習我的方法，主要是晶體點陣動力學。

2　彭桓武（1915—2007），湖北麻城人，理論物理學家，中國科學院院士（1955），「兩彈一星功勛獎章」獲得者。1935 年清華大學物理系畢業。1938 年赴英國愛丁堡大學從事固體物理、量子場論等理論研究。1945 年與玻恩共同獲得英國愛丁堡皇家學會的麥克杜加耳－布列茲班獎。1948 年被選為皇家愛爾蘭科學院院士。1947 年回國，歷任中國科學院近代物理研究所研究員、副所長，二機部九所副所長、二機部第九研究院（簡稱二機部九院）副院長等職。

立銘[1]、黃昆[2]。彭桓武是玻恩帶的第一個中國學生，1938年到愛丁堡大學，後跟隨薛定諤從事研究，我們在一次國際會議上相遇。黃昆1947年完成博士論文後從布里斯托大學到愛丁堡大學，作為玻恩的訪問學者，與玻恩合寫過書。[3]

這次見面，玻恩給我訂下學習制度：每天上午或下午到他辦公室，與他交談20分鐘。玻恩善於啟發我們獨立思維、鼓勵我們暢所欲言，在20分鐘時間裏，我可以與他自由交談、提出問題。他歡迎、引導我與他就學術問題爭論，通過解決學習、研究中遇到的疑難問題，培養我的創新精神和創新能力。

玻恩同20世紀很多著名科學家都有交往，有的是師長，有的是同事，有的是他的學生。他的助手都很傑出，有泡利（Pauli）、海森堡（Heisenberg）、約爾丹（Jordan）、海特勒（Heitler）、索末菲（Sommerfeld）等等。前兩人是諾貝爾獎得主，其他人也都是一流的理論物理學家。玻恩參加國際學術會議經常要我一起去，還給我介紹學術界的許多朋友。

1　楊立銘（1919　2003）　江蘇溧水人，理論物理學家，中國科學院院士（1991）。1942年畢業於中央大學機械系，1948年獲英國愛丁堡大學理論物理博士學位。留英期間，曾在量子化規則、流體統計理論及原子核幻數的統計解釋等方面取得了有特色的理論成果。1951年到清華大學物理系任教。長期從事核理論研究和物理教學。

2　黃昆（1919—2005），浙江嘉興人，中國科學院院士（1955）。1941年畢業於燕京大學。1944年畢業於西南聯合大學的北京大學理科研究所，1947年在英國布里斯托大學獲得博士學位。先後在英國愛丁堡大學物理系、利物浦大學理論物理系從事研究工作。被選為瑞典皇家科學院外籍院士，第三世界科學院院士。2001年被授予國家最高科學技術獎。

3　關於黃昆，因為他是作為訪問學者到玻恩那裏的，所以玻恩更多地把他視為自己的合作夥伴。在給愛因斯坦的一封信中，玻恩這樣寫道：「我現在正在同一個中國的合作者黃昆博士完成一本晶格的量子力學的書。書稿內容已完全超越我的理解，我能懂得年輕的黃昆以我們兩人的名義所寫的東西，就很高興。」

我到英國不久，玻恩應邀去牛津大學講學，主講「概率和因果論」以及電動力學，我作為助手一同前往。在隨後參加的由狄拉克主持的劍橋大學理論物理討論會上，玻恩把我引薦給了狄拉克和海特勒兩位教授。海特勒在場論方面造詣很深，在湄潭時，我研讀過他的文章。我和王淦昌合作完成的論文《論五維場論》，就是受到他的思想啟發而研究完成的。當玻恩為我引薦後，我與他進行了長時間的交流，我們的觀點有許多相似之處。而與狄拉克教授雖然早有書信往來，但這次只是匆匆一見，沒有機會與之單獨交談。

　　1947 年，玻恩又帶着我一起參加愛爾蘭都柏林基本粒子國際學術會議。在這次會上，我又認識了薛定諤、弗留里希、繆勒、鮑威爾等人，並聆聽了諾貝爾獎得主 C.F. 鮑威爾教授的報告。

　　1948 年 9 月，玻恩主持的愛丁堡國際理論物理討論會，來了許多大師，特別是玻爾（N.Bohr）也來了。他的五維基本粒子理論與我的觀點一致。會上，我們倆就這個問題進行了深入探討。

　　玻恩寫過一本書，叫做《概率和因果論》，是針對愛因斯坦的觀點而寫。愛因斯坦不相信量子論，特別是測不準關係，只相信嚴格的因果律，實際就是機械因果論。與愛因斯坦不同，玻恩相信概率論，並與之進行了長時間針鋒相對的爭論。

　　除了科學研究，玻恩的興趣極為廣泛，他研究哲學，愛好文學，對繪畫和音樂有相當深的造詣，鋼琴彈得很好，遠在業餘水平之上。雖然與愛因斯坦在科學問題上爭論激烈，但在音

樂上卻是一對老搭檔，常常是愛因斯坦拉小提琴，玻恩彈鋼琴，搞二重奏，很奇妙的一對。

作為導師，玻恩用實際行動給我做出榜樣，在他的門下，我學到了許多先進知識，學到了科學研究中的堅持和民主。

選擇超導研究方向

留學英國之初，我想繼續從事基本粒子研究，後來一個偶然的機會，我開始研究超導。

1946 年底，愛丁堡大學舉辦了兩次超導實驗講座，使我對超導問題產生了興趣。我將周期表中的元素分為超導元素和不超導元素，發現了超導元素的分佈規律。玻恩看到我畫的圖，覺得有道理，鼓勵我做下去。在愛丁堡大學，我完成了 3 篇超導研究論文，先後單獨或與玻恩合作，發表在英國的《自然》雜誌上。玻恩認為我關於超導機理的能帶理論研究很有價值，建議我再完成法文和俄文的文稿。之後，他親自修改文稿，並寄給《物理與鐳》和《蘇聯科學院報告》發表。

我與玻恩教授共同建立的超導電性雙帶理論模型，為我在 20 世紀 80 年代進一步系統開展超導雙帶理論研究打下基礎。

超導理論太複雜了。自 1911 年昂尼斯（Onnes）發現超導現象以來，很多人都對這一極為重要的物理現象產生了研究興趣，到 20 世紀四五十年代出現了各種各樣的理論。20 世紀 80 年代，實驗發現了高溫超導現象，理論研究更是爭論不休。現

在的超導理論，無論高溫還是低溫，什麼樣的理論都有。很多科學家力圖對超導電性給以理論解釋，但都不能圓滿解釋所有的實驗現象，搞實驗研究的人找不到一個高、低溫超導的統一理論。

海森堡也是玻恩的學生，我的師兄。他創立了量子力學的矩陣形式，提出了測不準關係，成為核物理和基本粒子研究的領軍人物之一，1933年與狄拉克和薛定諤共獲諾貝爾獎。納粹統治期間他留在德國，參加了德國軍部的原子能開發工作，是最有爭議的人物之一。

海森堡也研究超導。一次，他到愛丁堡大學做報告，介紹他的超導理論，和我的觀點不同。海森堡認為超導、超流是一回事，我反對。後來，我在英國《自然》雜誌發表文章，闡述我們的超導理論，指出了海森堡理論的錯誤。

1948年，瑞士蘇黎世大學召開低溫超導國際學術會議，我和玻恩合作完成的論文《論超導電性》遞交大會。玻恩沒有出席會議，我在大會上宣讀了論文。碰巧，海森堡也參加會議。由於觀點完全不同，我們在會上爭論起來。一會用英文吵，一會用德文吵。大會主持人泡利覺得很有意思，說：「我來當裁判。」結果吵了很久，泡利也沒評出輸贏，就說：「你們師兄弟吵架，為什麼玻恩不來，這個裁判我也不當了。」爭論後，泡利將我介紹給了量子力學的權威索末菲，他是海森堡的老師。我和海森堡雖學術觀點不同，但幾天的爭論，反而加深了友誼。

從蘇黎世回到愛丁堡，我去了玻恩辦公室，告訴他關於參

加會議的情況。當他聽到我與海森堡爭論、泡利當裁判時，很高興。他給我講起了他和愛因斯坦在科學上的爭論。他用「離經叛道」形容愛因斯坦。說愛因斯坦是一個蔑視權威的人，不僅自己不迷信別人的權威，也反對別人把他當權威。早在 1936 年，愛因斯坦就稱自己是「一個離經叛道和好夢想的人」。正因為如此，他才能超越經典。這次會議連同玻恩的談話，對我影響很大。不迷信權威，敢於「離經叛道」、追求真理的精神，比物理成果和理論成就對人類的意義大得多。成就是有限的，而精神是永恆的。

現在多數超導理論用 BCS 成對理論的觀點，但我堅持我的雙帶理論是正確的，現在也有人贊同雙帶理論。1985 年，我重新開始研究超導，1992 年出版了英文專著 *Study on Mechanism of Superconductivity*。1993 年增補後的中文版《超導機理——雙帶理論還是成對理論》，由國防科技大學出版社出版。

1　1946 年與母親董雲峰在上海
2　馬克斯・玻恩（Max Born）教授
3　1946 年在香港啟德機場

4　1947 年程開甲（左 3）與薛定諤（右
　　1）等人一起交流
5　1947 年愛爾蘭都柏林基本粒子國際
　　學術會議代表合影（3 排左 1 程開甲）

6　與彭桓武（右）在交流
7　與玻恩、楊立銘等合影（前排右玻
　　恩，後排左 1 程開甲、左 2 楊立銘）
8　1946 年與同學在愛丁堡的城樓上

6
7
8

第五章　教授生涯

我不回國，
可能會在學術上有更大的成就，
但最多是一個二等公民身份的科
學家，絕不會有這樣的幸福。
因為我現在所做的一切，
都和祖國緊緊地聯繫在一起。

回國

1948 年，我獲得愛丁堡大學哲學博士學位。畢業後，玻恩推薦我擔任皇家化學工業研究所研究員，實際還是跟玻恩一起做研究。我的年薪 750 英鎊，在當時就很高了。

畢業後我第一次領到薪水，就去商店給耀珊選購皮大衣。當我把支票遞過去結賬時，老闆蔑視地打量我，根本不相信被他瞧不起的黃種人會有錢買得起他的商品，還給銀行打電話查詢，直到銀行告訴他我是愛丁堡大學的研究員。

當時中國人在國外沒有地位，人家看不起你。連你發表論文也會遭到懷疑，他們認為中國人沒有這個水平。

記得剛到英國時，為租房，我吃了不少苦頭，受了很多白眼。有的房東明明有空房，卻不租給中國人。好不容易找到願意租的，又不肯將好房間租給我，多給租金也不行。

有一次坐電車，聽到兩個英國人交談說：「最討厭奶油面孔的人。」當時車上只有我一個黃種人。

還有一次去海灘游泳，我們幾個中國留學生一下水，幾個英國人就指着我們說：「一群人把水弄髒了。」

更令人憤怒的是，有一次，有個英國人當面向我發問：「你喜不喜歡猴子？」英文中，「喜歡」和「像」是同一個詞「like」，因此也是在問我：「你像不像猴子？」他是在用雙關語污辱我，非常令人氣憤。個人受到的屈辱不只針對自己，而是一個民族。

中國是弱國，我們在國外總被人瞧不起。記得在中學時讀過《中國必亡論》一書，當時只有很深的自卑感，沒反抗，也不懂反抗。這時，我已經是成人了，國家、民族的觀念已很清晰。

玻恩曾兩次提出要我把家眷接到英國來，我沒回答。

1949 年的一件事情，讓我看到了民族的希望。那是 4 月的一天晚上，我在蘇格蘭出差，看電影新聞片時，看到關於「紫石英號」事件的報道。看到中國人敢於向英國軍艦開炮，擊傷英國軍艦「紫石英號」，我第一次有「出了口氣」的感覺。看完電影走在大街上，腰桿也挺得直直的。中國過去是一個沒有希望的國家，我感到現在開始變了。就是從那天起，我看到了中華民族的希望。

「紫石英號」事件讓我開始了解中國共產黨和中國人民解放軍。我給家人、同學寫信，詢問國內情況。胡濟民比我先回國，他在回信中告訴我：「國家有希望了。」於是，我決定回國。

很快，大家知道我要回國了。一天，和幾個同學一起吃晚飯，他們講中國窮，沒有飯吃，中國落後，等等。我和他們爭論起來，最後我拍着桌子，告訴他們：不看今天，要看今後！那是我在英國的四年中，作為中國人感到最理直氣壯的一次。

1949 年 4 月 20 日，南京政府拒絕在國內和平協定上簽字，中國人民解放軍做好了渡江作戰的準備。英國艦隻「紫石英號」「黑天鵝號」「伴侶號」和「倫敦號」，肆意在江面游弋。「紫石英號」是英國皇家海軍遠東艦隊的一艘護衛艦，排水量 1700 噸，配有 6 門火炮。人民解放軍下達作戰命令後，「紫石英號」倚仗自己的實力，罔顧人民解放軍的多次警告，繼續駛入防區游弋，還將炮口對向人民解放軍的陣地。

待命渡江的人民解放軍發現外國軍艦突然闖入防區，在鳴炮示警無效的情況下斷然開火。「紫石英號」頃刻中彈 30 餘發，只好升起白旗。消息傳到英國，英國朝野上下乃至世界各國都為之震驚。

玻恩雖然對我的決定有些遺憾，但能夠理解我的心情，尊重我的選擇。回國前的一天晚上，他與我長談，送給我一張自己的照片，並關切地說：「中國現在很苦，你回去要吃許多苦頭，到了埃及，多買些吃的帶回去吧！」

我當時知道國內很苦，胡濟民也已告訴中國內的經濟情況，但我心甘情願做這樣的選擇。

在我的行囊中，除了給夫人買的一件皮大衣外，什麼吃的也沒買。考慮到國家建設和回國工作的需要，我決定要多買些專業書籍帶回去。回國前的一段時間，我跑圖書館、跑書店，儘量收集固體物理和金屬物理方面的資料。我認識到新中國剛建立，百廢待興，鋼鐵、材料都很缺，固體物理、金屬物理方面的知識和資料在國內一定非常需要。後來，果真都用上了。

離開的那天，玻恩親自到火車站送我。從感情上來說，我完全能夠理解老師為什麼希望我繼續留在英國。從個人學術發

展來説，我也很想和他繼續合作。可是想到祖國的需要，我不用再考慮。我對他説：「對不起，我走了……」玻恩拍了拍我肩膀，示意我什麼也不用説。

幾十年後，有人問我，對當初的決定怎樣想？對於這個問題，剛離開英國時，我想得並不多。但回國後，尤其到了晚年，在總結自己人生的時候，我很感慨：「我不回國，可能會在學術上有更大的成就，但最多是一個二等公民身份的科學家，絕不會有這樣幸福。因為我現在所做的一切，都和祖國緊緊地聯繫在一起。」

我們每一個人都有自己的追求，作為中國人，追求的目標應該符合祖國的需要。當年我從英國回來，想的是祖國的需要，是怎樣為祖國出力，怎樣報效祖國。

當我過英國海關時，海關人員驚訝地問我：「回杭州？」

我説：「是的，杭州，不是台灣。」

他們給了我一張無國籍證明。1949 年，國民黨政府垮台，原來證明自己身份的護照失效。拿着無國籍證明，心裏很不舒服，但為了儘快回到祖國，我只能拿着。

1950 年 8 月，在海上漂泊了一個月，我到了香港。從香港乘火車經廣州到杭州，一路很興奮。

人生的遺憾

回國後，我沒有先回家，直接去了浙江大學。束星北教授

還在學校，我去拜訪他，我們談了很多。學校歡迎我，安排我任物理系副教授。

在 1951 年秋天中國高校開展的知識分子思想改造運動中，有人提醒我，束星北反動，現在是敵是友暫時還分不清，要我別和他走得太近了。

那段時間，我的內心很受煎熬。我反覆問自己：束星北反動，這可能嗎？1936 年他在浙江大學支持驅郭運動，因此被解聘。抗戰中，他隨浙大內遷流亡，後來幫助軍隊研究防空雷達，為抗戰立了功。聽說 1947 年浙江大學學生自治會主席于子三遭當局殺害時，他還倡議浙江大學教授會通過決議罷教一天，支援學生民主鬥爭。對於我，他那樣關心、栽培和愛護，如何劃清界限呢？可是，組織會有錯嗎？自己在國外 4 年，是不是束先生政治上確實出了問題呢？

我是從舊社會走過來的知識分子，雖然滿懷愛國熱情，但對社會形態的巨大變化缺乏認識，政治上不免有些幼稚。我從保護束先生的角度出發，想把大事化小。一次會議上，我講了束星北教授的「舊思想」：脾氣不好，霸道，對學生不客氣，不能廣泛團結同志……

我的發言讓束先生不能理解，他無法從積極的方面去理解我的苦心，我的行為在他看來是「大逆不道」。此後，他就不再理我。

1952 年，全國高等院校院系大調整，發展專門院校與專科學校，開始全盤學習蘇聯高等教育模式。原有文、理、工、醫、農等 7 個學院的綜合性浙江大學，縮編成一個工科大

學，這對浙大是一大損失。事實上，浙江大學的理學院學術水平在國內是很高的，這次調整，浙江大學很有意見，但也沒有辦法。

調整中，我去了南京大學，束星北教授去了青島的山東大學。在恩師的有生之年，我一直沒有機會當面解釋，成為終生遺憾。

創建南京大學金屬物理教研組

回國後，我在浙江大學工作了兩年多，1952年冬，全家搬至南京，臨時住在南京大學物理系的一棟小樓裏。

1952年秋天，教育部規定大學從一年級開始採用蘇聯的教學計劃和教學大綱，並組織教師翻譯蘇聯教材，成立教學研究組。蘇聯高等院校最基層的教學單位是「教學研究組」。每個教研小組，通常有10至20名老師，職能是確保每位教師按照教學計劃授課，負責監督備課，培訓青年教師，交流經驗和信息，推廣新的教學方法，開展相互批評、進行鑒定，領導研究工作和培養研究生。

新中國剛成立，建設國家，要學習蘇聯的經驗。蘇聯優先發展重工業，大家認為金屬物理研究很重要，所以物理系首先確定了金屬物理研究方向，並決定籌建金屬物理教研組。系裏將籌建工作交給施士元和我，金屬物理教研組由施士元負責，讓我把主要工作搞起來。施士元是物理學家，居里夫人的3個

中國學生之一，國民黨時期就是中央大學物理系教授，我們一起投入到創建工作中。

固體物理是我的本行，但我對金屬材料物理不太了解，可能因為金屬是固體吧，就把金屬物理方面的工作交給我。施士元先生熟悉 X 射線，用 X 射線分析金屬結構的工作由施先生抓。

固體物理，屬理論研究，金屬物理雖與固體物理相關，但偏向應用，實際上是金相學、金屬學等，與固體物理相去甚遠。我是外行，但這是工作需要，只得硬着頭皮上。不懂就學習，找專家學，到外單位去學。例如，到南京工學院聽高良潤講師的金屬學課，一周兩次，我帶着燕恩光每堂課都去，一學期下來，收穫很大。

1954 年暑假，為了掌握金屬的鍛、壓、加工等知識，我又帶着年輕教師王業寧到瀋陽中國科學院金屬研究所，向內耗專家葛庭燧先生學習內耗理論與實驗，向李薰所長學習。在金屬研究所，我從基礎開始學，內容包括金屬學、材料測試（測強度和硬度）、拉單晶（這是我第一次拉出單晶），還學會了使用馬福爐退火，等等。通過學習，我才真正弄清金屬材料的內涵。與我同去的王業寧着重學習內耗，她勤奮好學，得到葛先生讚賞。返校後，在我們支持下，王業寧建立起內耗實驗室，在固體內耗研究領域不斷創新，後來，成為中國物理學會內耗與超聲衰減專業委員會主任、中國科學院院士。

我一回來就開始添置實驗設備，建起金屬研究實驗室。1954 年，成立了金屬物理教研組。這是南京大學建成的第一個教研組，很受重視。

同時，我認真鑽研從國外帶回來的資料、書籍，結合在工廠的實踐，開展內耗理論方面的研究。在國內首先開展了系統的熱力學內耗理論研究，提出了普適線性內耗理論。還開展了二元代位合金體系、面心立方金屬原子的內耗理論和 Thomas-Fermi 統計正則系統分佈函數、弛豫過程普遍理論、輻射理論、布朗運動、電子集體振動、極化子、細晶粒再結晶等方面的理論研究。

　　在南京大學物理系，我開設了理論物理、統計物理、量子力學、固體物理、金屬物理和場論等課。成立金屬物理教研組後，我專門開了固體物理和金屬物理兩門課。施士元講授金屬結構和 X 射線分析，我沒有學過，就去聽他的課。那時，上課沒有教材，我們就把講稿刻蠟紙印成教材，發給學生。我還和施先生一起翻譯蘇聯的一本結晶學。我譯了幾章，我的俄文還是 1952 年冬天南京市組織教師突擊學習俄文時學的，學了一個月，基礎差，施先生給了我很大幫助。教育部請了蘇聯金屬物理專家華西里耶夫到物理系來講學，這些對我業務的提高都有很大好處。

　　我在南京大學開固體物理課，是國內高校第一次開的課程。後來，我對授課講義進行整理、修改、補充，完成了《固體物理學》書稿，梁昆淼、李正中對這本書一些章節的文字做了潤色。這本書是中國固體物理方面的第一本著作。

　　為把理論物理學的新成果、新方法應用於固體物理研究，1956 年，我為青年教師和研究生舉辦了「固體物理新的理論方法講習班」，組織蔡建華、龔昌德、李正中等參加，指導他們「習」和「講」。1957 年「反右」開始，講習班仍堅持了很

久。我向他們介紹國外研究的最新動態和學術前沿方面的內容，即使是我不贊成的學術觀點和理論我也介紹。當年 BCS電子成對理論一提出來，我就做了介紹。後來，1995 年夏天，我在南京大學物理系舉辦短期系列報告會，系統介紹我的超導雙帶理論。會上，有人問我：「程先生，既然你不同意 BCS電子成對理論，為什麼當年要給我們講呢？」我說：「當年是為了幫助大家及時了解學術動態，並不是要你們跟着跑呀！」

入黨

我對共產主義的認識有個過程。在回國的船上，幾個印度人談論國民黨和共產黨，一個人問我：共產主義怎麼樣？我說：不懂。另外的人說：不用問他，他大概只懂得毛澤東。

在浙江大學時，浙江省委宣傳部部長來學校上政治課，他給我們講馬克思主義哲學，用歷史唯物主義觀點分析太平天國所犯錯誤，聯繫實際，淺顯易懂，至今記憶猶新。

到了南京大學，我們邊進行教學改革，邊接受政治理論教育。1952 年，黨委書記、副校長孫叔平給教職工開了兩門課：政治經濟學和聯共（布）黨史，我開始系統學習馬克思主義的基本觀點。後來，南京市為南京高校教師舉辦「高等學校馬列主義學校」，每周六下午在學校南園食堂上馬列主義基礎課。我聽了孫叔平講授的辯證唯物主義、歷史唯物主義，還聽了蘇聯專家講授的辯證唯物論與近代自然科學等報告，都認真學

習、記筆記。這些對我們開展科學技術研究很有幫助，不僅提高了我對客觀事物發展規律的認識，使我對物理學一些理論問題的認識更深刻，比如對量子力學、相對論等的認識，也使我的工作有了正確的世界觀指導，有了正確的方向。我將科學的世界觀、方法論結合科研工作，寫出心得體會，在系和教研組的辯證唯物論討論會上發言。我常說，孫叔平的哲學課對我有幫助，用辯證法指導科研，很有收穫。

中國曾是一個貧窮落後，受欺負、受歧視的國家。1946年我離開時，滿目創傷。1949年新中國成立以後，中國發生了翻天覆地的變化，國家的發展日新月異，科學事業一直受到重視。科學傳播、科學教育、科學研究從無到有，從小到大，前景廣闊。20世紀50年代就有錢三強領導的原子能研究所、陳芳允負責籌建的電子學研究所，還有王大珩領導的長春光學精密機械研究所等，各個研究所相繼成立。在南京大學，學校提出有組織有計劃地開展科學研究工作，經常以教研組、系為單位開展科學討論，舉辦科學報告會。實際上，那時整個科學研究還處於打基礎的階段，但基礎很重要，它體現了國家決策的深謀遠慮。科學研究的路變得很寬闊，科研人員充滿希望，期盼着大顯身手。

經過學習和思考，1952年我向黨組織遞交了入黨申請書。

1956年1月14日至20日，中央召開關於知識分子問題的會議，周恩來總理做了《關於知識分子問題的報告》。報告首次指出，知識分子已經成為我們國家各個方面的重要因素，他們中間的絕大部分已經是工人階級的一部分。還指出，正確

地解決知識分子問題，更充分地動員和發揮他們的力量，為偉大的社會主義建設服務，已成為我們努力完成過渡時期總任務的重要條件。會議後，南京大學黨委貫徹落實黨的知識分子政策，批准了我的入黨申請。1956 年 7 月，我光榮地加入中國共產黨，成為物理系教工黨支部發展的第一個高級知識分子黨員，在學校知識分子中產生了很大反響。知識分子紛紛要求入黨，物理系教工支部一兩年時間發展了 10 位知識分子黨員。當年，我的入黨介紹人、南京大學黨委組織幹事還在高校組織工作會議上介紹了經驗。

入黨後，我嚴格要求自己，黨組織也嚴格要求我。每個月我都主動向組織匯報思想。1956 年國家制定科學技術十二年發展規劃，我有 3 個月時間在北京。回到學校，我馬上向黨組織匯報思想。當年，黨小組組長是劉聖康，我們之間關係非常特殊。組織上，我是預備黨員，他是我的領導，我常向他談思想；業務上，我是老師，他是我的學生，我們結下了深厚的友誼。

參與制定「十二年科學規劃」

1956 年，來自全國的 600 多位科學家和技術專家，在北京西郊賓館集中 3 個月，參加制定《1956—1967 年科學技術發展遠景規劃綱要》（簡稱「十二年科學規劃」）。我和南京大學物理系主任魏榮爵接到通知去北京參加規劃工作，我被分配到半導體材料方面的規劃小組，同組有盧嘉錫等人。另一個半

導體組有黃昆、洪朝生等人。

「十二年科學規劃」是在周恩來總理直接領導下制定的，他指示：要根據世界科學已有成就來安排和規劃中國的科學工作，爭取在第三個五年計劃末期，使中國最急需的科學部門接近世界先進水平。結合中國當時的科技水平，這個任務是迫切的、艱巨的。總理強調要儘量採用世界先進技術，瞄準當時的新興學科、新興技術，不失時機迎頭趕上。

工作告一階段之後，周總理指示要考慮基礎理論研究的發展，我被留下參加這方面規劃的制定。在討論中，我着重考慮固體物理的發展。那時我正在金屬物理方面開展有關研究，故提出加強「相」的研究，後來南京大學專門請專家講相變理論，以深入開展這方面的研究。

會議一直開到7月份，經過幾個月的反覆研究和討論，規劃終於完稿。這個遠景規劃對中國科學研究的發展和國民經濟各部門技術水平的提高起到了指導和促進作用，一系列新興的科學技術，如原子能、噴氣技術、電子學、半導體、自動化、計算技術從此建立起來。「兩彈」和後來的「一星」都是在規劃的基礎上發展起來的。

毛澤東、周恩來、朱德、鄧小平等黨和國家領導人接見了參加規劃制定的科學家，科技人員都很受鼓舞，在全國興起了「向科學進軍」的熱潮。

科學研究工作如此認真地做長期規劃，在中國還是第一次，可惜後來政治運動太多，干擾太大，否則中國的科技發展會更快、更好。例如半導體科學和技術，那時日本和中國水平

差不多，有些我們還好些，但由於沒有抓緊抓好，後來比日本落後不少，很可惜。

規劃制定中，科學家們還討論研究了一些具體問題。記得討論固體物理時，黃昆主張要從點陣力學、聲子研究入手，以解決超導問題。當時這是有爭議的問題，黃昆到蘇聯去請教了朗道，朗道很贊成黃昆的意見。其實用聲子解決超導問題，泡利在1948年就提出來了，那時我在英國研究超導理論，泡利在瑞士蘇黎世召集召開低溫討論會，我參加了。會上普遍認為超導不一定是能帶起作用，主要是聲子起作用，泡利就是這個看法，給我印象很深。認為超導是聲子引起的應該由此而來。

在這次規劃工作過程中，我認識了余瑞璜院士，他是固體材料方面的元老。還有化學專家唐敖慶院士、光學專家王大珩院士，我們結下了友誼，學術上經常相互溝通。1980年，余瑞璜和王大珩推薦我當選學部委員。20世紀90年代，我應用我提出的TFDC電子理論闡述余先生的經驗電子理論，為其提供了理論支持。

完成制定科學規劃的任務之後，同年10月，高教部組織訪蘇代表團，曾昭掄部長任代表團團長，我是成員之一。代表團約30—40人，其中有幾位大學校長。我們先後訪問了莫斯科大學、基輔大學、列寧格勒大學、薩拉托夫大學，參觀了研究所和原子能發電站，其中有著名的朗道低溫物理研究所，還見到了當時在蘇聯開展學術研究的王淦昌，以及朗道（Landan）、卡皮察（Kapitsa）、福克（Fock）3位大物理學家。3個月的考察，感受到中國高等教育與蘇聯之間的巨大差別。

考察之餘，我們看了芭蕾、歌劇、馬戲，去了冬宮。我帶回了蘇聯 4 個大學的教學計劃和許多教學參考資料，為南京大學教學改革提供了借鑒。

訪蘇回來，我開了場論課。我對超導理論有自己的觀點，在系裏做了幾次報告，同時完成《固體物理學》的撰寫。由於此時我做理論報告，有領導就批評我，一度説：已經在搞實用的東西，為什麼又去弄抽象的理論？這曾使我有些猶豫，但理論組的教師很歡迎。

創建南京大學核物理專業

1958 年，國家重視原子能工業的發展，廣泛開展原子能科學知識的普及宣傳活動，錢三強到全國各地做報告，呼籲各地成立原子能研究所，各高校建立核物理專業。江蘇省和南京大學積極響應，決定分別成立江蘇省原子能研究所和南京大學物理系核物理教研組。

1958 年，根據組織安排，我將金屬物理教研組交與他人，再次和施士元一起創建南京大學核物理專業[1]，同時，參與

---

1 關於南京大學核物理專業的創建，施士元先生在回憶錄中這樣寫道：「辦核物理專業，我們主要做了四個方面的工作：建立實驗室、編寫教材、開課、進行科學研究。我作為核物理教研室主任，主要是進行規劃、研究，組織大家開展這些工作。核物理專業師生分成小組，夜以繼日，研製教學用的儀器設備，包括加速器、探測器、質譜儀、β譜儀、核電子學的儀器等。當時美國對中國禁運。雖有蘇聯的器材，儘管南京大學是重點高校，但僧多粥少，我們沾不上邊。白天人頭擁擠，晚上燈火輝煌，奮戰一年，核物理實驗室逐一建立起來。」

江蘇省原子能研究所的籌建。

　　為更好、更快地建設核物理教研組，大家分別承擔科研項目，我參照蘇聯學者關於雙聚焦 β 譜儀的文章，帶領教研室幾個年輕教師不分白天黑夜，投入雙聚焦 β 譜儀的研製。大家查閱文獻資料，進行分析研究和理論計算。因為是電子譜儀，還要設計磁場，抽真空，做放射源，配備電子測量設備，等等。不斷攻克一個個難關後，終於研製成功雙聚焦 β 譜儀，並用它測得衰變元素的衰變曲線。大家都很高興，我們也在實踐中得到了鍛煉。這台雙聚焦 β 譜儀，是南京大學第一台核物理實驗儀器，郭影秋校長很重視，將它列為當年南京大學向「大躍進」獻禮的成果。

　　1958 年全國「大躍進」，為加快發展原子能工業，上級提出了「大家辦原子能科學」「全民辦鈾礦」的口號，要求一個省建一個反應堆和一台加速器。籌劃江蘇省原子能研究所時，我考慮到馬上建反應堆不可能，就領着大家動手製作了一台直

線加速器，這是南京大學的第一台加速器，為學校核物理的發展打下了基礎。

當時核物理方面的人才極少，為了南京大學核物理專業的發展，我建議讓劉聖康帶幾個年輕教師到北京原子能所實習兩年，並指導他們選擇中子作為研究方向。後來，劉聖康成為南京大學中子實驗室負責人，全國中子專業組主任委員，並在該領域取得有價值的研究成果。同時培養出了一批年輕教師，使南京大學核物理學科沒有因為一兩個學科帶頭人的離去而影響發展。

1960 年，我被任命為物理系副主任。不久，我被借調到二機部，約定一年中三分之一時間在學校，三分之二時間在北京，而實際上一直在北京。[1]

1　關於程開甲工作問題據南京大學檔案記錄：中央組織部正式調程開甲到第二機械工業部工作時間為 1960 年 2 月 20 日。南京大學黨委於 1960 年 6 月 15 日上報了《關於程開甲同志擔任工作情況》，明確表示「程開甲同志所擔負的物理系領導工作，教學工作，及科研工作均難以考慮調離」，「否則對物理系的影響太大，不只當前的困難確實無法克服，而且在今後繼續前進上也受很大影響。」7 月 7 日中央組織部批示：「關於程開甲同志的工作問題，確定在以上兩頭兼顧，二機部和南京大學在一年之內各佔 6 個月的時間。具體時間安排請二機部與南大直接商定。」1960 年 10 月 20 日南京大學黨委致函二機部黨組：「經我們研究，完全同意你部意見，在最近一兩年內，程開甲同志工作重點可暫放在你部，時間安排可適當變動，即每年在我校工作時間可縮短為 4 個月左右，每學期來校工作 2 個月。」1961 年 11 月 11 日聶榮臻副總理親自給教育部長楊秀峰、蔣南翔寫信，就北京大學周光召、南京大學程開甲二人的工作進行協調，並提出「在兩三年內免除他們學校的兼顧工作，一旦任務完成，他們即各返原校」的建議。南京大學1962 年 4 月 28 日致函二機部、教育部表示：「為了整體利益，我們工作中存在的困難願自行努力克服。」

1　1948 年博士畢業
2　在南京大學時留影
3　1956 年程開甲（前排右 1）在莫斯
　　科大學

秀峰、南翔同志：

北京大学周光召同志及南京大学程开甲教授在二机部担负着重要的理论设计工作，并已获得重要的进展。现在研究工作已进入攻坚阶段，十分需要他们把全部精力集中于当前工作，但是现在他们都兼顾着一些学校工作，程开甲教授每年要回南大两次，每次一个半月，占去很多时间。周光召同志仍担负着北大的理论物理指导工作，精力分散，身体又不大好。这对完成当前任务是有影响的。为了使他们的精力全部集中于当前的理论设计工作，争取二机部的产品早日过关。二机部建议：在两三年内免除他们各校的兼顾工作，一旦任务完成，他们即各返原校。据了解，北大的理论物理指导力量还比较强，周光召同志暂不回去，不致受到什么影响；南大的核物理研究，重要的可采取派人来京研究的办法，除程开甲教授可以就近给予指导外，还可以得到科学院原子能研究所的帮助。我意，这样安排比较好，对他们的身体也有好处。如你同意，望即转告北大、南大两校的领导同志，并通知程开甲教授（现在南京）迅速来京工作。

聂荣臻

1961年11月11日

6　1993年看望余瑞璜院士（右）
7　1961年聂榮臻為周光召、程開甲工
　　作問題指示

第六章　在二機部第九研究所

原子彈的研製，

是國家的最高機密。

我知道參與這項工作，

就要做到保密、奉獻，

包括不參加學術會議，

不發表學術論文，不出國，

與外界斷絕聯繫，

不隨便與人交往。

祕密使命

1960 年夏的一天 [1]，郭影秋校長把我叫到他的辦公室，遞給我一張紙條，要我明天按照上面的地址到北京報到，具體做什麼不知道。

我沒有多問，第二天就動身。按照紙條上寫的地址，我來到二機部一個搞煤炭的地方，卻沒人知道是怎麼回事。詢問過後，幾圈電話下來，他們讓我去城北某地報到。

第二機械工業部第九研究所（簡稱「九所」），在北京城北郊，元大都土城附近。那裏有兩棟普通的紅磚小樓，一棟四層的灰樓，是九所的辦公樓。土城牆外有條護城河，後來成了小水溝。周圍是大片空曠的土地，沒有什麼人。據說，當時為建灰樓，二機部的領導和錢三強、鄧稼先等許多人都來參加勞動，有時，聶榮臻、陳賡、張愛萍、宋任窮、萬毅等開國將帥也來工地上搬磚、和泥、推車。

---

1 1961 年 3 月 8 日二機部部長劉傑就程開甲家庭遷京照顧其身體健康一事給郭影秋校長的親筆信中有：「程開甲同志自去年七月來京，參加我部科學研究，作出很多工作。」

我來之前，根本不知道要做什麼。到了所裏，吳際霖副所長跟我説：「要你來，是搞原子彈的，與南京大學商調你，南大不放，你先兩邊兼着。」實際上，我回學校工作總共也只有一次。1961 年，我正式調入九所，開展原子彈方面的研究。

南京大學接到調我的調令，不想放。他們召回在北京學習的劉聖康，要讓他代替我去二機部，二機部不同意。於是，核物理教研室的黨員向系黨總支申請，要學校出面申請免調，還找到校長郭影秋。郭校長來南大前是雲南省省長，他是主動申請來教育戰線的。郭校長説：「你們要服從國家需要，你們以後會知道程開甲調去從事的工作。他今後工作的成就，也是南京大學的光榮，你們要把眼光放到年輕人的身上。」

就這樣，我改行進了中國核武器研製隊伍。後來，我才知道，調我參加原子彈研製是錢三強點的將 [1]，鄧小平批准的。

説起來，歷史還曾有一些機緣巧合。我在英國留學時，曾因與美國從事原子彈內爆機理研究的福克斯（Fuchs）有過一次短暫接觸，因此曾被懷疑、跟蹤過。沒想到 10 多年後，我還真的搞原子彈了。

福克斯是玻恩的學生，我的師兄。1949 年 11 月 14 日至16 日，在愛丁堡召開的基本粒子會議上，我見到他。玻恩為我們做了介紹，雖是第一次見面，但我們談得很投機。當時美國政府正在對有人將原子彈的核心機密泄露給蘇聯的事進行調

1　據葛能全《錢三強年譜長編》，1960 年 3 月，（錢三強）根據形勢發展需要和中央要人可以「點將」的精神，向二機部領導推薦南京大學核物理教研室教授程開甲到核武器研究所工作。

查，福克斯在被懷疑之列。他傾向共產主義，被懷疑向蘇聯人泄露原子彈製造技術，捲入間諜案。會議後不久，他就被捕了。開會當時有人監視他，而因為我們是師兄弟，我又是中國人，也受到了懷疑。我去法國的時候也有人跟蹤我。他們將原子彈機密－福克斯－程開甲－中國共產黨－紅色蘇聯聯繫起來，跟蹤調查我。事後，導師玻恩將這段離譜的插曲告訴我說：「他們已經將福克斯當間諜逮捕了，當初他們懷疑與福克斯聯繫的第一個人，就是你。」

玻恩後來說：「我的許多學生，奧本海默、盧森堡、海森堡、福克斯、彭桓武、程開甲……都去搞原子彈了。」

拋棄一切依賴思想

原子彈的研製，是國家的最高機密。我知道參與這項工作，就要做到保密、奉獻，包括不參加學術會議，不發表學術論文，不出國，與外界斷絕聯繫，不隨便與人交往。這項工作與我原來的教學和科研不同，但我認為自己有基礎，可以幹，更重要的這是國家的需要。

我從事如此絕密的工作，根據國家保密規定，對外只允許說我在研究核反應、加速器、反應堆等。有一次回南京大學，同事們要我說說工作情況。在核子組我就講核能、原子核的輸運、中子輸運等。我懂得一些，總可講一點，但到底不是做這方面實際工作的，講得不好，內行的施士元應該是覺察到了

的，他感到奇怪。

原子彈研製的組織領導工作，由二機部九局負責，局長李覺曾任西藏軍區副司令員兼參謀長。1958 年 7 月，九局在北京建立二機部九所（1963 年改制擴編為二機部九院），李覺兼任所長。最初確定研究所的任務是接受、消化蘇聯提供的原子彈教學模型和圖紙，以及調集、培訓人員。蘇聯毀約停援後，研究所承擔了第一顆原子彈的理論探索研究工作。

我到研究所時，李覺所長還在「招兵買馬」，做大量的協調和後勤保障等工作，兩位行政副所長吳際霖、郭英會全力協助他。我與朱光亞、郭永懷同為技術副所長，朱光亞是技術總負責人。

最初的探索工作大致是圍繞着理論設計、爆轟物理、中子物理和放射化學、引爆控制系統、結構設計等幾個方面進行。我的任務是分管材料狀態方程的理論研究和爆轟物理研究。

當時，我有許多東西不懂，尤其是爆轟試驗。但工作分下來了，也就硬着頭皮上。後來，王淦昌、彭桓武來了，也被任命為技術副所長，我們又走到了一起。由於王淦昌是搞實驗的，所以爆轟物理研究的試驗工作他就接了過去，我專管狀態方程及爆轟物理的理論研究及其他一些工作。

中國原子彈研製初始階段所遇到的困難，現在的人根本無法想像。對於這樣的軍事絕密，當時的有核國家採取了最嚴格的保密措施。美國科學家盧森堡夫婦因為泄露了一點祕密，受電刑處死，福克斯也因為泄密被判了 14 年監禁。中蘇關係蜜月的時候，聶榮臻元帥和宋任窮部長去蘇聯參觀，也只能在廠

房、車間外面透過玻璃窗看看，不讓進去。來中國的蘇聯顧問常是不唸經的「啞巴和尚」。有一次，面對中國專家，一位顧問想唸一點點「真經」，但顧問團的領導一聲咳嗽，就把他的話打掉了，可見其戒備之深。那個時候，我們得不到資料、買不來所需的儀器設備，完全靠自力更生、艱苦奮鬥，自己闖出一條路來。

1960 年 1 月，二機部在「科研工作計劃綱要」中明確提出：「我們的事業完全建立在自己的科學研究基礎上，自己研究，自己試驗，自己設計，自己製造，自己裝備」，「從無到有，從小到大，從低級到高級」。同年 8 月，二機部向所屬單位發出了《為在中國原子能事業中徹底實行自力更生的方針而奮鬥》的電報，指出：今後我部的事業完全由我們自己幹，思想上、組織上和行動上必須迅速適應新的變化，必須拋棄一切依賴思想。

解決一個大難題

九所一室是理論研究室，室主任鄧稼先原來是研究場論的，他選定中子物理、流體物理和高溫高壓下的物質性質三個方面作為原子彈理論設計的主攻方向。高溫高壓下狀態方程組有胡思得、李茂生等幾個年輕人，他們在求解高溫高壓下的材料狀態方程時遇到了困難。

核材料中的狀態方程，無論對象、溫度和壓力範圍，都不

同於普通的狀態方程。當原子彈中的高能炸藥爆炸時，原子彈中的各種材料就處在與常溫常壓極不相同的極高的溫度壓力狀態。核反應起來後，介質的溫度可達幾千萬攝氏度，壓力達幾十億大氣壓。當時，國內沒有實驗條件獲得鈾 235、鈈 239 的狀態方程，國外視此為絕密，我們只有靠自己摸索。

用什麼方法求得核反應起來後介質的狀態方程呢？托馬斯－費米理論能夠描述在極高密度和壓力下的介質狀態方程，但它是一種統計模型，不能用於千萬大氣壓以下的範圍。對這個理論的各種各樣的修正，雖有一定程度的改善，但都不能徹底解決低壓範圍的使用問題。鄧稼先主任曾去請教過當時在研究所裏的蘇聯專家，得到的答案是：托馬斯－費米理論包括它的修正在內，只能用於研究像中子星一類極高密度的天體物理，在核武器物理中用不上。儘管他們對蘇聯專家的意見有所保留，還是缺乏理論上的自信。

我到研究所後，狀態方程小組負責人胡思得向我詳細匯報他們已經做過的工作，也講到利用托馬斯－費米理論的擔心。我認真聽取他們的匯報，不時與他們討論。有些概念，例如衝擊波，我也是第一次碰到，好在我在南京大學時研究過托馬斯－費米理論，1958 年還在《物理學報》上發表過一篇關於 TFD 模型方面的文章。當時，這個小組的成員大部分沒有學過固體物理，更沒有學過類似托馬斯－費米統計理論。為了讓大家掌握托馬斯－費米理論及相關的修正，我給他們系統講課，系列課程講完後，又追加了固體物理方面的內容，還幫他們複習了熱力學、統計物理方面的知識，指導他們查閱國外文

獻資料。事實證明，這些不僅提升了他們的業務基礎，也使他們能在更高的理論平台去開展研究工作、攻克難題。

大家對新任務都很陌生，所以我們經常召開技術和業務方面的討論會。有些數據結果，物理、數學、力學方面的專家和科研人員從各自熟悉的專業角度進行審議，提出分析和質疑，辯論很激烈，有時爭得面紅耳赤。辯論中，誰都可以登上講台，誰都可以插話，沒有權威，但誰又都是權威。即使剛出校門的年輕大學生提出的稚嫩想法，也會受到關注和鼓勵，每個人的智慧和創造性都被激發出來。

那段時間，我沒日沒夜地思考和計算，滿腦子除了公式就是數據。有時在吃飯時，我突然想到一個問題，就會把筷子倒過來，蘸着碗裏的菜湯，在桌子上寫公式幫助思考。

後來，聽別人說起我的一個笑話。一次排隊買飯，我把飯票遞給窗口賣飯的師傅，說：「我給你這個數據，你驗算一下。」弄得賣飯師傅莫名其妙。鄧稼先排在我後面，提醒我說：「程教授，這兒是飯堂。」

經過半年艱苦努力，我終於第一個採用合理的 TFD 模型計算出原子彈爆炸時彈心的壓力和溫度，即引爆原子彈的衝擊聚焦條件，為原子彈的總體力學設計提供了依據。

拿到結果後，負責原子彈結構設計的郭永懷高興地對我說：「老程，你的高壓狀態方程可幫我們解決了一個大難題啊！」

我們在理論上摸清了原子彈內爆過程的物理規律，但原子彈起爆條件，必須進行炸藥爆轟試驗。這種沒有核材料的炸藥爆轟試驗，稱為「冷試驗」。

當時，我們在河北省懷來縣燕山山脈的長城腳下官廳水庫旁的一個沙漠地帶，藉助工程兵試驗場一角，建立了爆轟實驗場，稱為「十七號工地」[1]。為了解試驗開展情況，我和郭永懷有時來這裏，在帳篷裏討論問題，在野外吃帶沙粒的飯菜。當時正值三年困難時期，大家連飯也吃不飽，但積極性很高。讓我們犯愁的是實驗儀器的落後和技術方案的確定。那時化爆場只有 OK-15、OK-17 兩種陰極示波器，針對試驗測試的需要，我擔心性能極差的兩台陰極示波器會影響測量數據的準確性。

1960 年 10 月，張愛萍將軍來研究所視察，聽完匯報後，他提出去爆轟試驗場考察。張愛萍、我、郭英會、郭永懷等人一起坐軍用吉普車去「十七號工地」。一路上，我們向他匯報爆轟物理試驗場的情況。到了實驗場，我讓技術人員現場向張愛萍演示了兩台陰極示波器的工作狀況和性能，張愛萍問得非常仔細。趁此機會，我向他提出需要性能更好的示波器，他當即表態：「我回去後立即解決。」

說一個小插曲。在回北京的路上，我們還乘興在官廳水庫遊玩。我和郭永懷、郭英會 3 人乘船來到水庫中央，突遇狂風，船差點被打翻，3 人狼狽而逃。在岸的張愛萍，挎着相機一直在官廳水庫拍攝，目睹了我們幾個遇險的過程。經過八達嶺，我們又下車與張愛萍一起合影留念，可惜這張張愛萍、郭

1　這裏是有名的風口，氣候變化無常。冬春兩季風特別大，狂風襲來，揚起黃沙一片，大家都變成了「土人」。夏天，烈日炎炎，酷熱難耐，轉瞬卻下起大雨，天昏地暗。最難過的還是冬天，寒風刺骨，滴水成冰，即使白天也要穿皮大衣、皮靴才能抵禦風寒，而那時沒有什麼防寒措施，大家就在冰天雪地裏「打炮」。

永懷和我在一起的珍貴照片現在我已經沒有了，九院辦展覽借走後就沒再還給我。

張愛萍是位一諾千金的將軍。不久，我們實驗急需的先進示波器就運到了試驗場。正是這次考察，張愛萍將軍樸實、隨和、敬業、尊重知識分子、敢於擔當的作風，深深地印在我的腦海裏。

由於工作過於緊張，我病倒了。1960 年冬天，我不得不中斷工作回南京養病。為早日康復，我想盡辦法，向物理系魏榮爵教授學打太極拳、練氣功，我學會了，一直堅持。

另外，我還決心戒煙。我的抽煙開始於抗戰流亡年代，後來每天要抽兩包。這次為了工作，下決心不再抽第一口，成功地戒掉了。

耀珊一直精心照料我，默默地支持我的工作，我做的每一件工作，都包含她的一份功勞。平時我吃飯時考慮問題經常走神，她就剔淨魚刺，把魚肉放到我碗裏。回到南京養病，她每天陪我走到中山陵。當時國家處於經濟困難時期，物資極度匱乏，為給我補身體，她想方設法買高價雞煲湯，全給我吃，孩子們都沒有吃。她特別能吃苦，剩菜、剩飯都自己吃，水果爛了削削自己吃。

1961 年初，春節一過，我就立刻趕回北京。這年夏天，所裏派人到南京幫忙，把家搬到了北京，老大、老二仍留在南京上學。從 1969 年到 1985 年，我們家一直在新疆羅布泊試驗基地。

1962 年夏，在我領受主抓第一顆原子彈爆炸試驗任務

時，雖然炸藥引爆原子彈的衝擊聚焦條件理論研究已經突破，但還沒有通過實踐驗證。後來，青海原子彈研製基地進行了多次化爆驗證試驗（化爆衝擊壓縮 ND3 出中子），我則一直緊張地準備第一顆原子彈的爆炸試驗，無法參加。而我在九所時從事了這一問題的理論攻關，此時仍兼任九所副所長（後九院副院長），所以，關鍵的最後一次化爆試驗仍然通知了我，我也立即從新疆試驗基地趕到研製基地，參加試驗。當炸藥的衝擊聚焦最終得到引爆原子彈的條件時，我們都十分激動，因為原子彈研製的最後重要一關終於突破了。

一碗紅燒肉

1961 年下半年，原子彈的理論設計、結構設計、工藝設計都陸續展開，原子彈爆炸的一些關鍵技術也初步搞清，有的已經突破和掌握。正當我們力爭加速進程時，國防工業和國防科研戰線上出現了有關兩彈的「上馬」「下馬」之爭。後來是毛主席下的決心，結束了爭論，並成立了中央專門委員會加強領導。

三年困難時期，全國各地災害饑荒嚴重，廣大科技人員也每天餓着肚子。電力供應不足，經常是點着油燈，查閱資料，不分晝夜工作。聶榮臻了解到這種情況，曾打電話給周總理，要求給科技人員補助，並以個人名義向各大軍區、海軍募捐，請他們支援副食品。各大單位在物資同樣緊缺的情況下，省吃

　　1962 年 9 月 11 日，二機部黨組向中共中央並毛澤東主席寫出了《關於自力更生建設原子能工業情況的報告》，提出爭取在 1964 年或者 1965 年實現第一顆原子彈爆炸試驗的「兩年規劃」奮鬥目標。10 月 19 日，中共中央政治局常委會議聽取國防工業辦公室關於原子能工業生產建設和原子彈研製情況的匯報。10 月 30 日，羅瑞卿以國防工辦的名義向毛主席、中共中央寫了《關於加強原子能工業領導問題的報告》，建議「在中央直接領導下成立一個專門委員會，加強對原子能工業的領導」，並提出了 15 人專門委員會名單。11 月 3 日，毛澤東在報告上批示：很好，照辦，要大力協同做好這件工作。11 月 14 日，中共中央作出《關於成立十五人專門委員會的決定》，明確規定：「委員會是一個行政權力機構，主要任務是：組織有關方面大力協調，密切配合；督促檢查原子能工業發展規劃的制定和執行情況；根據需要在人力、物力、財力等方面及時進行調動。委員會的決定，有關方面堅決保證，貫徹執行。」11 月 17 日，中央十五人專門委員會正式成立。周恩來總理為主任，成員有賀龍、李富春、李先念、薄一波、陸定一、聶榮臻、羅瑞卿 7 位副總理和趙爾陸、張愛萍、王鶴壽、劉傑、孫志遠、段君毅、高揚 7 位部長。中央專門委員會的成立，加強了中國原子能工業、核武器研製、核科學技術工作的統一領導，確保了對國防科研、國防工業、各相關工業部門和各相關省區市的全面協調與調度。

儉用，慷慨相助，保證為我們每個月提供兩斤肉和帶魚。北京軍區打了一些黃羊，也拿出一部分送給十七號工地。這在那時都是極其珍貴的。國家對科學家如此關心，大家很感動。

　　1962 年春節前，周總理在人民大會堂專門招待我們，桌上有大碗紅燒肉。席間，總理談笑風生，對科技人員十分關懷，親自過來敬酒，讓我們感到總理的謙和。當時，我和朱光亞、王淦昌、李覺、吳際霖在一桌。總理到我們這桌敬酒後，國防科委二局的劉伯祿說：「總理坐中間，左邊是錢學森，右

邊是錢三強，你們看出怎麼回事了嗎？一看就明白中央搞兩彈的決心，兩樣都要上。」他是說錢學森代表導彈，錢三強代表原子彈。

　　這是我第二次見到周總理，第一次是 1956 年，中央領導同志在懷仁堂接見參與制定十二年科學技術發展規劃綱要的科學家，並合了影。那次，周總理宴請大家，親自走到每一席和科學家握手，他是那樣地關心和尊重科學家。這次宴請，讓我再次感受到周總理的厚愛和重託，特別是那大碗紅燒肉，在當時真是十分不易，至今讓人難以忘懷，讓我記了一輩子。之後，隨着核武器研製和試驗的推進，我前後向周總理匯報和受到接見有十次之多，每次的感動和感受都不同。

1 二機部九所辦公大樓（灰樓）
2 20世紀90年代，王淦昌（右1）、
  彭桓武（右2）、程開甲（右3）和
  于敏（右4）在研討會上

第七章　第一顆原子彈爆炸
試驗前的準備

在核爆炸「零時」到來前，
我們圓滿完成了三項任務：
切實可行的試驗方案；
有定量分析的爆炸效應圖像；
獨立自主研製的性能穩定可靠的
1700多台測試、取樣、控制的儀
器設備。

籌建核試驗技術研究所

1962 年夏，中國第一顆原子彈研製的關鍵理論研究和製造技術已取得突破性進展，自行設計的原子彈理論方案也接近完成，它的爆炸試驗問題提上了日程。此時，九所正為原子彈研製全力以赴，沒有精力另外開闢原子彈爆炸試驗的新領域。於是李覺、朱光亞等人提出建議，錢三強同意，組織專門的試驗研究隊伍，由我代表九所開展工作。

隨後，吳際霖副所長與我談話。他說：「研究所在第一顆原子彈研製中還有許多工作要做，需要集中精力繼續把這些工作做好，而對下一步要進行的原子彈爆炸試驗的技術準備工作也需要有專人來考慮。經上級領導研究決定，由你專門考慮試驗的研究與準備。」他還說：「你先去，我們後面來。」之後，他和我一起去國防科委，與二局局長胡若嘏見面。當時二局統管全國原子彈研製及試驗。

胡若嘏局長開門見山地說：「程副所長，軍委分析了國際局勢，要求我們加緊試驗的準備。我們必須制定一個日程表，提出具體的進度，確定大致的試驗時間，儘快拿出試驗的技術

方案。」

那時，有人勸我：「今天幹這個，明天幹那個，當心變成萬金油，東搞西搞，搞不出什麼名堂。」

我當然清楚自己的優勢是在理論研究方面，但組織上決定要我去搞原子彈爆炸試驗，我堅決服從。只要國家需要，我義不容辭。

就這樣，我又一次轉變專業方向，轉入一個全新的研究領域。由於這項工作與九所的彈體研製本身暫時關係不大，研究所也根本沒有精力考慮下一步的試驗工作，那時的我真可謂「光桿司令」。那個年代，沒有現在這樣的科研管理模式，我的工作也沒有定制的上報程序。朱光亞是所裏全面負責技術工作的第一副所長，我們倆無論在什麼場合見到，他都會問我工作情況，我也會毫無保留地將自己在技術方面的一些思考和打算與他交流。比如，根據中國的實際情況，我不同意第一次就採用空爆方式來試驗，我認為首先應採用地面靜態試驗方式，以後再用空爆方式；比如，我認為爆炸不是試驗的唯一目的，應開展儘可能全面的測試分析研究，還有對核試驗研究所的組建與各類技術人員需求的考慮，等等。我根據進一步的分析與計算，明確提出第一顆原子彈試驗採用塔爆方式。我的每一步工作思考，都及時與朱光亞交流，他都表示了贊同和支持。

1962 年 9 月 14 日，朱光亞起草了《第一種試驗性產品的科學研究、設計、製造與試驗工作計劃綱要（草稿）》（簡稱《計劃綱要》）。我提出的與爆炸試驗相關研究就成了 1962 年的《計劃綱要》中核爆炸試驗部分的內容。草稿完成後，他專

門徵求李覺、吳際霖和我的意見:「計劃綱要（草稿）已寫出。(1) 不知問題和看法反映得全不全？對不對？(2) 好幾個數字，不知是否估得恰當？……請審閱修改。如果不合用，當再寫合用的。」

大家都很讚賞朱光亞科學、民主的工作作風，而我與朱光亞之間則一直互相關心、信任、支持，保持着珍貴的友誼。

隨後，二機部正式向中共中央寫報告（註：名稱為《關於自力更生建設原子能工業情況的報告》），提出爭取在 1964 年，最遲在 1965 年上半年爆炸中國第一顆原子彈，實際上是給中央立下了軍令狀。這個「兩年規劃」得到中央批准。

1962 年 10 月 16 日，在國防科委大樓，張愛萍與錢三強及二機部九局的領導進行工作協調。錢三強說:原子彈試驗是一個十分複雜的、集多學科為一體的高科技試驗。僅就核爆炸試驗靶場開展的技術項目就很大，這一個個項目都需要研究、定題，並在靶場進行工程建設。這樣，就需要有很強的技術隊伍，立即着手研究立項。張愛萍提出，可以成立一個獨立機構，專門從事核試驗靶場技術工作的研究，請錢三強同志提出一個方案並推薦專家。錢三強同志表示贊成，並推薦我負責靶場技術工作。

1962 年 10 月底（註：30 日），張愛萍主持召開國防科委辦公會議，要我參加。他希望我就試驗靶場的技術準備問題進行匯報。在會上，我談了我關於試驗技術方面的思考研究。我還說:「關鍵是人，要有一支隊伍儘快開展工作，儘快提出研究課題來。」

張愛萍説：「好。三強同志也是這個意見，他推薦你來主管這個研究機構。」

我的工作早已調整並轉了過來，我説：「請給我調人，我們馬上投入工作。」

張愛萍説：「馬上投入工作很好，也是必要的。不過，要房子暫時沒有，儀器無法馬上買到，機構短時間內也難健全，但研究工作要立即開始。」

11 月初，呂敏、陸祖蔭和忻賢傑來了。他們 3 人經常擠到我在九所的辦公室裏，研究討論原子彈爆炸試驗的理論、方法和工程技術研究中的問題。

呂敏，我在浙江大學教書時，他是學生，畢業後到中國科學院物理研究所工作，1959 年在蘇聯杜布納聯合原子核研究所工作，1962 年回國。陸祖蔭，是錢三強的得意門生，清華大學畢業，分到中科院物理研究所。忻賢傑，浙江大學時是王淦昌的實驗室助教，動手能力很強，從王淦昌那裏繼承了許多好作風。他們後來都成為有名的核試驗專家。

不久，又調來了哈工大的孫瑞藩和北京航空學院的董壽莘。

其他技術骨幹，基本上是根據我提出的專業要求和人選，鄧小平同志批示，由中央組織部、總政治部從全國全軍各地選調來的。選調時，各單位全力支持，點名要誰就給誰。

先後調來的技術骨幹有：理論計算專業的喬登江、謝鐵柱、白遠揚；放射化學專業的楊裕生、高才生、陸兆達；力學專業的王茹芝、俞鼎昌；光學專業的趙煥卿、楊惕新、李茂蓮、張慧友、徐世昌；電子專業的龍文澄、史君文、于冠生、

李鼎基、莊降祥、曾德汲；機械專業的傅燮陽、沈希軾；地下試驗相關專業的寧培森、張忠義、丁浩然和核物理專業的葉立潤、錢紹鈞等。他們是重要的技術力量，我結合每人的專長，分別安排他們在研究所中擔任各級技術領導。

1963 年春，哈爾濱軍事工程學院一批學生提前畢業來報到。夏天，又有 100 多名全國各重點大學分配來的大學生報到。

根據核試驗研究的需要，經過論證，我們很快搞出了研究所的學科專業需求和組織結構的基本框架。研究所下設 5 個研究室，分別為衝擊波研究室、光測量研究室、核測量研究室、自動控制與電子學研究室、理論計算研究室，同時還有資料室和加工廠。之後，為開展地下方式的核試驗，又增設了地質水文研究室。理論計算研究室（五室）的室主任，在 1963—1970 年間一直由我兼任。

事實證明，研究所的設置完全符合核試驗任務的需要，是科學合理的。後來，除分出放化分析研究室外，最初設置的體制一直延續了 20 多年。1979 年，我根據武器發展和任務的需要，又構思了研究所新的發展藍圖，趙軍將其整理為「試驗學科發展關聯和前沿圖」。第一顆原子彈爆炸試驗後，我們研究所成為全軍最大的研究所。

1963 年 7 月 12 日，在國防科委禮堂召開核試驗技術研究所成立大會，命令由林彪簽發，大會由張愛萍主持，所長張超，政委張少華，我和董壽莘任副所長，我負責全面技術工作。成立大會上，張愛萍將軍、劉西堯副部長等與全體同志合

影留念。

這樣，我不僅是核試驗技術研究所副所長（後任所長），也兼任九所副所長，1963年九所改制為九院，兼任九院副院長，直到1977年我被任命為核試驗基地副司令員，才免去九院副院長。

作為九院的領導成員之一，我對產品情況是清楚的，每次試驗產品的參數和設計都會有專人告知我，產品進入試驗準備前的會議，也會通知我參加討論。武器設計的檢驗必須通過試驗，我們根據試驗和測試為武器研製提供有價值的各種數據，提出有實際意義的建議，從而改進設計，解決問題。

我的雙重角色，使我不僅能更好地完成試驗任務、檢驗產品設計，還能從試驗測試的角度對設計提出看法。例如，一次試驗中，核試驗技術研究所沒有測到某重要數據，我帶着理論研究和測試人員反覆查找出現問題的原因，指出這是彈體設計問題。於是提出改進建議，問題很快得到了解決。這大概是中國核武器研製與試驗之間的一種特色關係。中國核武器的發展，走出了理論、試驗、設計相互依存的良性循環之路，這種研製和試驗之間的有機結合是一般研製單位與靶場之間沒有的，對中國核武器的研製和改進起到了重要作用。

核試驗技術研究所建所初期，沒有自己的辦公和試驗地點，開始時，在總參謀部北京西直門招待所，半年後，搬到通縣倉庫。我仍住在二機部九所宿舍，每天來回跑。第一次核試驗任務後，研究所搬至新疆紅山。

起草《關於第一種試驗性產品國家試驗的研究工作綱要（草案）》

我抓核試驗工作的第一項任務，就是研究制定中國第一顆原子彈爆炸試驗方案。

最初，工作很難。主要難點是，我們不知道爆炸的具體過程。僅有的信息是以往蘇聯專家的片段談話和1958年美國洛斯阿拉莫斯國家實驗室（Los Alamos National Laboratory）公開出版的《爆炸波》（Blast Wave）一書。蘇聯專家撤走時曾有人揚言：「就是給你們一顆原子彈，你們也弄不響。」

那時，錢三強經常到九所聽取意見，有時也參與我們關於試驗問題的討論。討論的主要問題是第一顆原子彈採取什麼方式爆炸、採用怎樣的測控手段，這是制定方案的關鍵，只有論證清楚了，才能確定研究項目，才能開展具體的研究準備工作。

進行核試驗一般都是先進行大氣層核試驗。因為它易於實現，便於獲取有關衝擊波、光輻射、核輻射等方面的試驗資料，可以得到爆炸造成的各種殺傷破壞效應，也便於進行大當量的試驗。大氣層核試驗多數在30公里以下的空中和地（水）面進行。核裝置可採用飛機或火箭運載、氣球吊升等方法送到預定高度，也可置於鐵塔或地（水）面上。

經過思考和研究，我認為，中國核試驗一開始就用空爆方式是不妥的。應該首先進行地面方式的爆炸試驗，然後再採用空中爆炸方式試驗。因為：

1.第一次就用空投方式，測試與起爆同步以及落點瞄準上

困難很大，不宜確保原子彈爆炸的數據測量；

2. 空投方式爆炸試驗時，投彈飛機安全返航還沒有把握。

也就是說，第一顆原子彈試驗採用空爆方式很難做到「萬無一失」。

因此，我提出中國第一顆原子彈爆炸試驗採用靜態方式，將原子彈放在鐵塔上進行爆炸試驗，又根據產品設計參數，設計了百米高鐵塔。我還帶領陸祖蔭等對地面核爆炸引起的地面放射性沾染進行科學論證和計算，為第一顆原子彈爆炸試驗提供了可靠的依據 1999 年，朱光亞院士回憶第一顆原子彈的塔爆說：「它不但使中國第一顆原子彈的時間提前了，更重要的是能安排較多的試驗項目，用來監測原子彈動作的正常與否，檢驗設計的正確性。」。

測控方面，考慮到保密性和可靠性，我們要研究核裝置起爆和核試驗場區測試儀器的自動控制系統，我提出採用簡單、可靠、保密、經濟的有線自動控制方案，而不採用無線測控系統。

第一次試驗不採用空爆方式，最初有人有顧慮。當時的工程兵司令陳士榘在得知確定塔爆後，還專門派了一位中校參謀轉達他的提醒：蘇聯專家明確說過，要用空爆。

1962 年 11 月 26 日，由我主持，呂敏、忻賢傑、陸祖蔭等參與完成的《關於第一種試驗性產品國家試驗的研究工作綱要（草案）》及《急需安排的研究題目》，闡述了「試驗目的和要求」「基本方法」「題目類型和協作要求」「若干問題與若干建議」。確定了 28 個研究項目，73 個科研課題，這些課題研究

是爆炸試驗本身及測試和試驗技術準備的重要依據。

《研究工作綱要（草案）》及《急需安排的研究題目》經錢三強審閱，報國防科委。

12 月 20 日，張愛萍主持召開國防科委辦公會議，專門聽取我的匯報。他表示：同意技術工作分五部分進行，同意建100 人的試製加工車間，同意從軍事工程學院及其他院校為研究所補充 150 名大學生，並指示研究所對所提項目要分清輕重緩急、抓住重點，在 1963 年 3 月前基本具備工作條件、基本落實協作任務。

那一階段，我們主要是擬定第一顆原子彈爆炸試驗的總體方案，擬定力學、光學、核輻射、沉降劑量、氣象因素和自動控制等方面的研究計劃。當時真是艱難，我們將基本原理、理論計算和分析、各種模擬試驗結合起來，搞清試驗的各個環節，釐清頭緒，抓住關鍵，做到發現問題、分析問題，最後解決問題。

協同會戰

核試驗是大型、廣泛、多學科交叉的系統工程，理論必須與實踐結合，通過理論研究描述核爆炸產生的各種效應，再在實踐中驗證理論預測。同時，試驗工程施工時，還需要處理方方面面的工程技術問題。例如：點爆的流體力學和空氣動力學理論；核爆炸鏈式反應的測量技術和設施；從記錄微秒級示波

器到快速傳輸電纜；γ射線探測和記錄系統；每秒幾千次到百萬次的遠距離長焦距高速攝影機；爆後高空煙雲中收集放射性樣品進行放化分析；給出準確的氣象預報，保證下風方向居民點不受放射性煙雲沉降的影響；研製高精度的可靠的全系統同步控制系統等。

試驗方案批准後，我們組織力量對試驗的關鍵理論問題與技術難點進行攻關。經過反覆研討論證，逐步明確技術要求和指標，將所需解決的關鍵問題分解為上百個課題，在全國展開一場科研、試驗、技術和生產的協同會戰。

1962年12月下旬，副總參謀長張愛萍、國防科委副主任劉西堯主持召開落實科研任務協調會，參加會議的有中國科學院新技術局谷羽，原子能研究所何澤慧，有中科院物理所、地球物理所、力學所、電子學所、光學儀器與精密機械研究所、國防部第十研究院、防化兵、總參氣象局、軍事工程學院，二機部原子能研究所等單位的許多專家。會議宣佈中國將要進行第一顆原子彈爆炸試驗，傳達了毛主席「要大力協同做好這件工作」的批示和劉少奇、周恩來等中央領導的有關指示。我介紹了原子彈爆炸的過程和現象，第一顆原子彈試驗的目的、試驗方式和測試項目及其要求，以及提請各有關研究單位協作承擔的課題。到會的研究單位的領導和專家都表示要大力協同，完成好各自承擔的課題研究和儀器設備研製任務。

當時，承擔任務的單位涉及北京、上海、天津、西安、長春、哈爾濱、石家莊等十幾個城市數以百計的工廠、高等院校和科研院所。項目多、任務新、時間急、工業基礎差，無論是

各廠所的生產準備，還是試驗的測試研究，都很吃緊。

1963 年 1 月的一天，我召集核試驗技術研究所的技術人員，專門對他們講搞好協作的重要性。我說：我們的工作面廣、涉及範圍大，很多方面要依靠協作，協作的好壞直接關係到能不能完成任務，因此，不允許搞壞協作關係。這不是一般的關係問題，而是能否完成任務的問題，必須以高度的組織性和紀律性來處理與協作單位的關係。

一年多時間，我們與各單位的協作開展得很好。我們走遍全國各軍兵種、科研單位和高等院校的 30 多個相關單位，召開了上百次會議，向各單位課題組明確任務，提出要求，檢查研究進展和解決問題，並給予協作單位充分信任。

任務的極高保密性，常常會使交底不透，造成協作單位研製時的論證不到位、對問題把握不準、被動開展工作等問題。我總是充分信任協作單位，讓他們充分了解承擔課題的重要性、艱巨性和真實內涵，以及必須達到的技術指標。

記得 1962 年底在北京召開的原子彈爆炸試驗光學測試方案交底會上，我對中科院光學所王大珩所長說：「我們的問題已經全部交底，光學測試總體方案怎麼定，光學站如何佈局，完全由你們定。」看到我這樣的態度，他們表示一定高標準、高質量完成任務。王大珩所長還親自提出等待式幾十萬次高速相機方案。

為解決協作中遇到的難題，我們舉辦各種專業課題會議，各生產廠家、研究單位課題組的同志也常到西直門的研究所來。我幾乎每天都接待協作單位，解決他們提出的各種各樣的

技術問題。胡若嘏局長將此形象地比喻為：「各地廠所輪番轟炸西直門。」

對此，我也感受到社會主義的優越和全國大力協同的精神。中央對我們的工作非常支持，做到有求必應，提出什麼，就支持什麼。國防科委副祕書長張震寰、二局局長胡若嘏、中科院新技術局局長谷羽，都全力為我們做保障。科學院、有關工業部所屬工廠和研究所、軍內有關科研單位領受任務後，也成立專門班子，確保完成任務。參加任務的同志放下手中課題，全力以赴，加班加點，不計報酬，忘我拚搏，真正做到全國一盤棋、一股繩。

經過大家辛勤努力，刻苦研究，在核爆炸「零時」到來前，我們圓滿完成了三項任務：全面的、多學科交叉的、有高度預見性和創造性的、切實可行的試驗方案；有定量分析的爆炸效應圖像；獨立自主研製的性能穩定可靠的 1700 多台（套）測試、取樣、控制的儀器設備。

紀念 1963. 7. 12. 於北京

1　1963 年 7 月 12 日核試驗技術研究
　　所在北京正式成立合影
2　1964 年 1 月 3 日聶榮臻看望核試驗
　　技術研究所同事合影
3　20 世紀 90 年代與朱光亞（左）在會
　　議休息時

1
――
2
――
3

第八章　中國第一顆原子彈
爆炸試驗

5月14日，

終於迎來一個天晴日朗的好天。

9時58分38秒，

原子彈準確地

在靶標上空預定高度爆炸。

爆後十分鐘，

我們寫出初步報告，

說明試驗是成功的。

進入試驗場區

第一顆原子彈爆炸試驗的理論研究和技術準備，是和工程施工同時進行的。爆心的選定、場區的總體佈局，包括各工程項目的選點、定位方案和技術要求等，都由核試驗技術研究所根據理論計算和各類測試方案、試驗安全的要求提出。最初，原子彈產品參數還沒有最終定下，我們研究時就依據產品當量的理論值開展理論研究和試驗技術準備。與此同時，我們還要答覆和處理試驗場區提出的各種工程技術問題。諸如：為什麼測試工號需要屏蔽？如何屏蔽？對爆心地形、測點選擇和測點地形有何要求？測試工號應能承受的壓力？放在哪裏合適？等等。

1963 年夏天，我向張愛萍副總長提出去試驗場區實地選擇爆心的具體位置。一天，他從蘭州打來電話，說他在那裏等我們一同去場區。

於是，我們從北京乘「伊爾 14」飛機，經西安去蘭州。飛機從西安起飛後不久，我突然看到飛機的一個螺旋槳不動了，就告訴了坐在旁邊的呂敏。當時飛機上沒有乘務員，有疑問也沒處問。過了一會，飛機返回西安機場。由於發動機故障，只

能換飛機。當時，我們一行有國防科委張震寰副祕書長，工程兵的參謀長、工程設計所楊士民所長以及我們所龍文澄等各級領導和技術骨幹二三十人。假如發生意外，後果不堪設想，所幸有驚無險。第二天，我們乘另一架飛機到蘭州，與張愛萍會合。第三天，飛機起飛，中午抵達馬蘭機場，張蘊鈺、張志善等基地領導都在機場等候。

在去基地所在地馬蘭的途中，見道路大部分已修好，還有一些正在施工。「馬蘭」這個名字是張蘊鈺起的。當時規劃場區時，正值馬蘭花盛開，張蘊鈺提議給辦公區、生活區取個名，並說就叫「馬蘭」吧，象徵部隊廣大官兵像馬蘭草那樣具有頑強的生命力，在荒漠上紮根、開花、結果……大家一致贊同，這樣，基地所在地有了名字[1]。

下了飛機，沒有休息，我們直奔場區。

關於這裏的選址，有一段故事。1958年，在蘇聯專家的幫助下，最初將試驗場選在敦煌西北方向，場區直徑130~150公里。指揮部距爆心60公里，距敦煌80公里。按照專家的要求，勘探隊挖了許許多多的地質坑，確定了核試驗場的佈局和爆心所在地。這年，張蘊鈺到敦煌實地考察，站在勘察隊剛打下的中心樁前，對所選核試驗場址提出了否決的意見，這一意見非常有遠見。張蘊鈺是參加過淮海戰役、渡江戰役、上甘

1　關於馬蘭的由來，東方鶴著的《張愛萍傳》對此有不同的說法：「在選定生活區住址後，大家商討叫什麼名字。張愛萍見這裏長有一片片的馬蘭草，青翠的劍葉，亦白亦紅亦藍的小花，生命力極強，為荒漠平添了幾分生機，於是就提議叫馬蘭。此後，地圖上就出現了馬蘭的名字」。

嶺戰役的優秀指揮員。他認為，試驗場區嚴重缺水；場區大部分區域為飛沙區，不利於修築道路、基礎工事及場區的大規模建設；距離敦煌太近，主導方向下風處有重要古蹟千佛洞和南湖等居民點，爆炸試驗會造成污染；受到氣象、地理等條件限制，試驗當量只能在 2 萬噸左右，最大當量不能突破 5 萬噸，整個試驗場區沒有發展餘地。12 月，張蘊鈺趕回北京，把實地考察情況和自己的意見向國防科委第一副主任陳賡作了匯報，陳賡大將果斷拍板：「那裏不好，你們另找一個嘛！」這樣才有了部隊由敦煌轉場，西出陽關，叩響羅布泊大門的歷史開篇。

這次，我們在場區考察了四五天。為節省往返的時間，考察到哪裏，就住在哪裏，吃在哪裏。吃乾糧，點煤油燈，打地鋪。第一天晚上住孔雀河邊的帳篷，喝孔雀河的水。當時的水還不難喝，一年以後就不行了。當年，張愛萍還給住地取

> ○─ 羅布泊 ─○
>
> 　　羅布泊，原本是一片汪洋大海，歷史上的羅布泊曾叫過鹽澤蒲昌海和孔雀海、牢蘭海。在成為中國核試驗場以前，這裏幾乎沒有生命的蹤跡。晉代高僧法顯在《佛國記》中說：「上無飛鳥，下無走獸，遍望極目，唯以死人枯骨為標誌耳。」北魏酈道元則記述，這裏「少有飛禽怪獸」。威尼斯商人馬可‧波羅寫道，這裏是「飛禽絕跡」。
>
> 　　這裏周圍的 300 公里內，沒有村落、沒有炊煙，有的只是海浪般連綿起伏的沙丘，寸草不生的礫石，千姿百態的雅丹地貌和空曠荒涼。19世紀末，瑞典探險家斯文赫定來到大漠的邊緣，發出驚歎：「可怕，這裏不是生物所能插足的地方，而是死亡的大海，可怕的死亡之海！」正是這「死亡之地」，成為核試驗場區的理想之地，張蘊鈺說它「得天獨厚」。

了一個美麗的名字叫「開屏」，寓意核試驗場在這裏的建設及進行的試驗，必將使這裏展現出孔雀開屏那樣的美麗。我們吃到了從沒吃過的甜哈密瓜。吃完瓜後，按照新疆人的習慣，我們也把瓜皮倒扣在地上，以備後來人救命用，因為沙漠裏沒有水。

考察過程一直很忙、很緊張。要「定爆心」「定工號」「定佈局」。在技術問題上，張愛萍副總長對我很支持，我提什麼他就支持什麼。我們選定了離公路較近，便於鐵塔運輸安裝的爆心點，但安放鐵塔的地方下面有一條溝，影響佈放力學測量儀器，為避免溝對測量的影響，最終將力學測點往外移了。

我們還去了基地的紅山。這是張愛萍的安排，當時他已經考慮將核試驗技術研究所搬到紅山。原子彈爆炸試驗後，國防科委就將研究所交給基地管理。

通過對場區的考察，我對爆心定點和測試點的安排有了清晰的認知，對第一顆原子彈的塔爆試驗方式更有把握。回來後，在選定的爆心點為中心的場區，我們很快將試驗方案進行詳細規劃。設計的鐵塔採用無縫鋼管結構、正方形斷面、自立式塔架，塔架共 14 節，塔高 102.43 米，由鞍山鋼鐵廠、建工部華北金屬結構廠、北京起重機廠合作，製作兩套，其中一套備用。

在化爆模擬試驗中發現「拍震現象」

為確保第一顆原子彈爆炸試驗的測試萬無一失，1963 年 4

月，我提出要對所有測控儀器設備的上場工作狀況進行大規模綜合性的化爆模擬試驗。10 月，我們將核試驗技術研究所和各協作單位研製的測控儀器設備全部運到北京西郊化爆試驗場，進行化爆模擬試驗，俗稱「運動會」。試驗進行了 20 多天，做了 50 餘次爆炸試驗，試驗目的是對所有設施和儀器設備進行全面測試，檢測全系統的合理性、可靠性和查找存在的問題。

這次模擬試驗，張愛萍將軍親自督陣，張震寰副祕書長自始至終在現場。試驗結果讓現場所有人都感到欣慰，全部測試控制儀器設備安全可靠。

有次試驗時天陰，地面溫度高，高空溫度低，逆溫，使爆炸產生的衝擊波反向打到地面，產生了「拍震」。我觀察到了這種「拍震現象」，進而認識到核試驗時氣象因素的重要影響。從此，我一直高度關注核試驗中的氣象條件，抓得很緊。這次化爆模擬試驗不但為正式試驗打下了基礎，也讓我對試驗測控的方方面面做到了心中有數。

場區「測試」

1964 年 4 月，核試驗技術研究所提前半年進入場區。進去後我看到，不到一年的時間，基地已經按照我們考察時提出的要求，將各項工程包括啟動原子彈爆炸和各類儀器設備的主控站和分控站、各測量站、照相站、機場，以及各軍兵種效應試驗的工程等，全部按質按量完成了。

5月，在國防科委的統一組織下，參加試驗的各總部、各軍兵種、新疆軍區、蘭州軍區、二機部、公安部、軍事工程學院、中國科學院，還有八一電影製片廠等20多個單位的參試人員，匯集羅布泊場區，開展現場準備和儀器設備的安裝調試等工作。

為取得足夠的數據，我們安排了20種儀器、4個衝擊波測量項目；16種儀器系統、5個光學測量項目；8種測試方法、15種儀器、4個核輻射測量項目；2種儀器、2個自動控制與干擾脈沖測量項目，外場佈點313個。控制原子彈爆炸和測試儀器動作的是一套有線自動控制系統，我們根據測試點的分佈狀況，設立了主控站和4個分控站。各類儀器設備1100多台（套），現場安裝調試的難度和工作量都很大。

此外，經過長途運輸的震動，加上場區高溫、乾旱和風沙的影響，許多儀器設備「水土不服」，出現很多問題。

譬如，一台示波器來到場區後不斷出故障，圓片式電容不適應這裏的氣候條件而破裂，為此，負責示波器的同志每天開機考驗，歷時近一個月。

負責鐘錶式壓力自記儀的同志，為了準確確定戈壁灘陽光對光電開關工作影響的規律，頂着烈日，一天一天、一小時一小時地詳細記錄數據。

為應對觀測儀器在回收運輸中可能出現的問題，技術人員帶着儀器坐卡車一顛就是近百公里……

實際上，參試人員測試設備，惡劣條件也測試參試人員的意志。

首先，是風沙。五六月份的羅布泊地區，從塔克拉瑪干沙漠吹來的狂風，經常在十級以上，整天吹得天昏地暗。飛起的石頭能將汽車前的擋風玻璃和油漆全部打掉，風還經常將帳篷掀掉。

接下來，是高溫。七八月份酷暑炎熱，地面被太陽曬得燙腳，地表溫度在 60~70℃，迎面吹來的風，像是在烤箱中烘烤，即使躲進帳篷，也猶如蒸籠一般。大家在「烤箱」、暴曬中幹活，沒幾天就要脫一層皮。

再次，是水。與我第一次進場區考察時相比，孔雀河的水質發生了很大變化，鹽的濃度變大了，又澀又鹹。喝了它，就拉肚子，嚴重的一天拉十幾次，而當時孔雀河是場區唯一的水源。

最後，是乘車。公路是沙土路面，在乾燥的氣候條件下形成一個一個凹坑，好似搓衣板，叫「搓板路」。試驗場區面積很大，每天坐在解放牌卡車車廂板上在「搓板路」上顛簸行進，「噔、噔、噔」跳得肚子痛。

雖然困難大，但大家能正確對待。惡劣的氣候、艱苦的生活沒有影響我們的情緒。整個場區熱火朝天，全體人員鬥志昂揚。這段生活成了每個人永遠的記憶。

在基地生活區的東北角，還有一個「木蘭村」，是用帳篷連成的「四合院」。研究所的 34 位姑娘住在這裏，她們都是剛大學畢業分配到研究所的。進場之前，組織上考慮到戈壁灘生活環境艱苦，準備將她們留在後方。但她們不答應，有的哭鼻子，有的軟磨硬泡，單個申請不成，她們就聯合「上訪」，堅決要求批准她們的「參戰」請求。最後，組織批准了。她們進場後，和男同志一樣，天天奔忙在試驗場上，為理想做出自

己的犧牲。聽說她們的故事後，張愛萍將軍十分感動，親自在場區安排她們的駐地。「木蘭村」的名字就是他給取的。

大約 3 個月後，到了 8 月中旬，經過大家的艱苦奮鬥，場區所有儀器設備的安裝調試工作全部完成。

主要有核國家核試驗場

國別	核試驗場地區	經緯度	主要核試驗方式
中國	羅布泊	北緯 41 度，東經 89 度	空中核試驗和地下核試驗
美國	內華達地區	北緯 37 度，西經 116 度	空中核試驗和地下核試驗
	阿姆奇特卡島地區	北緯 51 度，東經 179 度	大威力地下核試驗
	太平洋約翰斯頓島等地區	北緯 11 度，東經 165 度	空中核試驗和水下核試驗
蘇聯	塞米巴拉金斯克	北緯 50 度，東經 80 度	空中核試驗和地下核試驗
	新地島地區	北緯 75 度，東經 55 度	空中核試驗和大威力地下核試驗
	西伯利亞地區	北緯 52 度，東經 78 度	空中核試驗
英國	聖誕島地區	北緯 12 度，西經 157 度	空中核試驗
法國	撒哈拉沙漠的雷根地區	北緯 27 度，東經 0 度	空中核試驗
	南太平洋波利尼西亞地區	南緯 23 度，西經 139 度	地下核試驗
印度	波卡蘭地區	北緯 26 度，東經 71 度	地下核試驗

爆炸試驗前的全場綜合預演

核試驗技術複雜，加上參試單位多，協作範圍廣，組織指揮非常複雜，一次試驗好比一場戰役，考慮稍有不慎就會「顆粒無收」。

周總理對中國第一顆原子彈試驗高度重視，多次作出指示，明確提出了「嚴肅認真，周到細緻，穩妥可靠，萬無一失」的十六字方針。基地用紅、黃、藍、白等彩色石塊，把這十六個字鑲嵌在場區，作為中國第一顆原子彈爆炸試驗的指導思想和座右銘。多少年來，國防科研戰線一直把這十六個字作為行動準則，落實到每次任務中。

1964 年 8 月，根據周總理和中央專委指示，成立了首次核試驗黨委會和試驗委員會。黨委由 35 人組成，書記張愛萍，副書記劉西堯，張震寰、張蘊鈺、朱光亞和我 4 人是常委。試驗委員會由 68 人組成，主任委員張愛萍，副主任委員有 9 人：劉西堯、成鈞、張震寰、張蘊鈺、李覺、朱光亞、我和畢慶堂、朱卿雲。指揮部成員除張愛萍和劉西堯外，或是基地和部門的領導，或是科研單位的科學家。每個階段的任務明確後，大家都能獨當一面，深入各站、點、線抓工作落實。

為做到萬無一失，我提出在原子彈爆炸試驗前進行全場綜合預演。預演，即一切按照正式試驗的要求操作，有單項預演、單元預演和綜合預演。

周總理對預演很重視，專門有指示。

控制系統是整個試驗的中心環節，因參研單位多，矛盾問題也很多，所以進行聯試、預演的次數也最多。高度的責任心，使我們不敢放過任何一個疑點。張愛萍對控爆系統的檢查特別細緻。控爆系統有 4 個開關，第 4 個開關按下之後 9 秒就起爆，也就是 K1、K2、K3、K4，起爆！

一次預演中，當操作人員打開第 4 個開關時，儀錶上的指針抖動了一下，被張愛萍看到，問：「儀錶上的針為什麼動？」當即指示要認真檢查、找出原因。於是就逐個環節、逐個零件、逐個焊點檢查，最後發現是一個焊點虛焊的緣故。我們慶幸是在預演中發現了問題。為此，我在大會上檢討，同時要求一定要把工作做細、做好，真正做到萬無一失。

從預演的實際操作過程中，我們總結出「五定」法，即定人員、定職務、定位置、定動作、定關係。「五定」體現了嚴格的崗位責任制。這個好方法被用到以後的試驗中。

在各單元預演的基礎上，8 月 31 日，試驗委員會組織了全場綜合預演。對彈的運輸、裝配、控制、測量、偵察、取樣、回收、洗消等進行了全面的演練，着重檢查控制系統對彈的引爆、各測試點的聯動以及全場協同動作。

預演結果證明，控制系統完全可靠，測試系統工作正常，其他各項工作符合要求。

9 月初，張愛萍、劉西堯去北京。月底，他們又回到了試驗場區。我們知道，原子彈起爆的時間快到了。

中國第一顆原子彈爆炸試驗成功

10月14日下午，我接到通知，馬上去石頭房子召開緊急會議。

石頭房子是張愛萍副總長、劉西堯副部長的宿舍兼辦公室，它是場區唯一的「高級建築」。場區一望無際，到處是帳篷，帳篷是宿舍也是辦公室。等我趕到時，10多位首次試驗委員會的主要成員已經到了。會上，張副總長宣佈中央專門委員會的決定：中國第一顆原子彈1964年10月16日爆炸，爆炸「零時」定在北京時間16日15時。北京與場區時差為2小時，15時是場區正午後1小時。不但光學測量可以達到比較理想的效果，而且有5小時以上的作業時間，能夠保證偵察回收工作的完成。

1964年10月14日19時20分，原子彈平穩地吊上塔頂。

14、15這兩天，感覺度日如年。15日夜，我徹夜未眠，當時和我一樣的人還有很多。16日，天剛亮，我就走出帳篷，觀測天氣，看到天空碧空如洗，心裏輕鬆許多。因為氣象問題很複雜，要保證試驗正常進行，羅布泊地區不僅「零時」需要一個理想的天氣，還要考慮爆炸之後高空風造成放射性塵埃的走向和過境等一系列複雜問題。

10月16日上午，張蘊鈺、李覺、朱卿雲按照張愛萍總指揮的指示，最後巡視全場。我在主控站，張震寰、鄧易非也在主控站。午飯是在主控站吃的，炊事員送來香噴噴的包子，但吃到嘴裏一點也感覺不到它的味道。

「兩小時準備！」「一小時準備！」「半小時準備！」隨着口令的不斷下達，主控站裏氣氛越來越嚴肅、緊張。

14 時 50 分，張震寰在主控站發出口令。50 秒後，儀器設備進入自動化程序，9、8、7、6……在讀秒聲中，大家屏住呼吸。當數完「1」時，一聲令下：「起爆！」

短暫的寂靜之後，傳來一聲驚雷般的巨響。

我們看到儀錶指針劇烈跳動，知道原子彈爆炸成功了。大家都很激動，張震寰副祕書長卻坐在那裏一動不動，連連說：「壞了，壞了。」

原來是他耍的小聰明誤導了他的判斷。主控站離爆心 17 公里，完全封閉，主控室裏的人看不到那道強烈閃光，也見不到騰空而起的巨大蘑菇雲。進主控室前，他將一扇窗稍稍推開一條小縫，想在聽到聲響前，透過這條小縫，看到爆炸產生的強光。沒想到，最後一次安全檢查，這條小縫被細心的安全檢查員發現，將窗戶關死了。張震寰不知情，起爆後，不看儀錶的反應，一直死盯着那扇窗，因為沒見到閃光，他就以為試驗失敗。

張愛萍副總長在離爆心 30 公里處的指揮部看見蘑菇雲騰空而起，立即要通周總理的電話，激動地向總理報告：「我們成功啦！原子彈爆炸成功啦！」

周總理沉默了一會，問：「是不是真的核爆炸？」

總理的這個問題讓張愛萍措手不及，他隨即問身邊的王淦昌。王淦昌回答：「應該是的。」

儘管在場的專家都認為是核爆炸，但一時都無法提供準確

的科學證據。

很快，核試驗技術研究所的技術人員從各個測點迅速向主控站跑來，把他們獲取的各種數據匯集給我。

最開始，由遠區測量提供的壓力測量給出 5000 噸的爆炸當量，在場的人都「悶」過去了，誰也不說話。這與設計值相差實在太遠！張愛萍、科委領導、基地領導、九院和核試驗技術研究所的領導聽到這一數據，都驚呆了。九院的人尤其緊張。

一會兒，高萬餘拿着他們測到的衝擊波正壓作用時間過來了。我根據速報數據，立即估算出爆炸當量為 2 萬噸，並指出近區的衝擊波正壓作用時間的測量值是可靠的，因為它不受氣象條件的影響，遠區的壓力測量是受氣象條件影響的，所以不能準確地給出當量值。聽到我分析估算給出 2 萬噸爆炸當量，大家才鬆了口氣。然後，張愛萍向總理報告了這一結果。

這次試驗用的 1700 多台（套）儀器都拿到了數據，各種方法的測量得出的結論一致。根據數據分析，第一顆原子彈爆炸當量為 2 萬噸。實測爆炸當量與產品設計當量完全一致，證明了中國第一顆原子彈的產品設計是成功的，也證明了核試驗及其測試完全成功。

我們對各類測試數據進行綜合分析，寫出了詳細的報告，由張愛萍和張蘊鈺簽發，於 17 時 50 分報給北京劉傑部長，然後由他報告周總理。這次爆炸確為原子彈爆炸，理由是：

1. 爆炸後煙雲上升到 8—9 公里高度。

2. 空中劑量偵察、地面劑量測量證實煙雲放射性和地面放

射性劑量都相當大。

3. 火球發光時間在 3 秒以上。

4. 爆炸後鐵塔已完全消失（當時觀察不到，事後接近爆心，才見鐵塔下半部分）。

5. 衝擊波的超壓在 23 公里處尚記錄得到，近處 5000 米處的一些探頭被打壞。

6. 從煙雲的外觀上看與一般文獻所報道的外觀相同。

……

這一聲巨響，不但讓世界重新認識了中國，而且讓所有的炎黃子孫揚眉吐氣。當時，看到現場升騰的蘑菇雲，許多人禁不住流淚，朱光亞、王淦昌都背過去擦眼淚，大家擁抱歡呼。

當天晚上，張愛萍副總長主持慶功宴。雖然條件有限，地點只能設在帳篷裏，但慶功酒卻是茅台。席間，空軍副司令成鈞敬我酒，我不大能喝酒，但也乾了一碗，足有半斤，沒想到我喝了沒醉。張蘊鈺對我說：「這一回，你是張飛的鬍子——滿臉，滿臉呀！」

第二天，我們乘坐直升機去爆心上方察看。從飛機上看到，鐵塔像麵條一樣扭曲在地面，下風方向一公里範圍內放置的效應物全部沒有了。

原子彈空爆試驗

1964 年 10 月 23 日，第一顆原子彈爆炸成功後第七天，張

愛萍副總長就在馬蘭村向核試驗基地等有關單位佈置原子彈空投試驗任務。因為第一顆原子彈試驗只是核裝置的爆炸試驗，要成為核武器，還要根據運載工具和戰術技術要求，開展武器系統的進一步研究和試驗。這就是武器化的過程。所以，首次空爆核試驗，意義不一般。

根據國防科委二局安排，我回到北京主持首次空爆試驗方案的制定，安排新的測試研究，並考慮場區的工程技術問題。

空爆試驗，與地面試驗相比有其獨特之處。地面試驗的爆心位置固定，由控制系統控制產品起爆、同時啟動所有的控制測試儀器設備；而空爆試驗的空中爆心位置要根據彈的設計參數給出，控制系統不控制彈的起爆，飛機投下的彈在爆心點起爆，同時由彈本身發出信號控制整個系統。但由於投彈、氣象等方面存在着一些不確定因素，彈下降時可能會偏離預定爆心點，給整個控制測量系統造成困難。

因此對空爆試驗來說，首先要確保飛機安全投彈。由於開啟電源和測試儀器設備的指令由彈發出，必須對遙測系統與控制系統帶動被控設備進行多次全場聯試，以確保系統之間的正常聯接。而空投還可能出現較大的投彈誤差，因而所有攝影機必須進行極其繁雜且連續不斷地對空瞄準，這個難度也很大。

空爆試驗中放射性物質的高度比地面試驗的要高得多，擴散的範圍大，受氣象風的影響也大；為防止放射性沉降物飄至別的地方，對試驗的氣象條件要求很嚴，有可能出現在臨近爆炸時刻改變爆炸「零時」的情況。這都會給處在待機狀態的測試、控制系統帶來預想不到的問題。

因此，首次空爆試驗的關鍵技術問題包括：根據核彈的設計威力，分析計算核彈爆炸的最佳比例爆高；保證空爆場區及人員的安全；給出放射性沉降的分佈和強度；給出滿足核試驗的氣象條件；解決投彈偏差、爆後的衝擊波、光輻射和衝擊波的聚焦效應對飛機的威脅等問題；以及自動控制、試驗、測試等一系列技術方案。

在第一顆原子彈試驗方案的基礎上，我針對空爆試驗與第一次試驗的不同之處，多次召開技術工作會議，反覆研究、聽取匯報，最終完成了空爆試驗技術方案。

1964 年 12 月，張愛萍向中央專委上報了我們擬定的《關於空中核爆炸試驗方案的報告》，計劃 1965 年 5 月 1 日前完成一切準備。

很快，中央專委批准了這次試驗計劃。周總理專門指示：「這次試驗一定要準備好，要吸取第一次核試驗的經驗，要更周到、更細緻、更妥善地全面做好安排。在效應試驗上，要搞清楚空中、地面各種條件下殺傷和破壞的威力和半徑，凡是通過試驗應該得到的數據和資料都要得到。中國反對核訛詐和核威脅，不主張搞幾百次核試驗，因此，我們的核試驗都要從軍事、科學、技術的需要出發，做到一次試驗，全面收效。」

方案批准後，我立即回到研究所，投入到緊張的準備工作中。1965 年 2、3 月，參試人員陸續進駐場區，展開工作。

這次任務試驗委員會的主任是張愛萍，副主任有劉西堯、成鈞和我等人。

試驗委員會根據此次試驗的特點，將塔爆試驗時要求的

「三保」（保響、保測、保安全），擴展成「八保」──保響、保投得準、保地面空中聯得上、保測試、保回收、保有足夠的數據進行分析、保資料儲存和管理、保安全。在「八保」的前提下，還要最大限度地安排測試項目。當時參試單位有 50 多個，效應試驗項目 80 多個，效應物 300 多種。

大氣層核試驗的安全問題至關重要。我們進場後的第一件事，就是討論試驗安全問題。由於現場實際情況與理論計算的條件相差很大，場區技術領導班子，幾乎天天討論。

測量與控制關係到試驗的成敗。因此，一開始我就提出要同時有兩套測控設備，以確保試驗成功。對此，有人有異議，認為沒必要，我堅持必須這樣做。起初，控制系統由電子部 17 所研製，研究所只負責維護，不允許動設備。核試驗控制系統經常出毛病，設備調試時，常會漏缺信號，嚴重時 A、B 兩個控制屏有一個屏失靈。經過九院、空軍、工程兵和我們多次協調，並在試驗前對控制系統進行了 40 多次聯試，終於在試驗時使控制系統基本正常。在後來的試驗中，將控制系統改用自己研製、改進的設備，使研製與維護統一起來，再沒有出現初期發生的問題。

在屏蔽問題上，我建議所有的測試系統和電纜都要屏蔽，對這個意見反對的人很多，說我太保守，我常與他們爭論。我始終認為安全最重要，因為電磁波干擾對測量影響非常大。屏蔽問題還涉及工程施工，因此我還要去做說服工程人員的工作。

我是核試驗的技術總負責人，試驗技術問題最後由我拍板，壓力很大。我性子急，發現工作做得不好，就會發火。

我要求每個技術問題，一定有根有據，有理論計算、有數據分析。對工程要求也很嚴格，一定得按設計要求施工。

基地領導都尊重我的意見，支持我，尤其是張蘊鈺司令員，從方方面面給我支持，我們在任務中成了好朋友。正是有了像他這樣的朋友，我才順利地闖過了一個個難關，確保歷次核試驗安全、圓滿完成。

還有氣象問題，空爆試驗氣象預報範圍非常大，比地面試驗複雜得多。試驗前，我和胡若嘏等人到釣魚台國賓館向周總理匯報，總理主要問了氣象問題。去匯報的那天清晨，我們到達時工作人員已經迎候在那裏，並抱歉地說，總理昨晚工作了一夜，剛剛睡下，請稍等一會。話音未落，總理就來了，還穿着睡衣。他問我爆炸後有關飛機安全、放射性煙雲徑跡及地面沉降測量等技術問題。問我煙雲的高度和高空風的走向，問煙雲會不會飄到其他地方？我一一回答。匯報大約進行了一小時。

根據氣象部門的天氣預報，試驗委員會定於 1965 年 5 月 8 日上午進行試驗，為此全場做好了一切準備。但離載彈飛機起飛只有一個多小時的時候，場區突然出現東北風。因為東北風不符合試驗條件，「零時」即被推後。大家都說：「萬事俱備，只怪東北風。」

5 月 14 日，終於迎來一個天晴日朗的好天。

9 時 58 分 38 秒，原子彈準確地在靶標上空預定高度爆炸。按照預先的安排，研究所和炮兵效應隊等參試單位，立即採用簡易測量方法快速測出爆炸性質、高度、投影點和威力。爆後 10 分鐘，我們寫出初步報告，說明試驗是成功的。

這次原子彈空爆試驗成功，標誌着中國有了可用於實戰的核武器。1964 年第一顆原子彈爆炸成功後，美國國防部長曾說：中國在 5 年之內不會有運載工具。但我們只用了 8 個月。

1965 年 5 月 30 日，周恩來總理在人民大會堂接見為原子彈爆炸作出貢獻的核武器研製與試驗部門的代表，研究所的董壽莘、孫瑞藩、忻賢傑、喬登江、陸祖蔭、呂敏、王茹芝和我參加了接見。總理和代表們一一握手，並合影留念。這次接見，林彪、鄧小平、陳毅、賀龍、聶榮臻、羅瑞卿等國家領導人都來了。接見後，總理宴請了大家，與總理一桌的有鄧小平、羅瑞卿、張愛萍、張蘊鈺、王淦昌、空軍飛行員和我，總理看了看桌上的名單，然後坐下與大家交談，非常平易近人，氣氛很融洽。他說自己飯量不大，要大家隨便用餐。桌上張蘊鈺司令員抓住這一時機，提出希望早點批下鐵路延長到基地的請求，羅瑞卿總長也幫了幾句，總理說要在下個五年計劃中加點任務。

總理先起身離開，走過去見到被稱為「戈壁上花木蘭」、主持力學測試的王茹芝，與她握手。王茹芝是組建核試驗技術研究所時調入的 24 位技術專家之一。她的學術水平高、工作敬業，在這次空爆試驗中發揮了不小作用。

席間我們議論了規劃，王淦昌和彭桓武說，這次成功了，下次還有氫彈。

1966 年的 10 月 1 日，朱光亞、郭永懷、王淦昌、陳能寬、彭桓武、鄧稼先和我，還受邀登上天安門城樓，參加國慶觀禮活動。

1　第一顆原子彈爆炸煙雲
2　1963年在紅山八一水庫（後排左2程
　　開甲、左3張愛萍、二排右3呂敏）
3　第一顆原子彈爆炸成功後的歡呼人群

1	2
3	

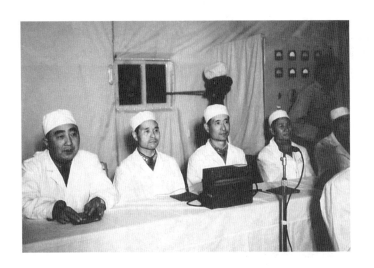

8 1964 年 10 月 16 日在主控站（左 2
　程開甲、左 4 忻賢傑）

9 取水車隊

10 周總理在人民大會堂宣佈試驗成功
11 試驗投彈飛機
12 降落傘掛彈投向靶標

13 第一顆原子彈爆炸試驗成功後部分參試人員在
　場區合影（前排左起：王茹芝、張蘊鈺、程開
　甲、郭永懷、彭桓武、王淦昌、朱光亞、張愛
　萍、劉西堯、李覺、吳際霖、陳能寬、鄧稼先）
14 1965 年 5 月 30 日周恩來總理接見參加第一、
　第二顆原子彈研製和試驗人員代表（前排右 2
　楊成武，前排右 7 起：程開甲、薄一波、李
　先念、朱光亞、林彪、周恩來、王淦昌、鄧小
　平、張蘊鈺、賀龍、聶榮臻、彭桓武、羅瑞
　卿、郭永懷、張愛萍，左 4 劉傑）

第九章　氫彈試驗

原子彈的威力通常為幾萬至幾百萬噸，

氫彈的威力則大得多，

可到幾千萬噸。

原理也不同，

一個是裂變，一個是聚變；

一個是打碎，一個是聚合，

所以原子彈和氫彈的研製完全不同。

氫彈原理試驗

在第一顆原子彈爆炸成功後毛主席及時作出重要指示：「原子彈要有，氫彈也要快。」[1] 二機部九院隨即調集力量，加快氫彈研究步伐。

氫彈和原子彈同是核武器，其威力和殺傷破壞力卻大不相同。原子彈的威力通常為幾萬至幾百萬噸，氫彈的威力則大得多，可到幾千萬噸。氫彈與原子彈的原理也不同，原子彈是原子核裂變釋放出巨大的能量，氫彈是氫的同位素氘和氚原子核聚變釋放出巨大的能量。一個是裂變，一個是聚變；一個是打碎，一個是聚合，所以原子彈和氫彈的研製完全不同。

中國原子彈研製時，原理的突破和裝置的制備雖然非常困難，但多少有點信息。氫彈則不同，美國和蘇聯於 1952 年和 1953 年相繼研製成功氫彈，有關信息被他們封鎖得滴水不漏。

1　1964 年 5 月和 1965 年 1 月，毛澤東在聽取國家計委關於第三個五年計劃和長遠規劃設想的匯報時，曾兩次談到核武器發展問題，明確指出：原子彈要有，氫彈也要快。

○── **氫彈** ──○

氫彈是利用氫的同位素氘、氚等輕原子核的聚變反應瞬時釋放出巨大能量的核武器，亦稱聚變彈或熱核彈。氫彈的殺傷破壞因素與原子彈相同，但威力比原子彈大得多。原子彈的威力通常為幾百至幾萬噸 TNT 當量，氫彈的威力則可大至幾千萬噸。還可通過設計增強或減弱其某些殺傷破壞因素，其戰術技術性能比原子彈更好，用途也更廣泛。

1942 年，美國科學家在研製原子彈的過程中，推斷原子彈爆炸提供的能量有可能點燃輕核，引起聚變反應，並想以此來製造一種威力比原子彈更大的超級彈。1952 年 11 月 1 日，美國進行了世界上首次氫彈原理試驗，代號是「邁克」（Mike），試驗裝置以液態氘作熱核裝料，爆炸威力達 1000 萬噸以上。但該裝置連同液氘冷卻系統重約 65 噸，不能作為武器使用。直到以氘化鋰 −6 為裝料的熱核裝置試驗成功後，氫彈的實際應用才成為可能。從 20 世紀 50 年代初至 60 年代後期，美國、蘇聯、英國、中國和法國都相繼研製成功氫彈，並裝備部隊。

中國於 1966 年 12 月 28 日成功地進行了氫彈原理試驗。1967 年 6 月 17 日由飛機空投的 300 萬噸級氫彈試驗獲得圓滿成功。從爆炸第一顆原子彈到爆炸第一顆氫彈，中國只用了 2 年 2 個月的時間，其速度是世界上最快的。

事實上，20 世紀 60 年代初，中國原子彈的研製剛起步，二機部部長劉傑和副部長錢三強就部署了氫彈的研製[1]。在原子能研究所成立了「中子物理領導小組」，由青年物理學家黃祖洽、于敏負責，組織了 20 多位物理、數學方面的業務骨幹開始熱核材料性能和熱核反應機理研究，為氫彈研製做基礎性儲備。

1　據葛能全《錢三強年譜長編》：1960 年 12 月的一天，（錢三強）和劉傑坐到一起談論氫彈話題，這是他們不約而同想到的。於是，他們決定在原子能研究所先組織點力量在氫彈理論方面先行一步作些預研究。劉傑對錢三強說：「這事由你直接領導。」錢在徵得彭桓武的支持後，組織了一個研究組。

1963 年 9 月，第一顆原子彈理論設計完成後，兩支理論設計隊伍迅速會合，加強氫彈攻關。1965 年 8 月，二機部向中央專委呈報了《關於突破氫彈技術的工作安排》，提出一方面進行理論上的探索，另一方面進行若干次核試驗，以求通過試驗檢驗理論是否正確，提高理論認識，力爭在 1968 年前實施中國首次氫彈試驗。

1965 年底，我們在青海召開了一次重要會議，研究討論 1966 年的工作安排。一是用增強型原子彈進行含熱核材料的原子彈試驗；二是進行導彈核試驗；三是氫彈原理試驗，先採用塔爆。會議決定暫停地下核試驗準備。

當時，我已為地下核試驗開展緊張的準備，會後我以大局為重，調整了研究所的工作部署，將主要的精力轉到氫彈原理試驗的準備上。

1966 年，羅布泊核試驗場最繁忙的一年。

5 月（註：9 日），為獲取氫彈理論設計的重要數據，進行了含熱核材料的原子彈試驗。

10 月（註：27 日），進行了導彈核試驗。在本土進行導彈核試驗，國際上沒有先例。它的成功極大地提高了中國的政治地位，標誌着中國有了可用於實戰的核導彈。這次試驗，風險很大。運載核彈頭的導彈從酒泉發射中心發射，在核試驗場預定地點上空爆炸。發射、彈道飛行到核爆炸，都在本土，容不得半點差錯，我們反覆論證場區落點的安全問題。

1966 年 12 月，進行氫彈原理試驗，我投入的精力比前面的試驗都要大。1966 年 4 月，國防科委召開氫彈原理試驗方

式研討會，專家們的意見是採用塔爆方式，利用首次原子彈爆炸試驗留下的備用鐵塔進行試驗。後來，考慮到氫彈原理裝置的威力太大，又設計製造了新的鐵塔。

當量大、爆點低、地面放射性沾染比較嚴重，安全要求高，是這次試驗的特點。在當時，塔爆和安全成了一對矛盾。儘管在設計試驗裝置時，減少了裂變和聚變材料，爆炸威力仍比第一顆原子彈爆炸的威力大幾倍。因此，爆後的放射性沉降也會顯著增加。

怎樣才能在現有鐵塔高度和試驗場地條件下將核試驗場區及下風附近地區的放射性沉降降到最低呢？經過反覆思考研究，我提出加固塔基地面，並給出了加固方案，初步估算出加固範圍和厚度。經過理論室的討論和計算分析，最終給出具體解決辦法：

1. 嚴格選定試驗時的氣象條件。要注意高空風的風向和風速，使爆炸後的放射性煙雲按預定方向飄移。

2. 將試驗「零時」選在 12 時。放射性煙雲到達下風方向居民區時已是深夜，居民都在室內，可以免受影響。

3. 加強放射性劑量的檢測工作，在不同地區設置檢測站。

4. 最重要的是對塔基地面用水泥和石塊加固，以減少地面捲入煙雲的塵土。

為檢驗理論設計，我帶領技術人員在戈壁灘進行化爆模擬試驗，結果表明，這種處理相當於把現有鐵塔加高，使放射性沉降減少很多。

12 月（註：21 日），試驗用氫彈原理裝置運到場區裝配。

此時已是隆冬，場區的氣溫很低、風很大。我們穿着笨重的皮大衣、大頭鞋，戴着皮帽，還是感到奇冷，眉毛和額頭前都掛上了白霜。

12月26日，聶榮臻元帥親臨現場主持試驗。這是中國核武器發展史上一次關鍵性試驗。試驗前，聶帥要指揮部的成員和專家「零時」前給這次試驗的成功率打分。我說保證「絕對安全」，因為試驗的基礎牢靠，工作紥實。為了調試激光測試儀，馬國惠等人一連20多天，冒着嚴寒，夜晚爬上110米高的鐵塔頂端工作。

12月28日12時，氫彈原理裝置點火，蘑菇雲翻滾直衝雲霄，雷鳴般的轟鳴震撼戈壁。測試系統同時啟動，測得衝擊波、光輻射和爆炸威力等數據，效應試驗也得到了豐富數據。

所測的大量數據證明：氫彈原理裝置設計方案是正確的，中國氫彈技術已經突破。

中國第一顆氫彈試驗成功

氫彈原理試驗成功後，我以為自己可以好好地睡上幾個覺，沒有任務，沒有會議，沒有人打擾，也不需要吃飯，就是睡。可僅隔一天，聶帥就召集我們開會，研究全當量氫彈空投試驗問題。那天通知我開會，來人敲了很長時間的門，才把我叫醒。實在是太累了。

12月30日至31日，聶榮臻在馬蘭招待所主持會議，李

覺、王淦昌、彭桓武、朱光亞、陳能寬、于敏、周光召、方正知、張震寰、張蘊鈺、鄧易非和我參加。會上，我從試驗測試的角度對剛剛結束的氫彈原理試驗和下一步的工作談了自己的意見。大家一致認為，這次氫彈原理試驗非常成功，建議下一步仍採用這次試驗的設計原理、結構和已有的航彈殼體進行百萬噸級全當量氫彈空投爆炸試驗。會議確定全當量氫彈空投爆炸試驗於 1967 年 10 月 1 日前進行。

當時法國也在準備氫彈試驗，有人推測法國可能在 1967 年進行首次氫彈試驗。得知這一信息，大家提出要趕在法國人之前，爭取在 1967 年上半年進行。

1967 年元旦剛過，基地又忙碌開來，試驗準備工作首先從研究所開始。研究所要根據研製單位給出的氫彈設計參數，進行理論分析計算，確定氫彈的爆炸高度，計算不同距離上的光輻射能量、衝擊波壓力和放射性沾染範圍等。得到試驗用彈的參數後，研究所給出了指導試驗的測試、安全和工程等方面所必需的各種數據。

在全當量氫彈空投試驗準備中，研製第二代測控系統是迫切而重要的任務。因為這次試驗當量大、爆點高，原有的地面控制系統已不能滿足試驗的要求，需要研製靈敏可靠、遠距離測控的新系統。但當時如果完全依靠研究所的技術力量，擔心時間緊、任務重，有可能完不成；而與外單位協作，又擔心協調問題，耽誤時間，影響全局。就在我兩難之時，四室主任忻賢傑帶着技術人員到我辦公室主動請纓。忻賢傑是所裏的技術骨幹，之前我佈置給他們的任務都完成得很好。這次任務，他

主動請戰，說明有一定的把握。再說，新的任務對培養鍛煉人才來說也是一個好機會。我決定把任務交給他們。研製期間，他們每天加班到深夜兩三點。原計劃六個月完成的控制系統，結果兩個半月就研製出來。

針對這次空爆試驗的新特點，我反覆考慮分析空投試驗的安全和測試方面的問題，並研究、分析、計算，提出了解決問題的新思路和新方法：

一是採用固體火箭取樣。氫彈威力大、爆點高、煙雲高，取樣飛機受到飛行高度的局限，有可能取不回「乾淨」的樣品，火箭則不受這種限制。所以，這次試驗，我們除沿用飛機掛取樣器穿蘑菇雲收集放射性微粒樣品外，還在氫彈起爆後，首次發射固體火箭收集樣品。這一新的取樣方法，在以後歷次氫彈空爆試驗中發揮了重要作用。

二是投彈飛機改為順風飛行。空投原子彈試驗時，投彈飛機由東向西逆風飛行，飛行比較穩定。但氫彈威力大，衝擊波傳播更快，飛機投彈後必須逃逸得更快，我就讓飛機改為由西向東順風飛，可以逃得更快，從而確保飛機和機組人員的安全。後來的氫彈試驗，投彈飛機都是由西向東順風飛行。

這兩個方法，都是為了安全。每次試驗，周總理都要在試驗前和試驗後聽取詳細匯報，對於試驗安全、氣象、放射物沉降、煙雲徑跡等總是問得很細，對飛機的逃逸更是十分關注。有一次，試驗涉及兩架飛機，一架投放測量儀，一架投彈，一前一後飛。聽匯報時，總理當場詢問空軍副司令飛機的安全問

題。楊懷德副司令員站起來說:「此事基地開甲等同志已經論證過,認為方案是安全的。」總理的目光轉向我,我點頭說:「是安全的」。總理這才滿意地點點頭表示放心。這件事對我震撼很大,總理的信任,讓我對核試驗的安全問題始終不敢掉以輕心,不敢有半點馬虎。

6月16日,聶榮臻元帥到達試驗場區主持試驗。這時,聶帥已被作為「二月逆流」的黑幹將受到了不公正的批判。

6月17日上午8時,一架轟-6飛機出現在大漠上空。8時20分,一個白色的圓柱體從高速飛行的飛機上拋出,飛機返航。頃刻間,氫彈在預定高度爆炸。爆後2分鐘,火箭發射隊發射取樣火箭,取得了高純度放射性樣品。經過對多種測量數據的綜合分析,我們給出了與設計值相符的實測當量,中國第一顆全當量氫彈爆炸空投試驗成功。

主要有核國家核試驗進程表

國別	第一次原子彈試驗	第一次氫彈試驗	第一次地下核試驗
美國	1945 年 7 月 16 日	1952 年 10 月 31 日	1951 年 11 月 29 日
蘇聯	1949 年 8 月 29 日	1953 年 8 月 12 日	1961 年 10 月 11 日
英國	1952 年 10 月 3 日	1957 年 5 月 15 日	1962 年 3 月 1 日
法國	1960 年 2 月 13 日	1968 年 8 月 24 日	1961 年 11 月 7 日
中國	1964 年 10 月 16 日	1966 年 12 月 28 日	1969 年 9 月 23 日
印度	1974 年 5 月 18 日		1974 年 5 月 18 日

「程瓦特」在「文革」中變成了「程滑頭」

1966 年氫彈原理試驗時,「文化大革命」已經開始。在外界的影響下,基地、研究所也亂了一段時間,機關、研究室成立了造反隊。

12 月的氫彈原理試驗,聶榮臻元帥坐鎮基地指揮。當時,他住在招待所一樓,我住他樓上。見到他,我談起「文革」的事情,他說:「沒什麼,不用擔心,別人提什麼意見,你們聽聽,作作檢查就行,其他事不要多想,好好試驗!」他這樣輕描淡寫地說,我也就放心了。後來我才知道,當時聶帥心中同樣憂慮,他這樣說只是為我們減壓,不讓我們在試驗的關鍵時刻分心。實際上,他離開北京來羅布泊的前兩天,紅衛兵的大字報「火燒聶榮臻」「萬炮齊轟聶榮臻」等已經鋪天蓋地,還有人說他到基地就是為自己臉上貼金。為了核武器事業,聶帥沒有為自己辯護,頂着巨大壓力來到基地指揮試驗。

聶帥離開基地時,還專門指示基地黨委:基地是試驗部隊,和機關、學校不一樣,基地的「文化大革命」只能搞正面教育,不搞「四大」(大鳴、大放、大字報、大辯論)。針對當時出現的唯成分論思潮,聶帥指出:不重視成分不對,唯成分論也不對。老一點的技術專家,都是新中國成立前上的學,是留英留美的知識分子,家庭成分多數不是工農。在舊社會和解放初大學畢業或出國留學的人,家庭出身多數不太好。所以,我們必須貫徹重在表現的政策。臨上飛機時,聶帥還在機場做群眾組織的工作,以科學家們與群眾一樣擁有愛國之心的

道理説服他們。「文革」期間，聶帥盡力保護科學家，為他們的工作創造條件。

基地張蘊鈺司令員也盡了最大努力尊重人才，保護人才。我和他從核試驗開始就共事，成了真正的朋友。「文革」開始後，基地的氣氛越來越緊張，張蘊鈺感到形勢難以控制，有時派我去北京出差，避開風頭。

1967 年，我參加核武器有關問題討論會，會議在青海開。那時，這裏的運動已經起來，秩序混亂，周總理批准實行軍事管制，聶帥指示將與會專家轉移到安全地方。之後，我們轉到北京京西賓館繼續開會。與此同時，核試驗基地的「文革」形勢也很緊張，發生了武鬥，動了槍，有人被打傷，送到北京[1]。我不在基地，造反派很不滿，他們要張蘊鈺叫我回來。張蘊鈺以北京有重要任務為由，拒絕了。造反派就直接寫信給我，強烈要求我回單位參加「革命運動」。張蘊鈺聽説後，給我寫信，要我「站穩立場、遇事多同黨委同志交換意見」。張蘊鈺給我的這封信，我保存至今，它見證了那段歷史，也見證了我與張蘊鈺之間的深厚情誼。

1968 年春，在準備第三次氫彈試驗時，造反派常要我回答問題。比如，問我對張愛萍的看法，我説「沒看法」；要我

1　1967 年 9 月 19 日，核試驗基地部分人員因鬧派性，相互對立，發生開槍事件，亡一人。9 月 21 日，中央軍委針對基地在「文化大革命」中發生的問題作出三點指示：基地是正面教育單位，必須保持部隊的穩定和正常指揮；基地是保密單位，必須堅決執行不內外串聯的決定；基地 9 月 19 日開槍示威是一次嚴重違反紀律的事件，對這次事件的主謀和肇事兇手，必須予以追查和嚴肅處理。10 月 30 日，毛澤東簽發電報，重申核試驗基地是正面教育單位，不准衝擊，要保證試驗任務正常進行。

提意見，我說「沒意見」；非要回答時，我就背毛主席語錄，背馬克思主義的經典論述。於是，他們說我「狡猾狡猾的」，給我起個綽號「程滑頭」。本來研究所的同志說我有創造發明精神，面對難題總能想出解決辦法，像英國發明家瓦特那樣，叫我「程瓦特」。他們不明就裏，就用南方口音的諧音，「瓦特」變成了「滑頭」，以此來挖苦我。

下半年，張愛萍被打倒，張震寰受到衝擊，基地司令員張蘊鈺被調走。個別造反派跑到我的家裏，在「資產階級的牀上」踩幾下，與我的「資產階級生活方式」作鬥爭。「四人幫」橫行時，造反派還將「張愛萍－張蘊鈺－程開甲」聯繫起來，說這是一條「修正主義黑線」，要我檢討「技術第一」「專家路線」等資產階級思想根源。

張蘊鈺和我一直有密切的交往。1996 年，他還贈詩一首：
核彈試驗賴程君，電子層中做乾坤。
輕者上升為青天，重者下沉為黃地。
中華精神孕盤古，開天闢地代有人。
技術突破逢艱事，忘餐廢寢苦創新。
專家學者風沙裏，同與戰士歷苦辛。
戈壁寒暑成大器，眾人尊敬我稱師。

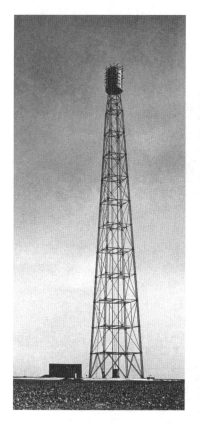

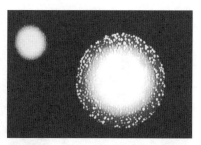

1　塔基加固的氫彈原理試驗鐵塔
2　第一顆氫彈爆炸早期火球與太陽（左
　　上角）
3　首次氫彈爆炸試驗的煙雲

1 | 2
　 | 3

4　火箭取樣
5　投彈飛機
6　炮傘取樣

4 | 5
6

7　在氫彈爆炸試驗成功後，現場觀看
　　煙雲（左起程開甲、王茹芝、陳能
　　寬、張震寰、李覺）
8　1966 年 6 月 17 日氫彈試驗現場

7

8

9　2008年春節看望老朋友張蘊鈺（左）

10「文革」中張蘊鈺給程開甲的親筆信

第十章　推動和發展地下核試驗

中國核試驗發展進程表明：

20世紀60年代，

中國及早部署並研究地下核試驗技術，

為中國核試驗事業的可持續發展爭取了主動，

是一項具有戰略意義的英明決策。

總理要我們「回去研究一下」

1963 年 8 月 5 日，第一顆原子彈的研製即將完成時，美、英、蘇三國在莫斯科簽訂了《關於禁止在大氣層、外層空間和水下進行核試驗的條約》（即《部分禁試條約》）。條約的實質是遏制中國的核能力，剝奪中國核試驗的權利。因為條約不包括禁止地下核試驗，美、英、蘇三國可通過地下核試驗繼續發展核武器，達到壟斷核武器的目的。

一天，周總理召集李覺、吳際霖、朱光亞、郭永懷、王淦昌、彭桓武和我，到中南海他的辦公室，聽取第一顆原子彈研製和試驗準備的匯報。聽完匯報，總理又談到地下核試驗，還問地下核試驗是怎麼回事。

當時大家的精力全部集中在第一顆原子彈的研製和試驗準備上，對地下核試驗都不清楚。總理的提問，我們一時回答不上。於是，總理要我們「回去研究一下」。

那天晚上，總理坐在面向裏的沙發上，我們坐在朝外的沙發上。會前總理與大家一一握手，問了姓名和工作。他問我從事核試驗準備工作方面的情況。由於我此前一直在南方，家鄉口音很

重，周總理在會見中說我家鄉口音太重，要我改改。遺憾的是，我下決心改了，但沒有成功。但總理的提醒，卻記在心頭，尤其是當我做報告，戰士反映聽不懂時，想起總理的話很愧疚。

回來後，我開始研究地下核試驗的相關問題，並着手籌劃成立地質研究室。12月，中央專委要求把地下核試驗作為科研項目來安排。1964年八九月間，調來長春地質學院的丁浩然擔任新成立的地質研究室主任，同時調來了周象乾、寧培森、張忠義等人，又從全國各地質院校及有關高校地質專業招來數十名畢業生。

地質研究室成立之初的主要任務，是地下核試驗場址的選取與核試驗環境條件的分析研究。隨着地下方式核試驗的實施，又增加了核爆炸地質效應研究的任務。為此，調來高才生任副主任。

與大氣層核試驗相比，進行地下核試驗更加缺少可供參考的文獻資料。我們收集整理了所有能找到的資料，但支離破碎，沒有什麼參考價值。事實上，所有技術上的關鍵問題，都要靠自己解決。

地下核試驗與試驗場區的地質及地形關係很大，場址的選取很關鍵，這方面，我們的條件比國外要差得多。

美國地爆場區的巖石是凝灰巖，質地較軟，便於施工，且空隙度大，有利於放射性氣體封閉；我們的硬巖，不利於施工，且孔隙度小，不利於放射性氣體封閉。美國是台地（Mesa）地形，只要「台階」足夠高，高度大於安全埋深，從台階底部掘水平坑道進入台地一定距離，就可以進行核試驗。中國沒有這樣的地形，只能選擇山體。當然，地質條件不是絕

對的，關鍵問題是要保證試驗的安全封閉，是要滿足核武器發展的需要。

中國的地下核試驗，僅試驗場地選擇，就比國外多花很多精力。選場問題，有關部門曾經提出許多方案，也曾在羅布泊核試驗場以外的許多地區進行過勘選，結果都不能令人滿意。

張蘊鈺司令對場區情形很熟悉，他指出，地下核試驗場選在核試驗基地場區範圍內比較有利，任何地方都不可能有羅布泊試驗場的發展前景。因此，1964 年 4 月開始，張蘊鈺司令、張志善副司令帶着技術人員在核試驗場內進行多次勘選。經過認真研究、比較、論證，選定了適於進行地下平洞試驗的山體場區。1965 年 4 月，經中央專委批准，開始工程施工。

對地下核試驗，起初，我們主要是開展理論分析研究，但沒有感性認識，當聽說河北承德在進行地下爆破開採銅礦時，我就和董壽莘一起帶着幾個人，去實地考察爆破過程。當炸藥在一座山體的礦洞裏爆炸時，我們站在對面的山頭感受地下爆炸產生的震動效應。我們還用自己設計的測量彈簧來測試，根據彈簧的振幅估算震動的強度，得到震動效應的一些經驗數據。通過由此及彼、由表及裏地了解地下爆炸過程，對地下爆炸的地震效應有了初步的感性認識，中午爆破作業結束，我們幾人又坐幾個小時火車返回北京。

從承德回來，我一邊進行地面、空中核試驗的準備與試驗，一邊為進行地下核試驗做技術準備，指導地下核爆炸衝擊波在巖石中傳播的理論分析計算以及坑道自封機制的研究和計算分析工作。

向地下核試驗方式的轉變

中國要不要發展地下核試驗這個問題，一開始大家的認識不一致，我一直積極推動發展這一方式的試驗。

從周恩來總理要我們「回去研究一下」地下核試驗開始，

○ **核試驗方式** ○

核試驗方式可分四類：

一、大氣層核試驗。包括爆炸高度在 30 千米以下的空中核試驗和地面核試驗。大氣層核試驗便於實施，也有利於對力學、光學、核輻射、電磁波、放射性沉降等各種毀傷效應的測量和研究，能觀測研究核爆炸景象，並及時回收核爆炸產物樣品及測量記錄儀器。大氣層核試驗受氣象條件限制，也會造成不同程度的放射性沾染，且不利於保守武器設計的祕密。

二、地下核試驗。按比深可分為淺層地下核試驗和封閉式地下核試驗。通常多採用封閉式地下核試驗，這種試驗方式有利於物理診斷，便於屏蔽，可模擬某些高空環境研究高空核爆炸效應，而且放射性幾乎全部封閉於地下，因而受氣象條件影響較小，有利於核試驗中的安全和保密。同時核試驗場的規模比較小，便於組織實施。此外，還可以研究核爆炸的和平利用，這種核試驗的工程量大，周期長，不便於進行百萬噸級梯恩梯當量的大威力試驗，而且進行毀傷效應試驗受到限制。

三、水面或水下試驗。主要目的是研究水面或水下核爆炸對艦艇、海港、大型水利設施和建築物的破壞效應以及放射性沾染等。

四、高空核試驗。爆炸高度距地面約 30 千米以上的核試驗，主要目的是研究高空核爆炸殺傷破壞效應、地球物理效應和外層空間核爆炸探測技術等，研究利用核爆炸毀傷效應進行反導彈、反衛星和用於外層空間作戰的可能性。全世界只有美、蘇兩國進行過水面、水下和高空核試驗。

我就將準備地下核試驗當作重要的任務來考慮，我認為必須要搞這種方式的試驗。因為它有許多優點：

1. 試驗產品放置在地下爆心處，可以進行近區物理和力學的測量，對產品進行診斷。

2. 基本不受氣象條件影響。

3. 利於安全和保密。大氣層核試驗形成的放射性煙雲飄出國境後，國外仍可收集樣品進行分析，從而對核彈的裝料、性能作出一定判斷，而地下核試驗，國外只能獲得地震信號。

4. 能把大部分放射性物質封閉在地下，減少對環境的放射性沾染。另外，還可模擬真空環境，以研究高空核爆炸效應，更好地試驗和改進核武器的性能。

在進行一定數量的大氣層核試驗之後，儘快將試驗轉入地下，不僅是國際政治鬥爭和軍事保密的需要，也是技術發展的需要。

當然，它也有缺點，即對爆炸產生毀傷效應的研究受到限制；有更多新問題、新技術要攻克；存在選址、開挖、測試、屏蔽、回填、安全等很多問題；試驗周期長，工程量大，一個洞要打一年甚至更長時間才能完成，工程上要求也很高。

即使存在這些不足，我仍堅信地下核試驗是中國未來核試驗的必然方式。在為第一顆原子彈爆炸試驗緊張準備的過程中，我仍積極開展地下核試驗的相關工作。1963 年 8 月，我提出《關於進行地下核試驗的一些看法》，分析了地下核爆炸基本現象和可以開展的測試工作，提出對地下核試驗初步考慮的研究課題；9 月，我提出《關於進行地下核試驗的初步建

議》；10 月，我寫了《關於進行地下核試驗的建議和資料》，進一步闡述我對地下核試驗的觀點。

1964 年，關於進行地下核試驗的報告獲得批准。5 月，我召開了研究所的技術會議，正式開展首次地下核試驗的前期準備工作；7 月，我帶領研究所有關人員，與中科院物理所、自動化所、地化所和工程兵等單位召開聯合會議，落實測試項目的安排和測量儀器的研製問題。

經過緊張的準備，第一次地下平洞方式核試驗計劃於 1966 年 5 月進行。但為了集中力量攻克氫彈技術關，1965 年底中央專委調整了計劃，暫停地下核試驗。雖說總體上暫停試驗，但基地和研究所對地下核試驗的理論研究、技術和工程準備一直沒有停止。

氫彈原理試驗成功後，地下核試驗再次提到日程上。

1967 年 10 月底至 11 月中，國防科委在北京召開中國首次地下核試驗的技術工作會議，會議規模很大。核試驗基地、九院、工程兵等單位的許多專家都參加了，朱光亞、王淦昌、鄧稼先、周光召也參加了。會議原定內容是研究新方式對測試的要求、確定測試項目以及工程設計和進度安排等問題，結果討論突然轉回到要不要搞地下核試驗這個根本問題上。大家的意見有很大分歧，討論十分激烈，有人認為氫彈都響了，不必要了。我在會上多次發言，闡述地下核試驗的重要性、必要性和可行性，闡述地下核試驗的優點，認為中國必須掌握地下核試驗技術，且需要儘快進行地下核試驗。九院王淦昌副院長贊成我的意見，搞理論的有人質疑，經過激烈爭論，大多數人表示同意，至少不再反

對。最終，會議認為大氣層核試驗將難以為核武器的改進提供充分數據。這次會議為決策儘早進行地下核試驗提供了依據。1969年，中央專委決定中國將進行第一次地下核試驗。

中國核試驗發展進程表明：20世紀60年代，中國及早部署並研究地下核試驗技術，為中國核試驗事業的可持續發展爭取了主動，是一項具有戰略意義的英明決策。

首次地下平洞方式核試驗成功

首次地下核試驗採用平洞方式。

平洞核試驗，是在山體中開掘一條為滿足試驗安全要求而特殊設計的水平坑道，在爆室、測試間和測試廊道放置核彈和各種探測儀，按照設計方案進行回填堵塞後，實施核爆炸的試驗。

地下核試驗必須在技術上突破「封、取、抗、測」四關，解決一系列工程技術和測試技術上的難題。為了將核爆炸產生的放射性物質全部封閉在地下，必須正確設計埋深和回填堵塞方案，研究封閉技術；為了進行放射化學測量和分析，獲取重要數據，必須研究快速鑽探取樣技術；為了取得可靠的近區物理測試數據，必須研究測試系統的抗輻射和抗電磁干擾技術；針對地下核試驗的特點，必須研究相關監測技術。

為此，我確立了相應的研究課題，組織並指導各項研究工作的開展，並就核試驗安全提出三條要求：「不冒頂，不放槍，

不泄漏」。為滿足這些要求，我帶領理論室專門就埋深和回填自封等課題進行理論研究和計算分析，在此基礎上與力學測試室和基地工程處一起進行化爆模擬試驗。

1965年12月，經國防科委批准，我們進行了第一次化爆試驗。張震寰、張蘊鈺、張英、張超、董壽莘都在現場。試驗時，堵塞物全部被高壓氣體衝出，果真像「放槍」一樣。

時隔不久，我們又進行了第二次化爆試驗，效果仍然不理想。基地施工隊笑我們「化爆」都不成，更不用說「核爆」了。我們繼續加強理論研究和試驗，終於搞清了化爆封不住、核爆易封住的原因：一個威力大，一個威力小，核爆是先壓後衝，化爆是先衝後壓。針對化爆試驗不能實現自封的問題，坑道施工時，我提出採用前封後堵的技術方案來實現自封，確保試驗安全。

記得第一次地下核試驗前，九院和核試驗技術研究所為試驗和測試等問題召開任務協調會。會上，研究討論最多的就是「三不」問題，特別是我提出的廊道「自封」概念和設計，大家很擔心。如果實現不了自封，後果將不堪設想。蘇美等國家地下核試驗大大小小發生過泄漏或洞塌。大家與我爭論得十分激烈。這次試驗的實踐證明：經過科學論證設計的地下核爆炸能實現自封。同時，我還在試驗中安排了新坑道設計的堵塞自封模擬試驗，為第二次地下核試驗的安全設計提供了可靠依據。之後，這種封閉堵塞設計思想，一直沿用在地下平洞核試驗的主坑道和測試廊道的設計中，確保了試驗的安全。

1968年4月，由核試驗基地張志善副司令員主持，召開

首次地下平洞核試驗工程現場協調會。會上，張副司令宣佈：凡是技術上的大事，由程開甲和王淦昌兩位專家拍板，凡是需落實的具體問題，一律由基地業務機關協調處理。這次會議開得比較順利。

1969 年 8 月，中央專委在人民大會堂聽取核試驗基地與二機部九院關於第一次地下核試驗準備工作的情況匯報，周總理主持。九院副院長朱光亞匯報產品準備情況，核試驗基地副司令員張英匯報試驗任務準備情況。總理問得很仔細：什麼叫「放槍」？什麼叫「冒頂」？什麼叫「自封」？等等。當得知一切技術準備都已到位，周總理特別指出：地下核試驗首次進行，缺少經驗，一定要注意安全。由於場區正在緊張地進行試驗的準備，我沒有參加這次重要匯報。

不久，中央專委和周總理指示：9 月 25 日前完成一切準備，待命試驗。

9 月 15 日，試驗彈被安放在主坑道末端的方形爆室，爆室周圍佈放着各種測試探頭，雷管也接插完畢，處於一觸即發的狀態。經最後檢查，確認一切符合要求，開始按照自封堵塞的設計要求進行回填。

9 月 23 日 0 時 15 分，一陣劇烈的震動像波浪一樣從現場傳來。沒有強烈的閃光，沒有震撼人心的驚雷，但我們能夠從地下壓抑沉悶的聲音感受到巨大的力量。爆炸時，看到山體在升高，實際上是地表揚起的濃濃塵埃，好像山在長。大石頭從山上滾下，劈裏啪啦地響。

爆後 25 分鐘左右，核試驗技術研究所回收隊進入爆區，

搶收了第一批測試成果。測試表明，爆炸當量完全符合設計要求，引爆控制系統良好，坑道實現了自封，沒有發生「冒頂」和「放槍」，達到預期效果，中國首次地下平洞核試驗取得成功。

選擇新的核試驗場

第一次地下核試驗後，為了認識平洞試驗的特點，了解地下核試驗的爆炸景觀，驗證理論研究與計算分析設計的正確性、可靠性，決定於 1970 年開始，對首次地下平洞核試驗的坑道及爆室進行開挖。對於試驗後要不要進行零後開挖，開始是有爭論的。但為了對地下核爆炸現象和破壞效應有感性認識，我提出開挖，並從技術上批准了開挖方案。這次開挖，前後持續兩年多。

爆後現場得到的第一手資料表明：我們的坑道自封技術、工程設計施工技術以及爆後鑽探獲取放射性樣品的技術，都是成功的；對地下核爆炸流體力學過程的理論研究與爆後現場調研結果基本一致。另外，由於試驗山體的介質不利於放化分析，不利於封閉放射性物質，因此，我們認為地下核試驗必須另選場區。

1971 年 4 月，第一次地下平洞試驗總結之後，中央專委批准進行第二次地下平洞核試驗。

這次試驗，我針對新的坑道設計特點，提出了「分段堵

塞，逐級降壓」的坑道封閉堵塞方案，並進行化爆模擬試驗。

為了確保試驗的安全，從第一次地下平洞方式核試驗開始直到之後的豎井方式，我要求對每次地下核試驗的堵塞自封方案都進行化爆模擬試驗，我親自參與方案制定，到現場指導，審閱試驗報告、主持試驗總結，包括「前封後堵」「分段堵塞，逐段降壓」等很多新的堵塞自封設計，都是經過化爆模擬試驗得出的。化爆模擬試驗成為中國地下核試驗不斷取得成功的關鍵。

這次試驗，成立了技術總體小組，王淦昌和我分別任顧問、組長，還成立了真空管道、抗干擾、安全、回填工程等專業技術小組，在攻克坑道自封、快速取樣、測量的抗干擾等技術難點方面取得成功，提高了地下核試驗的水平。

1975 年 10 月，第二次地下核試驗獲得成功。試驗後，也進行了開挖。

1973 年，我們開始勘選新的平洞試驗場。在選擇新的試驗場地問題上，丁浩然、邢梯良作出了貢獻。

根據我們的實際地質情況，丁浩然帶着地質組的同志對場區地質圖和地形圖進行綜合分析，發現水源地北面的山體高度滿足試驗要求。對現場勘探測繪，發現條件不錯。聽到這一結果，我們都很高興，希望第三次平洞試驗能夠在新場區進行。

當時任務很緊張，基地領導決定「邊勘測、邊施工」。

但在挖掘過程中發現，山體表層的巖石破碎，頻繁塌方，塌方的高度由幾米到十幾米，塌方從洞口附近直到幾十米、上百米進深。於是，大家有點泄氣，幹得汗流浹背的工程隊的同

志更不用説了。他們説：「不要再做無用功了，另選新址吧！」並説他們已看中一個新點，建議去考察。而丁浩然他們認為：「上面有問題，下面是好的。」是否繼續挖，一時定不下來，工程暫時停止。

我們隨工程隊去新點勘察，這是研究所附近的山，山體條件的確很好，不少人傾向於用，我當即否定：「就在家門口，能安全嗎？」

後來，丁浩然與我交換意見，他堅持認為，表面巖石破碎並不説明內部的巖石也是破碎的，過了這個破碎帶，裏面的地質條件就會好轉，他們再次進行地質詳查，認為山體的中心部位巖性相當完整。

為慎重起見，我們決定請權威專家來進行「會診」。請來了中科院地質所的谷德振教授和王思敬研究員，以及煤炭科學院的專家。我陪他們到新選山體的山上山下察看了幾天，經過審慎地分析研究，最後，他們同意丁浩然等對該山地質條件的評價。於是，工程隊又回到這裏，工程處處長對我説：「還是你勝利了。」

為了探知巖石對分凝的影響，我還讓地質室做高溫高壓模擬實驗。邢梯良給出的實驗結果表明，巖石玻璃體捕獲的核素分凝較小。對這一山體的選擇，使我們不用再為試驗場區的問題擔心了。

1976 年 10 月，中國第三次地下平洞核試驗在新場區進行，試驗取得豐碩成果，達到預期目的的地下方式的核試驗技術有了很大進展。這次試驗我們重點研究了帶真空管道的直坑

道自封技術，快速取樣，近區物理測量抗干擾；同時還研究了巖石介質中核爆炸的規律，為今後的豎井試驗探索規律。

回想起來，如果沒有選出這一新的試驗場區，地下核試驗的進程至少要推遲兩年以上。如果繼續用原址，分凝問題解決不了，會影響核武器的發展。

豎井方式地下核試驗

地下核試驗有平洞和豎井兩種方式。平洞試驗要求有合適的山體，因此選定的試驗場區可試驗的次數和爆炸當量都會受限；豎井試驗可供選擇的地形、地質條件多得多，還可以做較大威力的試驗。相比之下，豎井方式就成為地下核試驗的主要試驗方式。美國、蘇聯在 20 世紀 50 年代初開始採用豎井方式進行核試驗。

因此，我在準備地下平洞方式試驗時，同時也在考慮豎井方式核試驗的一些問題。第一個平洞試驗場選定後不久，又立即組織丁浩然他們勘選豎井試驗場。第一次地下平洞試驗成功不久，周總理就指示，要積極開展地下豎井核試驗的準備工作。

地下豎井核試驗，是把核裝置和各種探測器一起吊置於大口徑豎井底部，回填後實施爆炸試驗。豎井試驗對試驗技術及設備提出了一系列新要求。

首先需要研製大型鑽機。這種鑽機比較特殊，國外無定型設備可引進，國內無現成鑽機可應用。為此，中央專委決定自

行研製。核試驗基地研究所董壽莘、張忠義、梁久林、劉紹鏞等同志與煤炭部、第一機械工業部有關單位的人員承擔了這一任務。1970 年底，成功研製出中國第一台硬巖鑽機，為進行豎井核試驗創造了條件。

豎井方式的核試驗對控制系統提出了更高的要求。我多次找到控制室的同志，説明這次任務的先進性和複雜性，強調要用新的技術、新的水平來迎接它，鼓勵他們在控制系統研製時大膽創新。

一天，控制室龍文澄副主任在資料室查到幾篇文獻，就介紹給史君文，他們根據國外的偽隨機碼在飛船測距、遙控、通信等方面綜合運用的信息，提出將偽隨機碼理論引入控制系統的研究設計中，並趕來向我匯報。他們連續 3 天開會論證方案，我都參加了。經過共同研討，終於制定出新的控制方案。

研製過程中，他們曾一度遇到了挫折，對要不要繼續搞下去有些猶豫。我對他們説：「只要不是方案原理方面的先天性缺陷，再大的困難也要克服，只能搞上去，不能退下來。」

我積極協調，幫助項目攻關人員解決執行任務與科研工作之間的矛盾。在基地和研究所的大力支持下，龍文澄、史君文、楊慎知、于冠生等人終於成功地設計完成了偽隨機碼控制系統。這一新的控制系統研製成功，使核爆炸現場控制系統的發展邁出了重要一步。偽隨機碼控制系統，雖然沒趕上中國第一次豎井地下核試驗，但 1982 年以後，這套體積小、可靠性高、性能穩定的設備，先後執行了一系列任務，直至計算機控

制系統問世。

1975 年 4 月，核試驗基地向國防科委上報了進行豎井地下核試驗的建議。在核試驗基地、九院、國防科委工程設計所反覆論證的基礎上，1977 年三四月間國防科委組織審定了試驗的總體方案，對各參試方的技術工作進行了充分協調。11月，國防科委下達《關於抓緊做好豎井方式地下核試驗準備工作的通知》，在此之前，我們早已勘察選定了地下豎井方式核試驗的試驗場區。

1978 年 10 月，中國首次豎井地下核爆炸試驗成功。這次試驗實現了全封閉爆炸，爆後取得放射性氣體樣品和固體樣品，在試驗安全、工程、測試、取樣等方面獲得滿意的結果，試驗結果比預想的好，實踐證明，這種試驗方式具有很大的優越性。隨着中國地下核試驗技術的日趨成熟，1980 年以後不再進行大氣層核試驗，試驗方式全部轉入地下。

由於中國試驗場區的地質水文條件，必須考慮豎井核試驗的地下水問題。美國內華達試驗場地下水位較深，一般距地表500 米以下，多為乾井試驗。在準備第一次豎井方式試驗時，我對含水井進行了分析和理論研究估算，後來，井內滲水情況大大超出預期。當我了解到浸在水中的全密閉測試和電纜管道沒有進水，就與技術人員一起研究論證，決定在含水濕井條件下試驗。首次濕井試驗的成功，證明了我們採取的措施可以為試驗和測試成功提供保障。對後來的各種水位的試驗條件，我指出，只要保證金屬筒體和測試及電纜的管道的密閉性，保證它們的抗壓強度足夠大，就能確保試驗和測試。

近區物理測量和抗輻射抗電磁干擾技術

第一顆原子彈試驗時，我從一幅火球形成前的照片上看到核輻射與物質相互作用產生的熒光，於是，提出要研製 250 萬次高速相機，以獲取爆炸的核反應圖像。在張蘊鈺引進競爭機制的提議下，任務交給西安光機所和浙江大學光儀所，讓他們分別研製一台，由孫瑞藩他們負責，我也經常參加研製方面的討論會和協調會。研製成功後，1966 年 250 萬次相機第一次參加試驗任務，獲得了一些爆炸早期火球數據，後來經進一步改進，達到 300 萬次以上。

早在 1966 年地下核試驗開始前，我就向西安光機所龔祖同所長提出請他們研製地下核試驗使用的高速相機。當時很多人對地下核試驗沒有什麼具體概念。從提出研製相機開始，我反覆考慮地下核試驗如何獲得爆炸早期的核反應圖像問題。經過孫瑞藩他們與西光所 12 年的不懈努力，克服了一個個困難，終於研製出多幅變像管相機。這時，剛巧呂敏從資料中獲知利用針孔進行核輻射成像的信息，兩者結合，馬上確立了中子成像項目。整個成像系統中有了針孔，在呂敏的領導下，近區物理測量研究室堅持研究，中子照相取得很大成功。[1]

我還提出了 X 光測試項目。起初，孫瑞藩他們的測試受

---

1 孫瑞藩在接受訪談時説：如果沒有程老提出地下照相項目，而且始終執着地關心這個項目，在地下核試驗中進行核成像診斷的測試恐怕至少要推後三四年，因為多幅變像管不是很容易研製出來的。他有地下核試驗條件下可以近距離觀測到更多爆炸早期的現象這種理念是可以肯定的。在地下核試驗中高速照相的實現就靠這種理念。

到了強干擾，我就跟他們說 X 光難測，因為它與其他項目相比信號比較弱，而且測量的時間較晚，所以很容易受到干擾。經過他們的努力，X 光測試獲得了可信的結果。

核爆炸產生的核輻射和電磁波對測試系統產生的干擾是測試技術中的一個突出難題，我一直強調抗電磁干擾這個重要問題。第一顆原子彈爆炸試驗時，我提出並實施了對測控站、各種測試工號用鐵皮完全屏蔽，對所有電纜採用鐵皮包裹屏蔽，取得了非常好的效果，保障了測試和信號的傳輸。地下核試驗時，近區物理測量是診斷產品性能的重要手段，而這一測量項目一般離爆心較近、離輻射源較近，特別在豎井方式的試驗中更是如此。因此，地下核爆炸產生的核輻射和電磁波對近區物理測量造成的干擾比空爆大得多，且複雜得多。第一次平洞試驗中，所有測試項目幾乎都受到嚴重干擾，有些測試甚至顆粒無收。

早期 γ 測量對產品的診斷非常重要，但在爆炸早期，從中子、γ 射線和 X 射線構成的綜合輻射場中提取不受其餘輻射干擾的 γ 射線，並使測量到的電信號傳輸不受核輻射和電磁脈沖的干擾，又非常困難，對此，我花費大量精力來考慮。我從理論上分析研究，進行具體估算，提出康普頓擋牆的方法，交由理論室設計只允許 γ 射線通過的康普頓擋牆，為近區物理測量提供了核爆反應動力學所需的早期 γ 射線。我還提出對傳輸管道和測試電纜進行全屏蔽的抗電磁脈沖和 γ 射線干擾的措施，倡導並組織理論研究室和控制研究室組建抗干擾研究組，于冠

生任組長。那時，大家對電磁脈沖理論和干擾問題不清楚，我就編寫了 4 本適用的教材，多次為他們講課，指導他們進行實驗室的模擬實驗，並提出「大尺寸全屏蔽測量系統」的概念，幫助他們掌握全屏蔽測量系統的設計和應用。

經過理論和實踐的研究分析和一次次的改進，最後確定對測試系統採取全屏蔽、做康普頓擋牆、多點接地等技術措施。在後來的地下試驗中，所有測試項目，都獲得沒有任何干擾的結果，使近區物理測試技術終於過了關。

放射性樣品和放化分析

對放射性樣品進行放化分析，是獲得產品燃耗準確數據、確定威力的最佳方法。因此，如何獲取樣品以及所取樣品的廣泛性、代表性極為重要。試驗任務的完成，放化分析非常重要，自始至終我都沒有放鬆過。

每次核試驗，我都要聽取取樣方案匯報。對蘑菇雲的擴散範圍進行理論分析研究估算，指導蘑菇雲擴散的理論計算；在飛機取樣和地面佈盤取樣的基礎上，我提出炮傘取樣的思路，實踐證明炮傘取樣取得樣品的代表性最好。我提出試驗前進行「沉降模擬試驗」，驗證了理論計算所用的參數。對氫彈試驗，我提出用火箭取樣方法，在爆心下方地面發射火箭，取得高純淨度樣品，為聚變威力測試成功提供了無可取代的前提條件。

對地下核試驗，我提出採用鑽探取樣法，又提出管道氣體取樣法——即爆室氣體進入管道引到洞外的氣體捕獲器、衝擊波封住管道。經過幾次的對比，確定了鑽探取樣法。

在試驗中，我從不放過觀察到的現象。比如：

在一次地面試驗的高速照相相片上，我發現爆室窗口射出的一股「冷光」，仔細分析後，我判定這是沒有機會與火球主體混合的「物質流」，因此火球煙雲中所取樣品缺乏代表性。討論會上，幾乎所有人都不接受這一論點，最後在「射流」噴射方向的地面重新取樣，對比分析結果證明，我的判斷是正確的。在以後的地下核試驗中，「射流」問題，被作為爆室設計的重要問題加以考慮，並從此確定了產品在爆室中擺放應有的正確「姿態」。

後來，在進行地下核試驗時，為確認地下試驗中鐵罐、鐵架是否產生嚴重分凝而影響樣品，還專門請專家與地質室一起做了大量的高壓釜模擬實驗研究，排除了產生嚴重分凝的可能性，提高了大家「過地下試驗關」的信心。

地下試驗中，隨着測試項目越來越多，進入爆室的測試管道不斷增加，有些物質有可能進入測試管道，從而影響樣品的代表性。我進行分析研究和估算，指出射流會產生影響，提出了防止管道射流的建議，後來的每次試驗都採用這樣的措施。

在楊裕生領導下，放射性樣品取樣和分析工作開展得很好，為設計部門提供了關鍵數據。

深入「虎穴」

　　雖然對每次地下試驗，我都是慎之又慎，精心準備，但最初進行地下核試驗時，無論我的準備工作有多麼充分，理論研究有多大把握，仍然為看不到爆後的實際情況，感到心裏不踏實。因此，我決定對第一、第二次地下平洞核試驗進行零後開挖，以便對爆後現場進行實地調研，獲得第一手資料。我主持審定了開挖方案，強調要總結我們自己的「地下核試驗現象學」。

　　中國有句話叫「不入虎穴，焉得虎子」。在地下核試驗早期，我先後多次進入開挖後的平洞，目的就是要親自掌握第一手資料，對平洞試驗方案做到心中有數。每次我趕到開挖現場，因為洞內極其惡劣的高溫、高放射性和坍塌等危險，現場技術人員擔心發生意外，都勸我不要進去，讓我聽匯報，我不聽他們的，堅持要進入爆後現場。我進過爆後的測試廊道、測試間，進過坑道，也進過爆心（坑道末端的產品裝配間）。每看到一個新現象，我對地下核爆炸現象和破壞效應就會有新的認識，進而對試驗方案有進一步的考慮和設計，尤其在坑道堵塞、自封、管道擴孔、射流和爆室等方面。

　　有幾次進洞，我的印象特別深。

　　試驗坑道和管道的擴孔是射流造成的。試驗前，由於缺少成熟的計算數據，在擴孔射流造成安全影響的問題上，大家認識上的分歧很大。第一個擴孔開挖後，我聽了擴孔內的各種物理現象匯報，非常興奮，立即趕往現場，不顧技術人員的阻

攔，進入開挖後的孔洞。在這裏，我看到了與我們理論分析一樣的現象：爆後坑道壁的巖石剝離飛散，巖石間相互擠壓形成的光亮擦痕等。到一號擴孔，裏面比較危險，我仍堅持要進去，一定要嘗嘗「梨子」的滋味。通過對這些開挖成果的研究，我對地下核試驗的安全方案更有把握！

進入三號擴孔的開挖通道非常危險，通道是從核爆形成的亂石堆中穿過。有領導説：「亂石堆進去看什麼？」我仍堅持進去，終於在亂石堆後發現三號擴孔。我和張志善等人匍匐爬過擴孔口的小洞進入擴孔，仔細察看了洞內的各種物理現象。通過對這一擴孔的實地考察，我們有了感性認識，獲取了擴孔射流影響主坑道封閉堵塞的第一手資料，在後來的幾次地下核試驗安全論證會上，我經常使用這三個擴孔的數據，作為安全論證的重要依據。

1976 年 10 月，我和張永家、韓學安等進入第二次地下核試驗爆後的開挖現場進行實地考察。我們沿着主坑道走到盡頭，來到已經開挖、清理出的直坑道自封段的孔洞口，最後爬行到直坑道末端的產品裝配工房。通過對這次現場探查、監測數據和理論計算結果的綜合分析，為以後制定直坑道自封堵塞方案提供了可靠依據。

第三次地下核試驗準備期間，我還陪同朱光亞一起考察開挖後坑道和測試間的情況。我們穿上防護服，戴上大口罩、手套、安全帽，拿上手電，在張永家引導下，從原主坑道進入零後開挖的測試廊道，此時廊道已被嚴重擠壓，其中有 10 多米被擠壓得直徑只有 80 厘米，我們一一爬過這段，進入測試間，只

見四壁佈滿黑色玻璃體和滿地的破碎石塊，什麼都沒有了。

每次「深入虎穴」，我的體會是「親眼所見」與「只聽匯報」大不相同。

後來，第一次豎井試驗前，我想了解井下的具體情況，提出要下去看一看。因為井很深，需要吊下去，不確定因素很多，孫洪文副司令堅決不同意，但拗不過我，最終同意我最多下到 100 米深，多 1 米也不允許。即便如此，也讓我有了直觀認識，對我此後設計制定豎井試驗方案十分有益。還記得 1982 年的一次豎井試驗，為察看豎井試驗爆後爆心的地表現象，「零時」一過，我就帶着通信員李國新直奔爆心地表現場。隨身攜帶的一支鋼筆樣的放射性劑量探測筆尖叫不停，雖然也會擔心核輻射影響身體，但我得到了第一手的感性認知，至今仍覺得非常值。

1　地下平洞核試驗成功
2　20 世紀 90 年代針孔成像系統所拍
　　程開甲照片
3　程開甲在高速相機工號看拍攝膠片

4　地下豎井方式核試驗準備

5　程開甲在地下豎井方式核試驗現場

6　程開甲（前排左 2）與丁浩然（右 1）
　　等勘選平洞試驗場址

4 │ 5
───
6

第十一章　唯創新者強

在中國核武器的研製和試驗過程中，
我們遇到的新問題很多，
但都很好地解決了，
訣竅就是創新。
只有創新，才有突破，
才有發展，才有成功。

我從事核試驗 20 多年，在技術上決策主持了 30 多次各種方式的試驗。令我十分欣慰的是，這麼多次試驗，從來沒有因為我們試驗和測試方面的原因造成嚴重後果，我們在試驗和測試方面的成功為產品的研製作出了貢獻。回顧中國核試驗走過的路程，體會頗深。

開拓創新是中國核試驗發展的動力

　　從 1945 年美國在新墨西哥的阿拉莫斯進行首次核試驗以來，到 1996 年 9 月通過《全面禁止核試驗條約》，全世界共進行了 2047 次核試驗。其中，美國核試驗次數最多，進行了 1056 次，蘇聯進行了 715 次，法國進行了 210 次，中國從 1964 年到 1996 年只進行了 45 次，而中國的技術同樣達到了世界先進水平。有人曾問過我，中國核試驗事業發展的經驗是什麼？我的回答是：開拓創新。

　　在中國核武器的研製和試驗過程中，我們遇到的新問題很多，但都很好地解決了，訣竅就是創新。只有創新，才有突

破，才有發展，才有成功。

1962 年，中國原子彈研製、試驗等科學技術工作最早的一份綱領性文獻——《第一種試驗性產品的科學研究、設計、製造與試驗工作計劃綱要》中，我們否定了蘇聯專家的空投建議，提出先做地面爆炸、以後再做空爆的建議。我們制定《關於第一種試驗性產品國家試驗的研究工作綱要》及《急需安排的研究課題》，制定了第一顆原子彈在百米高鐵塔上爆炸的方案，確定了核爆炸可靠控制和聯合測定爆炸威力的方法。

首次氫彈原理試驗中，我們提出在塔基 X 米半徑範圍地面用水泥加固減少塵土捲入。

第一顆空投氫彈試驗中，我們提出改變飛機飛行方向的投彈方案，確保了大爆炸當量試驗時投彈飛機的安全。

首次平洞地下核試驗中，我們提出了採用「X 型」設計方案，提出了地下核爆炸的自封機制，實現了安全「自封」，實現了「不放槍」「不冒頂」「不泄漏」。後續的平洞試驗中，我們提出了直坑道「前封後堵」「分段堵塞，逐段降壓」等堵塞自封的安全設計。提出了對兩次平洞試驗的爆後開挖和現場考察，獲取了寶貴的實地勘測數據，為地下核爆炸現象學研究、試驗方案的制定和安全實施提供了重要依據。

首次豎井地下核試驗中，我們在理論上分析研究含水井中的試驗問題，設計了豎井方式回填堵塞的自封安全方案。後來，又研究各種水位的試驗條件和水中試驗的密封條件，確保了試驗和測試的成功。我們還論證全水位試驗方案，根據歷次各種水位的理論研究和試驗驗證，認為全水位試驗方案完全可行。

歷次核試驗的測試中，我們強調重視電磁波和核輻射對測試的干擾，特別是地下核試驗中電磁波和核輻射對近區物理測量的干擾，提出了全屏蔽措施和康普頓擋牆抗輻射干擾的具體思路和手段，解決了干擾對測試的影響問題。

放化分析取樣方面，為了取到乾淨、足夠的放射性樣品，我們提出了炮傘取樣、飛機取樣、火箭取樣的思路；對取到樣品的合格性進行多方位信息的分析，給出合理的建議。為驗證核裝置設計提供最直接可靠的數據。

從 1964 年第一顆原子彈爆炸試驗開始，20 多年裏，對各種類型的核試驗，我們一直堅持創新。

此外，核試驗技術研究所本身就是一個創新。

20 世紀 50 年代，蘇聯專家撤走前對中國進行核試驗留下過一些意見：核試驗基地是一個技術單位，只承擔一些測量工作，即對核裝置只進行檢驗性測量，為武器的研製和發展提供各種測量數據，不承擔研究任務。但事實上，武器的研製和試驗應當是一個有機體，設計和試驗應該是相互促進的。國外一般將武器的研製和測試放在研究所，試驗放在基地，結果是武器的設計和試驗分開了，降低了效益，研究周期也很長。我們則從決定進行第一顆原子彈爆炸試驗起，研製和試驗兩方面就緊密地聯繫在一起。

起初，組建的核試驗技術研究所要交給核試驗基地管理，但不清楚要建立多大規模、什麼性質的研究所。關於研究所承擔的任務，當時有各種意見，有些意見認為首要的是解決眼前的問題，有些則認為研究所的任務就是測試。我們認為，必須站得

高，建成一個能適應核武器發展需要的核試驗技術研究單位。我們強調：核試驗技術研究所應該是研究單位，不僅僅是執行單位。應該重在「怎麼做」「為什麼要這樣做」「這麼做，會有什麼結果」，研究所應該為核武器研製和使用提供技術支撐。在這種指導思想下，研究所在實踐中不斷創新，正確處理任務與學科、理論與實踐、人才培養與使用等關係，走上了一條正確的、持續發展的道路。張蘊鈺司令十分支持研究所的創新工作。在研究所的創新精神下，我們為核武器的設計和改進提供了重要依據，研究所成為中國核武器發展中不可缺少的重要技術支撐。研究所和基地的一大優點是獨立研究、技術創新、預先發現問題。

中國核武器事業發展，走的就是這樣一條理論、試驗和設計相互依存的路。1996 年 8 月 22 日，中央軍委副主席劉華清在聽取中國工程物理研究院和核試驗基地領導匯報後說：中國發展核武器有兩支隊伍，一支是研製隊伍，一支是試驗隊伍。兩支隊伍相互信任，相互支持，相互幫助，相互促進，這才保證中國的核武器能以較少的投入和較少的試驗次數取得這麼高的水平。這種研製和試驗兩者間的有機結合，在國外的核武器發展過程中是相對薄弱的，這也是核武器研製和試驗的「中國特色」，一個關鍵性的創新。

相信理論，更相信實踐

無論是大氣層核試驗還是地下核試驗，我們都十分重視理

論與實踐的結合，不僅重視理論研究，也重視模擬實驗研究。

第一顆原子彈爆炸試驗前，為驗證測試控制技術和方法的可靠性和可行性，我們提出並組織進行了測試控制系統的化爆模擬試驗，提出並組織了塔爆試驗場全場聯試預演，對參試單位的測量診斷、效應測試、安全防護和指揮控制等工作進行了實地檢驗，為任務的圓滿完成打下堅實基礎。

對地下核試驗，我們要求試驗前必須進行化爆模擬試驗。20 世紀 60 年代中到 70 年代末，我們針對各種爆炸威力、試驗方式進行了各類化爆模擬試驗，目的在於研究地下核試驗安全技術，探索試驗埋深、自封堵塞、地震效應、應力波傳播、泄漏封閉、介質特性影響等規律。每次化爆模擬試驗，其針對性都很強、目的很明確。為做到心中有數，為確保核試驗任務圓滿完成奠定基礎，我們制定化爆方案並實施，包括「前封後堵」「分段堵塞，逐段降壓」等在內的各種問題，試驗前都經過了大量化爆模擬試驗的驗證。我們始終認為，除了調研資料、開展大量的理論研究和數值模擬計算，還必須充分利用各種可能的條件做化爆模擬試驗以獲取第一手資料，這也是保障中國地下核試驗安全成功的關鍵。

安全問題大於天

核試驗中，安全問題大於天。

試驗前，周總理經常聽取工作匯報，其中安全問題是特別

重要的問題。

核試驗的安全問題，既涉及廣泛的多種學科知識領域，還與國家的政治、外交、安全大局以及核武器發展總體要求密切關聯，容不得有絲毫疏漏。確保核試驗安全，要有高度的責任心，不同試驗方式，安全方面的要求都不同。大氣層核試驗，除確保試驗場區的人員和測試安全外，還要確保試驗場區以外廣大地區甚至國外的居民安全以及投彈飛機在空中的安全。地下核試驗則要求確保試驗不冒頂、不放槍、爆炸產生的放射性物質封閉在地下、核輻射和電磁輻射不對測試造成干擾等。

周總理把試驗安全的責任交給我們，所以，每一次核試驗，從試驗方案的制定、現場準備到實施爆炸的所有安全論證，我們從來不放過對安全不利的任何因素。

空爆試驗中，投彈飛機和駕駛員安全是最重要的安全問題。理論研究和計算分析指出，影響投彈飛機和駕駛員安全的主要因素是衝擊波空中聚焦和核爆炸光輻射引起的閃光致盲，因此必須選擇嚴格的氣象條件避免衝擊波聚焦損壞飛機並傷及機上人員，並對他們的眼睛採取有效的防護措施。一次氫彈試驗中，為選擇避開發生衝擊波空中聚焦的氣象條件，衝擊波聚焦理論計算的科技人員，三天三夜沒有睡覺，終於解決了投彈飛機的安全問題。

總結中國歷次核試驗安全管理經驗，有三點很重要：一是嚴格的安全論證，二是各個環節的安全檢查，三是發展針對各類問題的安全技術。這些始終都是大科學大工程中安全管理的重大課題。

扔掉「洋枴杖」

核試驗早期，中央專委就確定了「有限目標，技術先進」和「一次試驗，多方收效」的指導方針。對每次試驗，我們都精心組織理論研究、計算分析、反覆論證，並盡最大可能安排各種測試項目。每次試驗不僅測試了核武器本身的性能，而且開展了核爆炸產生各種效應的研究，很不容易。第一顆原子彈爆炸核試驗，97%的測試儀器記錄數據完整、準確，受到了周總理的肯定。[1]

對於我們在有限的核試驗現場獲取的大量寶貴數據和積累的經驗，我們應當特別珍視。搞好核試驗科技檔案整理和研究的工作，完整保留核試驗成果和經驗，是推動核試驗技術發展的重要環節。[2]

最初我們手頭有一本美國人的核效應資料（註：GLasstone

1　1964年周恩來在三屆人大一次會議政府工作報告中有這段文字：「在進行核爆炸試驗的時候，在十幾秒時間內，自動控制系統啟動了上千台儀器，分秒不差地完成了爆炸，這證明我們自己製造的各種材料、燃料、儀器、設備，都是高質量、高水平、過得硬的。」

2　中國工程院院士、原核試驗基地司令員錢紹鈞，中國科學院院士、原核試驗基地研究所科技委主任陳達在《我們心目中的開甲先生》中寫道：開甲先生十分珍視中國有限次數核試驗獲取的數據和積累的經驗。因此，他一直強調要做好核試驗總結和科技檔案工作，認為這些工作是完整保留試驗成果和經驗、促進核試驗技術不斷發展的重要環節。他組織基地和研究所進行大氣層核爆炸效應數據總結，經過多年的努力，在完整收集和綜合分析大量核爆炸效應數據的基礎上，深入探索其內在規律，編寫出了以中國自己的數據為依據的核爆炸效應手冊，為核武器的使用和防護提供了技術上的支撐。他還多次組織研究所進行核試驗測試數據和相關技術的總結。1996年全面禁核試條約簽訂後，對過去歷次核試驗數據的再研究、再認識，成為發展核武器技術的重要途徑之一，而再研究的依據就是過去核試驗的總結和檔案。由此，不難看出開甲先生的遠見。

《核武器效應》），每次試驗我們會拿出來參考一下，大家管它叫「洋柺杖」。

1964 年到 1972 年，中國共進行了十幾次各種方式的核試驗，自己的數據已經基本齊全，有些數據美國人沒有而我們都有，完全可以考慮彙編整理出中國自己的核爆炸效應手冊。

1972 年，我開始考慮扔掉「洋柺杖」的事。我們主動請纓，要求開展這一課題。中央專委和中央軍委很快批示，要求國防科委會同總參謀部組織效應試驗單位，對「所獲得的技術資料進行全面系統總結」。

1974 年，核試驗技術研究所牽頭，與 30 多個核試驗效應單位在北京香山飯店，對中國歷次核試驗的實測數據資料進行系統分類。參加人員有上百人，我是負責人。我反覆強調，這些數據是上萬人在戈壁灘大兵團作戰中取得的，最後的成果是要運用的，不是寫篇文章了事，要求大家務必遵從科學求真。雖然大家來自不同單位，但都有一種對核事業負責的精神，一個一個數據反覆核實。經過兩年的努力，1976 年編撰出《中國核試驗技術資料彙編》，共 7 冊。

後來，我和孫瑞藩、忻賢傑、喬登江等人根據廣大科技工作者整理出來的數據，對歷次核爆炸效應參數及其規律進行認真研究，將大量感性認識上升到理性認識，撰寫了《中國核試驗效應基本參數手冊》。這些成果極大地提高了我們對核武器殺傷破壞作用的認識，為中國核武器的設計和改進，運用和防護等方面提供了大量的、系統的實測數據和理論依據，具有重要的科學價值。

在研究所的 20 多年裏，我們不斷根據任務需求和試驗發展，致力於中國大氣層核爆炸和地下核爆炸過程的物理現象及其產生、發展規律的核爆炸理論的建立，開展核爆炸效應的研究，建立不同方式核試驗的技術路線、安全規範和技術措施。使中國核試驗科學技術體系能夠建立並得到科學發展，核試驗測試診斷的基本框架得以建立，滿足了不斷提高的核試驗需求，支持了中國核武器設計改進和運用。

堅持科學原則一絲不苟

周總理對第一顆原子彈爆炸試驗提出「嚴肅認真，周到細緻，穩妥可靠，萬無一失」，這是對超高風險核試驗的科學要求。在核試驗的發展進程中，事無巨細，一切都必須按照科學的原則辦，在科學面前，所有人都沒有價錢可講。

核試驗中最重要的問題是：試驗能否正確起爆；測試能否獲得可靠數據；安全能否確保。其中，重中之重是安全問題，必須確保不會發生災難。正是因為安全問題極為重要，我們自始至終以科學的態度對待它。每次核試驗，都要有充分嚴密的理論研究和數值計算分析，都要求進行化爆模擬試驗，做到試驗前就對所進行的試驗心中有數。因此，中國的核試驗完成的質量非常好，滿足了周總理的要求。

大氣層核試驗時，為防止測控電纜因衝擊波或地震引發的巖層剪切斷裂被切斷，造成測試數據丟失，甚至全盤皆輸，我

們要求所有的電纜溝都必須鋪放細沙。一次檢查時，我發現工程隊鋪放沙子不合要求，提出馬上停工重鋪，這就需要再運幾百卡車的沙，工程量很大，但我寸步不讓。

在一次大當量試驗後，有人提出要修改試驗測試給出的數據，對此，我回答說：「可以問問我們研究所搞測試分析的同志，看看他們能不能答應。」實際上，我絕對不會同意這種不尊重科學原則的要求。有一次研究人員提供數據後，我發現了問題，就毫不猶豫地領着他們給設計部門打電話，實事求是地說明情況，要求糾正原先提供的數據。

在要不要搞地下方式核試驗問題上，開始時有些人不理解，認為氫彈都響了、沒必要了，還說地下試驗工程量大、花費大等等，還有人在試驗場區對我說：「如果從技術上講，我們不需要地下核試驗。」而我，不管是對誰，總是據理力爭，從核武器研製和試驗的發展和國際形勢的需要上反覆闡述，不爭辯到最後決不罷休。

關於電磁脈沖和核輻射對測試的干擾問題，從第一次試驗開始，直到地下方式的核試驗，我都一直緊抓不放。起初，我提出並設計了抗干擾全屏蔽槽，遭領導反對，但我只講科學，無論誰反對仍然堅持。在近區物理測試抗干擾方面，我們是取得極大成功的。

放化取樣和分析對檢驗產品來說，是最直接可靠的手段。我會不斷聽取匯報，反覆琢磨給出的測試數據。儘管對放化分析的數據非常有信心，但我仍然定下一條規矩：力學方法、光學方法、近區物理測量、放化分析等各種數據，必須互相比

對、印證，最後才能定案。

採用火箭取樣時，在一次化爆模擬試驗中出現了不穩定跡象。雖然承擔火箭取樣的單位為此準備了很久，付出了很多，但我們仍然擔心一旦出現意外情況，打到產品怎麼辦，最後還是決定暫時不上。因為無論做什麼，重中之重就是確保試驗安全。

我認為，堅持科學原則一絲不苟，是推動中國核試驗事業快速發展的重要因素。

創新的事業，需要創新的團隊

核試驗事業是一個尖端的事業，也是一個創新的事業，沒有團隊是不行的。所以，在完成上級交給任務的過程中，我們必須高度重視帶隊伍、培養人的工作。

50多年來，這支核試驗技術隊伍，從小到大，從不成熟走向成熟，共走出10位院士、40多位將軍，獲得2000多項科技成果獎，許多都是國家的重大戰略需求，填補了國家空白，孕育了「艱苦奮鬥、無私奉獻」的馬蘭精神，張愛萍曾稱讚「研究所是個小科學院」。

帶隊伍、培養人，首先要訓練他們的過硬素質。

首先，要訓練他們的思想素質，培養他們獻身祖國的精神。我對他們說，我們每一個人都有自己的追求，我們追求的目標應該符合祖國的需要，只有國家強盛，才有個人的幸福。

搞原子彈是毛主席、周總理交給我們的任務，是打破核壟斷，為中國人爭氣的事業，如果我們不努力去幹，去克服困難，完成任務，我們是要後悔一輩子的。常有人問我對自身價值和追求的看法，我說，「我的目標是一切為了祖國的需要」，「人生的價值在於奉獻，是我的信念」。回國後，我自己一再轉行，專業不斷從零開始，但我一直很愉快，因為這是祖國的需要。

其次，要訓練他們的業務素質，培養他們對科學問題的鑽研精神，使他們懂得科學技術沒有僥倖，科學研究不是突出個人的英雄行為，也不能隨聲附和，盲目跟着別人的思路做錦上添花的事。

還要訓練他們樹立「任務第一」的思想，培養他們的協作精神，使他們懂得進入這個隊伍，是我們的光榮，進入這個隊伍，就要心中裝着祖國，就要牢固樹立任務意識，個人興趣、志願和專業等都要服從任務的需要。

帶隊伍、培養人，還要牢記錢三強的一句話：「千里馬是在茫茫草原的馳騁中鍛煉出來的，雄鷹的翅膀是在同暴風的搏擊中鑄成的。」

核試驗技術研究所成立之初，我們根據專業需求，在上級支持下，從全國各地的研究所、高校抽調了一批專家和技術骨幹。由於充分的信任，還有挑戰性的工作安排，他們迅速成長起來。很多人都為核試驗成功作出過開創性貢獻，如呂敏、楊裕生、錢紹鈞、喬登江、林俊德、董壽莘、忻賢傑、孫瑞藩、王茹芝、丁浩然、陸祖蔭、葉立潤、于冠生、謝鐵柱、白遠揚、寧培森、邢梯良、張忠義、龍文澄、史君文、高才生、陸兆達……

帶隊伍、培養人，要言教，更要身教。20世紀70年代初，對地下核試驗進行開挖，我前後多次進入爆後現場，掌握第一手資料，也讓現場同志感受到這項工作的重要性和意義。一次在豎井零後爆心處，警衛員問我：「首長，您就真的不擔心身體嗎？」我坦率地回答：「擔心，但我更擔心試驗事業，那也是我的生命。你說我能不去嗎？」

　　植物界有這樣一種現象：當單株植物生長時顯得黯然、單調，缺乏生機，而當與眾多植物一起生長時它們卻茂密、簇擁，生機益然。植物界把這種現象稱為「共生效應」。我們核試驗技術研究所就是這樣一個人才共生之地。

1　電纜溝中鋪設電纜
2　2003 年研究所的院士們在一起（左
　　起邱愛慈、楊裕生、呂敏、程開甲、
　　喬登江、錢紹鈞、陳達、林俊德）

1
—
2

第十二章　創新正未有窮期

2014 年是中國第一顆原子彈爆炸成
功 50 周年。

對 50 年前中國舉世曯目的成功，
我記憶猶新，

我也十分欣慰我能為國家的強大
無私奉獻。

今年我已 97 歲，

為了中國的國防現代化事業，

我仍要努力不懈。

1984 年，我離開核試驗基地，擔任國防科工委科技委常任委員。由於工作職責的變化，我的科研工作也發生了變化，進入了新一輪的開拓創新。一方面，我圍繞「假如打一場高技術戰爭，我們怎麼辦？」進行思考，在抗輻射加固和高功率微波領域努力；另一方面，我開展基礎研究，發展完善了超導電雙帶理論，創建了材料科學的 TFDC（Thomas-Fermi-Dirac-Cheng）電子理論。

武器裝備體現國防實力。每屆科技委年會我差不多都參加，目的就是跟蹤武器裝備發展，了解需求，並積極為抗輻射加固、微波、激光等領域研究出謀劃策。同時希望運用超導電雙帶理論和材料電子理論用於解決實際問題。

20 世紀 90 年代，我思考着要以薄膜、電池、相干波為主，鑽地彈、高能電子束為輔，形成一個高新研究系列。記得在基地時，我曾觀察到北方天空上方經常出現的一個現象，希望有人對此開展研究，並提出利用高能電子束散射高空氣體來干擾微波信號的設想；結合 TFDC 電子理論二極層薄膜電池的研究，提出開展小型微波源研究的設想，或者為激光提供重量輕、體積小的能源而使其實用的設想；提出應用多層納米級

薄膜塗層來實現飛機的等離子體膜隱身、瓦片薄膜塗層微波隱身、製冷薄膜塗層紅外隱身和薄膜雙極層等離子面隱身等設想；提出共晶、纖維、多層膜的自組織高強度輕質材料設想；提出多彈頭鑽地彈的設想。總之一句話，我是希望我的建議，我的研究工作，能對中國武器裝備的發展有用。

開創抗輻射加固研究

有矛必有盾。作為武器的核彈可以產生各種殺傷和破壞效應，這樣我們就要考慮實戰中武器裝備本身的防禦問題。其中，輻射導致的力學、電磁和信息方面的作用很重要，必須進行防護，有針對性地對武器裝備進行加固，以抗擊輻射造成破壞。

還在核試驗的早期，我就考慮到核爆炸產生電磁脈沖、X光等的輻射破壞效應。20 世紀 70 年代，在地面核試驗的管道中，我組織安排了核爆炸效應環境下的輻射破壞試驗，並設計回收了樣品，這是中國最早的核爆炸輻射對元器件損傷的研究。

武器的使用必須以武器的效應研究與防護研究為依據，運用核試驗的爆炸環境進行武器的效應研究，十分重要。但因為核試驗的次數是有限的，效應研究要完全依靠試驗來完成，很不實際。我一直重視基礎研究和基礎設施建設，考慮如何才能不受試驗限制就能開展相關的效應研究，我認為模擬設備的建設必不可少。20 世紀 70 年代，我和呂敏等人積極推動了這一重要方向的研究和設備建設。

最初，我們提出建一台強脈沖電子束加速器，用作輻射模擬源，開展輻照效應研究。這台設備建成後，在許多涉及抗輻射抗干擾問題的研究和測試標定中都發揮了重要作用。當邱愛慈等人提出來要建造強流相對論電子束（REB）加速器時，我非常支持，要求他們進一步調研設備指標、應用領域等情況。我在專業組大會上安排過審議加速器建設方案，始終關心和支持這台不可能引進的、自己設計的、研究所最複雜的大型設備。設備研製過程中，我聽取他們的匯報、提出意見；詢問項目的進展；先後兩次主持該項目技術方案的評審會。

為了請全國該領域的專家參加評審會，我專門給張震寰主任寫了報告。經張愛萍主任批准後，再向專家們發出邀請，那次評審會有 65 位專家出席，會議開得很成功。

REB 加速器（閃光二號）的研製成功，在中國的試驗和測試、抗輻射加固和高新技術研究中發揮了不可替代的重要作用。設備尚在建成中，我就在考慮它的應用，我在研究所做高功率微波應用問題的專題報告，推動這一領域的研究，希望他們能藉此開拓新的研究方向，拓寬研究領域。後來，研究所運用這台設備，在國內率先開展了高功率微波研究。

20 世紀 80 年代，我開始考慮並組織推動了抗核加固的理論和實驗研究。1981 年夏，成立抗核加固專業組，我擔任組長。後來隨着研究的深入，專業組更名為抗輻射加固專業組。

1984 年，我擔任國防科委科技委委員後，為推動這一研究領域的發展，我正式起草報告送張愛萍將軍，闡述抗核加固問題的重要意義和研究的緊迫性，並提出了系統的研究計劃和

方案。張愛萍將軍收到報告後，十分重視和關注，在研究經費方面給予極大支持，從而大大促進了各相關單位的聯合有效研究。研究內容從最初的 X 射線輻照效應研究，元器件和材料損傷的概念性研究，擴展到包括多種複合材料整體結構及複雜元器件、電磁脈沖、微波、激光等諸多領域，取得了很多研究成果。使抗輻射加固研究成為中國武器裝備技術發展中一個十分重要的方面。

在這期間，抗核加固的理論研究、實驗研究和元器件研究，我都全面抓。如，開展熱力學破壞效應的理論研究；利用地下核試驗，開展輻照對材料的破壞效應的實驗研究；開展半導體元器件的加固研究；等等。我還指導相關研究所和院校開展空氣中內電磁干擾的理論研究，作為研究固體介質內電磁現象的參考，並提出需要利用模擬試驗或地下核試驗，對受輻照的現象和機制開展理論和實驗研究，還提出應發展相似原理將小型元器件放大進行測試，應用大尺寸的規律推導研究小尺寸元器件的規律，等等。這些研究可以加速抗核加固進程，能將實驗結果深化、上升到理論，進而指導實踐。我還指導博士生施毅開展元器件的輻照效應研究，也取得了有用的研究成果。

那段時間，我們經常召開專業組會議，召開各項目研究成果的匯報交流會，共同研討和解決研究中提到的矛盾問題。現在，經過幾代人的努力和奮鬥，我們已經系統地開展了核爆輻射環境、電子元器件與抗輻射加固原理、方法和技術研究，利用核試驗提供的輻射場進行了輻射效應和加固方法研究；建設了先進的實驗模擬條件，建造了中國自行設計的核輻射模擬設

施。所有這些，都有力地促進了中國抗輻射加固技術的持續發展，為國防科研和武器裝備發展作出了重要貢獻。

開啟高功率微波研究

20 世紀 80 年代，高功率微波研究在國內是一個嶄新的研究方向，剛開始，很多人對這一研究領域不清楚。

我積極推動中國高功率微波領域的研究。在一次會議上，我根據大家的需求，首先做報告，介紹相關知識。多年後，已經成為該行業專家的一位研究人員見到我還說：「當年就是你把我們引進門的，當時的第一課就是你給我們上的。」

為推動高功率微波的理論與實驗研究，我給張愛萍寫信，爭取支持。項目立項後，我儘量參加他們的學術討論，對實驗室的建設和實驗工作的展開，也會積極地提出我的思路和建議。有時，我與他們一起到實驗外場地做實驗，指導他們觀察實驗結果。現在，項目的研究已經取得長足的進步，我很高興。

大型模擬設備 REB 加速器建成後，我指導研究所利用這台設備在國內率先開展高功率微波的效應研究，後來又產生了當時國內最強能量和功率的高功率微波，為發展高功率微波技術奠定了重要基礎。我還一直支持高功率微波的實際應用研究，參觀他們的微波實驗室，觀察微波的破壞實驗，到外場了解實驗進展，同時盡我之力，提出我的思考研究和建議。

我還關心、支持研究所的准分子激光研究。有時劉晶儒他

們來和我討論，我會認真聽取他們的意見，提出我的想法。1993 年，我參加「閃光二號」鑒定會，還與王淦昌、呂敏等人參觀了他們的激光實驗室。我覺得，他們在準分子激光方面的研究很有成果，應該鼓勵他們不斷創新。

「程－玻恩」超導電性雙帶理論的發展和完善

20 世紀 80 年代，實驗發現了高溫超導現象。這在超導界，引起極大震動。在低溫超導領域取得成功的 BCS 成對電子理論，面對這一新現象，表現得無能為力。於是，國際學術界，在理論和實驗上對高溫超導現象開展了新一輪研究。1986 年，中國科學院物理研究所成立國家超導專家委員會，我是委員會所聘兩位顧問之一。

20 世紀 40 年代，我在愛丁堡大學就與導師 M. 玻恩共同提出了超導電雙帶理論模型，回國後因為種種原因沒能繼續研究。從核試驗基地回到北京後，恰逢高溫超導這一契機，我重拾舊題，又開始了進一步的研究，發展、完善了「程－玻恩」超導電雙帶理論，指出超導電產生的機制是能帶布里淵區的不對稱破缺，並對布里淵區角區附近的費米面進行分析計算研究，指出角區中電子分佈有可能產生對稱破缺。數值計算的結果指出，能量極小值附近，兩電子在不同角區中的交換能是在同一角區中的 1/3，驗證了產生破缺的可能性。同時，我仔細分析研究 BCS 成對電子理論，發現它存在着一個嚴重的錯

誤。即它的研究忽略了一個不可忽視的「小量」，而此量對超導成對電子理論影響很大。

我指出「BCS 成對電子理論存在錯誤」，引起了超導理論界的爭論。因為傳統的認識是，BCS 成對電子理論提出者是獲得諾貝爾獎的「權威」，似乎不容置疑。但我堅信超導電雙帶理論的正確性，堅信對 BCS 成對電子理論認識的正確性。1989 年全國超導會議在廈門召開，我發表了 3 篇觀點鮮明的研究論文。後來，國家自然科學基金委員會師昌緒主任支持我，專門為我的研究在上海召開了 3 天討論會，討論「BCS 成對電子理論存在錯誤」的問題。我在會上詳細介紹了我自己的研究工作，與會專家對我的研究提不出質疑，也不肯接受我給出的結論，畢竟我不在傳統的行列中。

我早已沒有搞基礎研究的團隊了，也沒有研究經費，只是自己埋頭幹。這時，超導專家委員會資助我 3 萬元作為 3 年的研究經費。為改善工作條件，我用 2 萬多元購置了一台當時算很不錯的 286 微機，並向情報所王懋江學習計算機的使用、寫作和編程。很快，我就能利用計算機來開展研究了。我邊思考，邊計算，邊整理，不但在計算機上完成了多篇研究論文，還完善了系統的超導電雙帶理論，最終完成專著 *Study on Mechanism of Superconductivity*，1991 年由 New Times Press 出版。但遺憾的是該著作沒能進書店發行，因為當年的出版發行機制，外文版書籍沒有在書店上架的渠道。

那一段時間，我只要有機會，就去參加學術交流，舉辦雙帶理論講座，闡述我的觀點，並對高溫超導體的設計提出建

議，後來還開展了薄膜材料的超導研究。我和我的助手參加全國和國際超導學術會議，派助手參加在美國、澳大利亞舉辦的國際超導會議，並在大會上報告與交流，使超導電雙帶理論受到了關注。1998 年 3 月 18 日，國家超導研究中心安排莫斯科大學物理系主任與我進行交流，他告訴我，他在實驗上已經證明了 BCS 成對電子理論的錯誤。後來，我又在清華大學和南京大學物理系等單位舉辦講座，闡述超導電雙帶理論的超導機理，討論 BCS 成對電子理論的缺陷。但面對傳統的「權威」，一個人的路確實很難走。有人願意合作，也只是希望我幫助他們共同修正 BCS 理論，還想要維護「權威」。

我始終追求的，就是創建合理的、正確的、能夠指導實踐的理論。2013 年 12 月，我在《現代應用物理》雜誌上發表了論文《壓力誘發的超導再進入的物理機制初探》，是對趙忠賢和美國卡內基研究院毛河光等發現的新型鐵基硫族化合物超導體的壓力誘發超導再進入現象物理機制的定性分析，即第一個超導相在一定的壓力下消失後，進一步增加壓力又誘發第二個超導相，且後者的超導轉變溫度高達 48K。該文運用超導電雙帶理論分析了「壓力誘發的超導再進入現象」，指出壓力使費米面和上面空帶的兩能級分裂形成靠近的兩能帶，電子從費米面遷移到上面能帶，造成動量空間能帶布里淵區電子的再次不對稱分佈，而產生新的超導相。同時預言，原則上當壓力繼續增加時，會出現更多的再進入超導相。

當然，也有不少人支持我的研究工作。20 世紀 90 年代，國防科工委首長就給了我很大的幫助，還為我調來了程漱玉擔

任技術助手，讓我擺脫了隻身奮戰的困境。最近，總裝備部科技委劉卓文副主任的話也讓我深受感動，他說應該有人來把我的研究繼續下去。現在，我年歲已高，但我希望求真求實的科學精神能夠相傳，這一研究能夠有人繼續！

創建 TFDC（Thomas-Fermi-Dirac-Cheng）電子理論

TFDC 電子理論是 20 世紀 90 年代，我提出的材料科學領域的電子理論。

早在 20 世紀 50 年代，我就研究過 TF（Thomas-Fermi）統計理論，它適用於極高的密度和壓力條件。60 年代，我調入二機部九所，正值原子彈起爆的溫度壓力條件攻關之際，我分管狀態方程研究，對此關鍵問題進一步開展 TF 統計模型的研究。70 年代前後，地下核試驗需要開展衝擊波在巖石中傳播和破壞研究，固體高壓狀態方程是重要條件，我就開展了 TF（或 TFD）模型中原子的邊界實際狀態方程、空腔形成理論、固體衝擊相變點、The Equation of State for Simple Materials 等相關的理論研究和初估計算，再由理論研究室進行數值計算分析。由於 TF（或 TFD）統計模型不適用於低壓區，其理論預測值與實測結果相差大，不能用於材料領域的研究，而材料性能和新材料的研究又迫切需要指導性的理論。

20 世紀 80、90 年代，考慮到千萬大氣壓以下的材料狀態方程在實際應用中的重要作用，以及新材料的設計研製主要靠

經驗的現狀，針對 TFD 統計模型應用於材料性能研究和新材料設計的問題，我提出並創建了 TFDC（Thomas-Fermi-Dirac-Cheng）電子理論，提出了描述微觀電子運動的新思想、新觀點和新方法，並努力開展這一新理論的系統理論和應用研究。

由於長期從事着特殊的事業，我開展全新研究時就沒有研究團隊，甚至沒有助手。那時研究所也沒有材料方面的研究，所長還是給予了一點支持，後來總裝備部首長為我配了技術助手，我才能系統地進行理論研究，並使理論能得到應用、產生效益。

我經常在國內和國際的各種學術會議上進行 TFDC 電子理論的學術交流，到吉林大學國家超硬材料重點實驗室、遼寧工學院、山東石油大學、清華大學、西安交通大學、西北有色金屬研究院、北京航空航天大學、山東大學、瀋陽金屬研究所和西北核技術研究所等院校和科研單位報告交流；1995 年 9 月，我和研究所李孝蘭、陸兆達、程漱玉赴俄羅斯新西伯利亞 Tomsk，與俄羅斯科學院潘寧（V.Panin）院士交流討論，還與俄羅斯科學院強度研究所簽訂了合作意向書，後又安排了俄羅斯科學院強度研究所馬卡羅夫（Makarov）和庫爾科夫（Kulkov）兩位教授來京講學；我申請國家自然科學基金委員會基金研究項目，在理論和實驗研究方面開展 TFDC 電子理論研究；還通過基金項目集團管理的模式和聯合申請基金項目方式，增強了 TFDC 電子理論的研究力量，使理論得到推廣、應用和驗證。

TFDC 電子理論的核心是微觀電子運動的模型，其電子的

運動遵循 TFD 統計理論，並滿足界面電子密度和化學勢必須連續的邊界條件。應用這一電子理論，我們給出了低壓範圍狀態方程的計算方法，得到了與實測相符的金屬材料狀態方程。還利用理論的電子密度連續性邊界條件，對余瑞璜院士的余氏經驗電子理論進行詮釋，使余氏電子理論第一次得到了理論支持。

我們用 TFDC 電子理論對各種問題開展廣泛的理論研究並設計了驗證和應用實驗，取得了不少很有用的成果。包括有：

納米材料界面內應力機制，詮釋了 2001 年 *Nature* 上發表的 Ge-Si 膜自動捲曲成納米管的現象，得到了吉林大學鍍膜試驗驗證，清華大學材料研究實驗室也依據內應力機制改善了 Si_2Co 膜與基底間的結合力，成功地製取了 Si_2Co 薄膜；納米級複合膜二極層的大電容機制，得到西北核技術研究所 $Cr_8Ni_9Ti-TiO_2$ 薄膜 15.0 mF 的異常大電容的驗證；金剛石生長及電子密度連續性觸媒機制研究，得到吉林大學超硬材料國家重點實驗室實驗驗證，他們還驗證了我提出的「在沒有其他碳源存在時，滲碳體可以在高溫高壓下釋放碳原子，這些碳原子以金剛石結構存在」，並指出「這樣的研究國內外均無先例，具有原始創新性」；還有薄膜超導、位錯和共晶機制等方面的理論研究；應用 TFDC 電子理論邊界條件和 EET 經驗電子論提出電子結構參數設計合金的方法，設計出幾種鋼鐵材料；等等。

同時，在 TFDC 電子理論間界面邊界條件和內應力研究的指導下，吉林大學建立了完備的合成低應力、高密度金剛石薄

膜的工藝方法。

我還考慮了納米級薄膜的大容量集成電容塊，以期能用於武器裝備，因為製備工藝難度太大未能嘗試，如能實現我將十分欣慰。

崇高的榮譽

在科學研究領域裏，在「兩彈一星」的事業中，我只是做了應該做的，黨和人民卻給予我崇高的榮譽。

我是全國人民代表大會第三、四、五屆代表，中國人民政治協商會議第六、七屆委員，中國科學院院士。我獲得過國家科技進步獎特等獎、一等獎，國家發明獎二等獎和全國科學大會獎等獎勵。1999 年，中共中央、國務院、中央軍委在人民大會堂隆重舉行表彰為研製「兩彈一星」作出突出貢獻的科技專家大會，我被授予「兩彈一星功勳獎章」。2014 年，中共中央、國務院隆重舉行 2013 年度國家科學技術獎勵大會，習近平主席為我頒發「國家最高科學技術獎」證書。

我認為，榮譽不屬於我個人。我一直對大家說：我只是研究所及基地的全體指戰員和曾為核武器事業作出貢獻的全體同志的代表，功勞是大家的，功勳獎章是對「兩彈一星」精神的肯定。國家最高科學技術獎是對整個核武器事業和從事核武器事業團隊的肯定。我們的核試驗，是研究所、基地所有參與者，有名或無名的英雄們在彎彎曲曲的道路上一步一個腳印去

完成的。雖然寫在立功受獎光榮榜上的名字只是少數人，而我們核試驗事業的光榮屬於所有參與者。因為我們的每一次成功都是千萬人共同創造，我們每一個成果都是集體智慧的結晶。當然，這也包括大漠深處的陽平里氣象站，包括在核試驗場徒步巡邏八千里的警衛戰士，包括羅布泊忘我奮鬥的工程兵、汽車兵、防化兵、通信兵……如果沒有他們的艱苦奮鬥、無私奉獻，如果沒有全國人民的大力協助和支援，不可能有我們的成功和輝煌。

2014 年 10 月 16 日是中國第一顆原子彈爆炸成功 50 周年的日子。對 50 年前中國舉世矚目的成功，我記憶猶新，我也十分欣慰我能為國家的強大無私奉獻。

今年我已 97 歲，為了中國的國防現代化事業，我仍要努力不懈。

3　2007 年與劉國治（左）在一起
4　聽取范如玉（右）介紹
5　1993 年參觀激光實驗室（前排左起：
　　程開甲、王淦昌、呂敏、王乃彥、
　　喬登江）

STUDY ON MECHANISM OF
SUPERCONDUCTIVITY

by
CHENG KAIJIA
Member of The Chinese Academy of Sciences

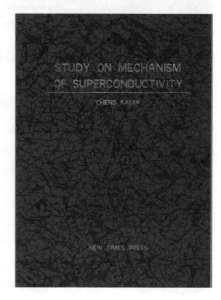

NEW TIMES PRESS

BEIJING, P. R. CHINA

6 | 7
8

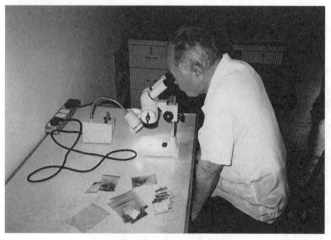

11 1996 年程開甲（右 2）組織講學、
　 討論
12 在吉林大學國家超硬材料重點實驗
　 室觀察實驗結果

11
―――
12

13 1993 年在學校做 TFDC 電子理論報告

14 獲模範氣象站的陽平里氣象站全體
指戰員

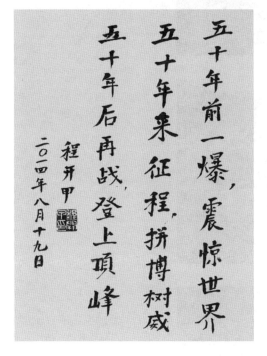

五十年前一爆，震惊世界
五十年来征程，拼博树威
五十年后再战，登上顶峰

程开甲
二〇一四年八月十九日

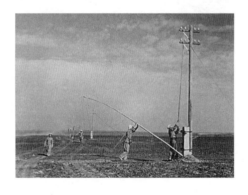

17
18
19

17 工程兵
18 汽車兵
19 通信兵

第十三章　對程開甲的片段回憶

開甲先生對待數據的一絲不苟精神
和對下面同志的寬容態度，
給了我們深刻的教育。
正是這種既有信任，
又有壓力的氣圍調動了研究所廣大
科技人員的積極性和創造性，
為出成果、出人才，
創造了良好條件。

張蘊鈺（中國核試驗基地第一任司令員）

採訪時間：2001 年 5 月 14 日
採訪地點：北京
採訪者：熊杏林

程開甲是 1950 年從英國歸來的學者，1948 年他在愛丁堡大學獲得博士學位，這位基地（註：核試驗基地）最高級的專家和技術負責人是一位真正的老師。我們並肩攜手開創了中國的核試驗事業，共同組織、指揮並參加了令世人矚目的幾十次核試驗，一起非常成功地完成了黨中央交付的重任。寫程開甲很必要，有意義，我們支持、贊成，他為我們國家做了很大貢獻。每次試驗他負責搞設計，我負責搞工程，工程上他提了許多建議。比如，試驗時要很多電纜，鐵塔附近的電纜埋在地下，擔心核試驗一震動，電纜可能會斷，我認為他的考慮有道理。於是，按照他的要求指揮大家在溝挖好後填上沙子，總共有上百公里長。這上百公里是一鍬一鍬挖出來的，再墊上沙，而且有二十多公里長的山地要一鏟一鏟地削平，工程量很大。

當時，有些人提出這樣做是不是有必要，是否過於保守，我對此也有想法，但只要原子彈能響，搞工程好辦。我對他說：「原子彈能不能響是你的事，其他的都是我的事。技術上的問題你做主，我的困難我克服。」程開甲不僅領導中國首次原子彈試驗，而且在中國首次氫彈、首次導彈核武器、首次平洞、首次豎井等六個首次核試驗的幾十次核試驗中都獲得了圓滿成功。

開始我們是共事，後來成了好朋友。我最大限度支持他，尊重他。60 年代困難時期，我講基地有「五保戶」——幼兒園、病號、飛行員、科學家（程開甲、董壽莘）。他們要吃糧、吃肉、抽煙與我全一樣。「文革」中，為了保護他，我曾給他寫了一封信，是 1967 年寫的。當時周總理提出要保護科學家，只有一個指示，並沒有點到具體的名字。我在基地開大會時公開講過要保護程開甲。

程開甲是純粹的科學家，真正的科學家。除了搞科學研究，什麼也不會，如何買車票，如何上車他都不會，一心一意搞他的科學技術。你們寫程開甲，一定要寫寫他的夫人。他的夫人好得很，程開甲的功勞，他的夫人也應該有一半。沒有她，就沒有今天的程開甲。

1996 年我給他贈詩：

核彈試驗賴程君，電子層中做乾坤。

輕者上升為青天，重者下沉為黃地。

中華精神孕盤古，開天闢地代有人。

技術突破逢艱事，忘餐廢寢苦創新。

專家學者風沙裏，同與戰士歷苦辛。

戈壁寒暑成大器,眾人尊敬我稱師。

1997 年 9 月 9 日為祝賀他 80 華誕我題詞:

功垂原子戈壁,

德壽文章齊高。

2001 年 5 月 14 日我接受熊杏林教授的採訪,再為他題詞:

赤誠敬業人民事,

原子彈中一名賢。

錢紹鈞、陳達(中國工程院院士;中國科學院院士)

採訪時間:2007 年 4 月

採訪者:程漱玉

開甲先生是中國核武器和核試驗事業的主要開創者之一。
40 多年來,他心繫國家安危,自覺奉獻、銳意創新,不畏艱
險、勇攀高峰,為這項事業作出了巨大貢獻,榮獲「兩彈一星
功勛獎章」,也為我們後輩樹立了學習的典範。1962 年,他奉
命組建核試驗基地研究所,領導中國第一次核試驗的技術準備
工作,從此開始了他與中國核試驗的不解之緣。從圓滿完成第
一次塔爆試驗到空投、地面、兩彈結合試驗,再到地下試驗;
從原子彈試驗到氫彈試驗,在中國核試驗技術發展每個重要時
期,開甲先生都發揮着重要的作用。開甲先生是中國地下核試
驗方式最早的倡導者之一,正是他在第一次核試驗期間就開始

謀劃和準備，為 1969 年中國第一次平洞核試驗的成功實施創造了條件。對於開甲先生在中國核試驗事業所起的重要作用，基地老司令員張蘊鈺同志在他贈給開甲先生的一首詩裏給出了最恰當的評價：「核彈試驗賴程君」，「眾人尊敬我稱師」。

我們兩人都是基地研究所成立初期調到該所工作的，有幸在他的領導下參與了核試驗放射化學診斷和相關的技術研究工作。雖然，那時我們都是基層的科技幹部，與開甲先生直接接觸的機會不多，但我們和研究所的其他同志一樣，為他的淵博學識和對科技發展動向的敏銳洞察力深深折服，也為他那嚴格的科學態度和不倦的創新精神深深感動。他是我們基地許多同志在核試驗技術上的領路人。

開甲先生對基地技術建設的貢獻是多方面的。從我們這些當時的基層科技人員的切身體驗看，這些貢獻中影響最深遠的是他帶出了一個名副其實的核試驗技術研究所。

1983 年，朱光亞主任在給基地研究所成立 20 周年的賀信中提到，60 年代初組建基地研究所是為了貫徹實施自力更生方針而做出的一項「打破框框」的重要決定。這裏說的「打破框框」，是指在發展中國核武器技術的過程中要動員全國各方力量大力協同，組建幾支專業隊伍分工合作攻關，而不是像其他國家那樣由核武器研製單位承擔所有工作。

開甲先生是參與了這一決策過程的，因而從研究所組建之初就十分重視核試驗專業隊伍的建設。當時研究所的試驗任務很重，科技人員又大多是大學畢業才 2～3 年的年輕人。如何在完成任務的過程中，建設起一支技術水平高、完成任務能力

強、專業門類基本配套的技術隊伍，是全所同志面臨的重大課題。這裏需要提及的是，基地研究所是在原基地技術部的基礎上組建起來的。按說，照技術部的模式應該也可以建起一支有能力完成任務的專業隊伍。但開甲先生堅定地認為，我們要組建的不是技術部，而必須看得更遠，要組建一個能適應核武器未來發展需要的核試驗技術研究單位。基地研究所毫無疑問必須把圓滿完成國家試驗任務放在壓倒一切的地位，但為此就必須科研先行。要通過分解試驗任務中的難點和問題，確定需要研究的項目和課題，要以科研攻關的成果支撐試驗任務的圓滿完成。事實上我們最初幾次核試驗的準備工作就是這麼做的，在後來的核試驗過程中也是這麼做的。這樣在開甲先生的倡導下基地研究所逐步形成了以任務帶動科研、以科研支持任務的發展思路。

第一次核試驗前，我們放射化學診斷技術研究方面的情況與所裏其他兄弟研究室相似，科研人員中除了楊裕生、陸兆達等幾位老一些的同志外，大多數都是 1962、1963 年畢業的大學生。為了完成任務，當時有關的兩個組整組都到原子能研究所（現為原子能研究院）搞「協作」，依託他們已有的技術基礎，共同研究診斷方法和技術，並完成核試驗樣品的分析任務。但所、室領導的目標是明確的：外協只是一種過渡的辦法；要求大家在積極參與科研攻關和完成分析任務的同時，虛心向「協作」單位學習，迅速提升業務技術水平，儘快具備獨立承擔診斷任務的能力。當時，大家的積極性特別高，在任務第一的思想指導下，可以說都是全身心地投入到科研攻關和分

析任務中去。在這一過程中，年青同志得到了從事科研工作的基本訓練，業務能力提高很快。到 1968 年，我們這支隊伍不僅基本具備了獨立完成核試驗放化診斷的能力，而且還具備了一定的科研攻關能力。外協回來後，我們繼續貫徹任務帶科研的思想，結合核試驗發展的需要積極開展科學研究，放化診斷的項目有了較大的擴展，分析測試技術不斷完善，診斷精度逐步提升，不僅為核武器設計和研製部門提供了更多、更精確的數據，還取得了許多科研成果，成長起一批技術骨幹。在有些診斷技術上，如在應用質譜分析、放射性活度絕對測量等方面，還形成了自己的特色。放射化學診斷工作只是全所工作的一個小的局部，但它的發展從一個側面說明了研究所在開甲先生領導下，以任務帶動科研，以科研支持任務，走上了一條正確的、持續發展的道路。記得 1978 年，我們和三室李國政同志一起參加核物理年會，這是改革開放後我們第一次參加全國性的核物理學術會議。陳達和李國政在會上做了兩篇關於中子活化技術的報告，得到了與會專家的肯定，也說明了研究所的核物理研究水平的提高。80 年代初，開甲先生離開基地到北京工作後，基地和研究所的科研工作又有了很大發展。這些都離不開他在前 20 年多裏給我們打下的基礎，也得益於他倡導的以任務帶動科研、以科研支持任務的思想。

在我們的印象裏，儘管開甲先生擔當着基地和研究所的技術負責人的重任，工作十分繁重，但他一天也沒離開過科研第一線。

開甲先生早年從事固體理論的研究，是這一領域的知名專

家。他物理和數學的根底很深、知識面很寬，因此，他對研究所各方面技術工作的指導總是遊刃有餘的，即便對取樣、放化分析這樣離他熟悉的領域相去甚遠的領域，也常能提出有創意的建議和中肯的意見。記得在確定第一次核試驗煙雲取樣方案時，我們已從國外的文獻知道煙雲樣品存在着分凝現象，即不同粒徑的煙雲樣品其成分是不同的，因此大家都希望能採取多種取樣手段，以使樣品儘量覆蓋煙雲的整個粒徑譜。開甲先生就提出能否用高炮向煙雲發射帶有降落傘的取樣彈，利用降落傘下落過程採取煙雲樣品的獨特設想。這一設想得到取樣組同志們的一致贊同，並在塔爆、地面爆炸試驗中被多次成功採用，取到樣品的粒徑介於飛機取樣和地面集樣盤樣品之間。開甲先生是搞理論研究的，但對每次核試驗的測試結果和數據卻研究得很細，他主張一切應由數據來說話。有一次地面核試驗，樣品的放化分析取得了很精確的結果。當我們把這一「喜訊」向他報告時，他向我們展示了現場拍攝的爆炸火球照片，指出爆炸瞬間火球分兩叉向兩個方向發展，煙雲可能未充分混合，由此判斷分析數據的代表性存在問題。為此，他要求我們收集火球另一側的沉降樣品，以驗證這一判斷的正確性。後來，我們果然在火球另一側的沉降樣品中測出了核素組成上的差異。

在研究所的工作中，開甲先生十分重視發揚學術民主。每次試驗方案的論證，每次試驗中測試數據的分析，或是一些重大問題的決策，他總是要召集有關研究室、組的科技人員一起來討論。這似乎已成為一項不成文的制度。會上，經常會發生

一些意見分歧和爭論，開甲先生總是耐心聽取大家的意見，有時也指出其中的問題，提出自己的看法，引導討論逐步深入。在討論中，除非你能說服他，他從不輕易放棄自己的意見。對於與會同志一些他認為不正確的意見，或者下面工作做得不到位的地方，他也會直截了當地指出。但他從來是「對事不對人」，因此討論會的氣氛通常是很寬鬆的。會後，開甲先生還常常幫助我們考慮、解決問題。記得有一次在地下核試驗討論會上，我們提出隨着近區物理測試項目的增加，越來越多的測試管道伸入爆室，核爆炸時可能會有部分物質以射流的形式流入管道，從而影響爆室內樣品的代表性這一問題時，開甲先生十分重視。第二天他就約我們去談，給我們看了他在當天晚上做的估算結果，認為射流是有可能產生影響的，並提出了防止管道射流的建議。後來，每次試驗中我們都採取了他提出的措施。這樣的討論會，所裏的許多同志都是十分願意參加的。因為它對拓展我們的知識面，促進對問題更深入的思考和研究，有很大的幫助。

開甲先生十分珍視中國有限次數核試驗獲取的數據和積累的經驗。因此，他一直強調要做好核試驗總結和科技檔案工作，認為這些工作是完整保留核試驗成果和經驗，促進核試驗技術不斷發展的重要環節。他組織基地和研究所進行了大氣層核爆炸效應數據總結，經過多年的努力在完整收集和綜合分析大量核爆炸效應數據的基礎上，深入探索其內在規律，編寫出了以中國自己的數據為依據的核爆炸效應手冊，為核武器的使用和防護提供了技術上的支撐。他還多次組織研究所進行核試

驗測試數據和相關技術的總結。我們都經歷了這一總結工作，深深體會到這項工作對於基地和研究所科技工作的發展，對於培養科研人員嚴格的科學作風、促進科技人員成長所起到的重要作用。正是通過數據總結和技術總結，肯定成績，找出問題，既為下一步科研攻關找到了方向，也擴展了科技人員的知識面，使他們更清楚地了解了核試驗發展對診斷技術提出的新要求。

在開甲先生領導下工作，深深感到他對下面同志的放手和信任。通常任務一經佈置，要求一經明確，如何更好地完成，就留給研究室、組去考慮。這樣，就給我們這些下級留出了發揮主觀能動性的充分空間，同時也給大家增加了責任和壓力。開甲先生對科研工作要求嚴格是出了名的，但對於我們工作中因為經驗不足、認識不到位而出現這樣那樣的問題，也是比較寬容的。記得氫彈試驗初期，我們在某元素燃耗測定項目連續兩次試驗都未拿到理想的數據，且一直找不到原因。開甲先生並不急於批評我們，而是讓我們繼續深入研究。經過一段時間工作，我們終於找到了問題所在，並糾正了此前已向武器設計部門報告的結果。為了不致誤導他們，開甲先生親自帶着我們給他們打電話，實事求是地說明了情況，並要求糾正原先的數據。開甲先生對待數據的一絲不苟精神和對下面同志的寬容態度，給了我們深刻的教育，至今仍然記憶猶新。現在回想起來，正是這種既有信任，又有壓力的氛圍調動了研究所廣大科技人員的積極性和創造性，為出成果、出人才創造了良好條件。

呂敏（中國科學院院士）

採訪時間：2001 年 5 月 30 日
採訪地點：北京
採訪者：熊杏林

　　我是程開甲院士的學生，後來又在他的領導下在核試驗基地工作多年。在浙江大學讀書時，我聽過程先生的固體物理課，當時他剛回國，沒有固體物理學的教材（註：1959 年程開甲撰寫了中國第一部《固體物理學》專著）。大學畢業後，我被分到中科院近代物理研究所，現在的高能所計算機室，1959—1962 年在蘇聯杜布納聯合原子核所待了 3 年。1961年，中國大使館把蘇聯撤退專家的事件向杜布納中國留學生黨支部進行了傳達，我、周光召、何祚庥等幾個人當即表示要回國自己幹（註：指研究原子彈），朱光亞主任要我先學點東西，1962 年 7 月回國。1962 年年底，忻賢傑、陸祖蔭和我調到程先生在核武器研究所的辦公室，參與核試驗研究所籌建和第一次核試驗的準備工作。開始時，我、陸祖蔭、忻賢傑、程先生 4 個人擠在一間辦公室裏，辦公室就一張桌子，幾把椅子，一張沙發。不久後孫瑞藩、董壽莘也來報到。在研究所創建期間，程先生在基地領導和朱光亞、錢三強先生的有力支持下，精心規劃了研究所的組成、任務的劃分、技術骨幹的選調等重要而迫切的問題，為建立研究所打下了基礎。需要說明一點，我們剛從基礎研究的領域轉到國防科技工作中來，對核武器、

核試驗了解很少，在那個時期除了支持程先生的意見外，沒有對研究所的籌建和核試驗準備工作的全局問題有多大貢獻。所有重要的主意都是程先生自己確定的。

核武器試驗研究所已經成立 40 多年了，研究所不斷發展，水平不斷提高，在中國的核試驗和有關的高新技術領域作出了重要的貢獻，已經成為我軍有一定影響的研究所。大量的國防科技幹部在核試驗基地研究所鍛煉成長；大批的博士、碩士從研究所畢業；有 8 位長期在基地研究所工作的科技骨幹當選為兩院院士，得到軍內外許多研究人員的稱讚和羨慕。

核試驗基地研究所之所以能夠在科學研究上做出許多成績，在鍛煉科技幹部上取得突出成績，是與程先生在創建研究所時採取的辦所方針分不開的。我個人理解，程先生創建研究所的基本原則是要辦一個真正的研究所，有強大研究能力的研究所，不但能完成當前的國防任務，而且在核試驗領域的學科上能夠站得住腳，能夠長期展開工作，能夠滿足核武器研製過程對核試驗不斷提出的新要求；在該領域，研究所必須在國內處於領先地位，在國際上也能站得住腳。因此研究所必須建設配套的學科和相應的研究室，各相關的學科要配備學科帶頭人並培養新的學科帶頭人；有關專業不但能夠完成核試驗任務，還必須深入掌握該專業的理論和試驗技術；各個研究室必須建立必要的試驗設備；研究所必須配齊理論計算和文獻資料的條件。只有這樣才能辦成一個像樣的研究所。

40 多年來核試驗研究所基本上繼承了這樣的辦所方針，得以取得現有的成績。貫徹這樣的方針是有阻力的。有一些研

究所或技術部雖然也稱研究單位，但是缺少自己的研究方向和學科特點，往往只能在工業部門研究人員指導下完成任務，沒有上級交下來的明確具體的任務就難尋找自己的研究方向。幾十年來也有一些人對研究所辦所方針有不同意見，指責研究所獨立開展研究工作的做法。好在研究所歷屆領導能堅持正確的做法，也得到了基地主要領導的支持，希望今後研究所仍能繼承程先生建立的好傳統。

程先生按照核試驗需要，按學科劃分籌備建立了力學、光學、核物理和放射化學、電子學及理論與計算等五個研究室，同時建立了資料檔案室。以後隨着地下核試驗工作提上日程，增加了地質水文研究室。因為人員太多，核物理和放射化學後來分成兩個研究室。研究所的這種構成維持了幾十年，實踐證明程先生當時的安排是十分正確的，適合於核試驗的工作。以後，為適應新的形勢，研究所又增加了新的研究室。

程先生非常重視學科帶頭人的作用，那個時候稱為技術骨幹（當時基地把從各大學分配來的畢業生統統稱為「大學生」）。他親自擬定選調人員的專業，一個一個地研究具體人選，聽取各方面的推薦意見，包括向新調來的技術骨幹和新分來的大學生了解情況，例如葉立潤、錢紹鈞等就是這樣選調進來的。中央組織部批准從各部門選調 24 名技術骨幹。要提到的是，在建所初期和早期核試驗工作中，這批骨幹發揮了很重要的作用，由於年齡關係，他們都已離開研究所，但是他們始終關心着研究所的工作和研究所的發展，在研究所的工作是他們一生中最值得懷念的經歷。

程先生對工作非常認真、非常細緻，經常聽取各個研究室的匯報，對重點的課題親自一次又一次地檢查工作。那時候程先生還比較年輕，十分勤奮、精力充沛，對工作抓得非常細。對研究室的建設和初期核試驗的準備工作管理得細緻而嚴格。後來隨着核試驗工作的發展，開展的研究項目不斷增加，各研究室的技術力量和領導水平也有明顯的提高，程先生才逐步放手，讓各研究室的領導更多地負起責任來，自己花更多的精力去考慮下一步更長遠的工作設想。

　　程先生擔任中國核試驗基地技術負責人前後 20 餘年，為中國掌握核試驗技術作出了突出貢獻，他不遺餘力地領導基地各個部門努力開展研究、掌握大氣層核試驗和地下核試驗關鍵技術，在關鍵時候經常廢寢忘食，表現出高度的責任感。中國核試驗基地能發展到目前的技術水平，離不開他的努力。

　　我認為程先生在基地發展歷史上最重要的貢獻是他從一開始就把核試驗當作一項科學技術事業來看待。他不是把完成一次核試驗僅僅看作完成一次任務，而是把核試驗當作一門特殊的學科，要把基地建設成為一個能夠完成各種方式的核試驗的科學試驗基地，能夠完成今後可能出現的各種核試驗任務。程先生長遠着眼對待核試驗的態度是至關重要的。在核試驗的初期階段，有不少人並不贊成這樣的觀點，他們強調沒有國防科委的明確指示，不要主動開展有關長遠核試驗關鍵技術的研究工作，程先生曾經耗費很大精力去說服這種短視的看法。

　　關於核試驗基地組織機構，蘇聯專家曾經留下過一些意見。根據那個意見，在基地只進行空中爆炸，只建設空爆場

區，不允許進行火球接觸地面的爆炸。在核試驗中只進行少量的測量項目，例如鏈式反應動力學、衝擊波壓力自記儀、火球高速照相、煙雲照相、外場劑量率測量等，爆炸後的樣品要送到蘇聯去分析。總之蘇聯專家的意見，是在中國只進行定型武器的檢驗性測量，只要求提供爆炸威力和其他最簡單的數據。

程先生在朱光亞等和基地領導的支持下，果斷地決定第一顆原子彈爆炸採取塔爆方式，避開空爆爆心投影點，另選爆心，雖然火球觸地會增加地面污染，但是為測量項目創造了更好的條件。這項決定開創了先例，就是今後核試驗不僅要考慮核試驗爆炸成功，而且要強調獲取更多的數據。這項決定違反了蘇聯專家的意見，但是程先生等沒有動搖，堅持為自主發展核武器而自主發展核試驗技術，沒有受蘇聯專家留言的約束。

開始籌備第一次核試驗的時候，國家已經基本確定了試驗的時間，任務是很緊迫的。能夠找到的資料很少，那時候沒有個人電腦，沒有軟盤、優盤，沒有複印機，資料要用照相機拍下來，一張一張放大成照片來閱讀。就是根據這少量的資料，程先生領導制定了第一次核試驗的規劃，確定了需要安排的幾十個測量項目，包括為改進核武器設計服務的鏈式反應動力學測量、放射化學取樣分析項目，為確定爆炸威力和效應參數服務的多項力學、光學和核輻射測量，其中最小照度測量、火球高速照相、衝擊波超壓測量、走時測量、核輻射測量等項目後來發展成大氣層核試驗的常規項目，每次核試驗都要安排。同時在國防科委領導下與效應單位十個大隊協作、制定了效應觀測的規劃，研究所某室喬登江和全室同志詳細計算了各種效應參數及

其傳播規律，幫助各個單位安排效應試驗的佈點和量程，在第一次核試驗之前，大家沒有經驗時，對各單位幫助很大。

1963 年夏天，張愛萍副總參謀長帶了大隊人馬去基地確定第一次核試驗的爆心及測試場地的佈局。我有幸跟着程先生參加了這次勘查定點，第一次到達戈壁灘，感受試驗場區的工作和生活條件。

第一次核試驗取得圓滿成功，獲得了豐富的數據，保證了安全，取得了經驗，轟動了全國。萬事開頭難，之後，程先生在領導中國核試驗事業 20 多年間不斷創新，為中國掌握核試驗技術、發展核試驗事業作出了卓越貢獻。

楊裕生（中國工程院院士）

採訪時間：2001 年 5 月 10 日
採訪地點：北京
採訪者：熊杏林

我是 1952 年浙江大學化工系畢業，留校。1956 年響應「向科學進軍」號召，中國科學院第一批招收副博士研究生，我考取了梁樹權先生的副博士研究生。1958 年梁先生把我送到蘇聯，在蘇聯學習 2 年，1960 年底回國，進入中國科學院化學所從事放射性研究。1963 年 3 月的一天，室裏的秘書通知我，說人事科找我有事。我去了人事科，一個女幹部告訴我

她是部隊的，並給了我一封介紹信，要我拿着信到二機部報到，信後面寫着「西直門 134 號，找基地技術部張超部長」。從化學所到軍隊，我用了不到一天時間就參軍了。張部長說：「你的工作由我們這裏的專家交代。」第二天，我去見這位專家，原來是程先生。程老 1950 年回國到浙江大學物理系任教時，我正在化工系讀書，按名分，程先生是我的老師。我雖然沒有聽過程先生的課，但他在新中國成立不久就回國的愛國精神，在有進步思想傳統的浙江大學廣為傳頌，家喻戶曉。程先生的話簡單扼要，一是中國將要進行核武器試驗，是絕密任務；二是要用取樣－放化分析法測定核燃耗，計算核爆威力；三是時間不多，要抓緊準備。就這樣，名分上的程老師成了此後將近 30 年我的直接領導、真正的老師。

從第一次核試驗的準備起，程先生就十分重視取樣放化分析工作。取蘑菇雲樣品進行放化分析，可以得到核裝料燃耗的準確數據，所得核爆威力的結果也是最直接的。但是，前提是必須取到樣品，而且樣品必須具備代表性。在西直門招待所的臨時所部裏，他多次聽取蘑菇雲取樣調研和方案匯報，和大家一起研討問題，親自領導蘑菇雲擴散的理論計算。飛機取樣和佈盤取樣列為必保項目後，他又與理論研究室的同志醞釀提出炮傘取樣的設想，並指示我們立即進行調研和方案制定。於是，三種方法並駕齊驅，確保為放化分析提供必要的樣品，而且後來的實踐證明，飛機進雲晚，大顆粒已經離開煙雲，地面盤接收的只有大顆粒；而炮傘進雲早，大、中、小顆粒尚未分層，取的樣品代表性最好。

地面佈盤取樣是「守株待兔」式的方法，放射性灰塵能否沉降到取樣盤裏與風向、風速等氣象因素密切相關；同時，放射性灰塵的沉降會對下風方向造成影響，也應準確計算、預測。一貫重視理論計算、更重視實驗驗證的程先生，在首次核試驗進場後提出應該進行「沉降模擬試驗」。任務落實到取樣隊，我們不敢怠慢，緊鑼密鼓地制定方案，籌備樣品接收盤，選定佈點，同時去馬蘭尋找模擬「沉降灰塵」，縫製口袋和「飛傘」，終於在直升機組和氣象部門的配合下勝利完成了任務，向程先生交了一份堪稱滿意的答卷，檢驗了理論計算所需的參數。

在準備氫彈試驗時，程先生考慮炮傘射程不夠，飛行員穿雲的劑量又大，他提出用火箭作運載工具的設想。經與火箭所商討，研製出取樣火箭，取得了純淨度高的樣品，為氫彈試驗中聚變威力測試成功提供了不可替代的前提條件。

放化分析的核爆威力結果最直接，但是數據總是出得最晚，一兩個月加班加點也常幹不完。程先生對測試數據十分嚴肅，而且在他的保密本上記得很完整，在他頭腦裏記得更清楚，因為他不斷在琢磨它們。如果初步結果與最終結果有點差別，他會立即辨別出來，並要追根究底把原因問個明白。所以我們也就養成了十分仔細的習慣和嚴密的工作程序，沒有九分九的火候不敢輕易拿出結果。但是，程先生從首次核試驗就定下規矩，力學方法、光學方法、放化分析等各種數據必須互相比對、印證，最後加權平均才定案。程先生有時等得實在坐不住了，就把我叫去「個別教練」，了解初步結果。我們之間達成了默契——「個別教練」的初步結果是不算數的，一切以會

上的報告為准。

程先生的理論功底深厚，判斷能力極強。他從一次地面核試驗的高速照相照片上看到爆室窗口裏射出一股「亮光」，判定這是一股「射流」——一股「物質流」，認為這一股「物質流」沒有機會與火球的主體相混合，因此從火球冷凝的煙雲中取的樣品缺乏代表性。討論會上幾乎所有的人都不接受他的論點，我們還從樣品分析數據的「合理性」談論了自己的觀點。但是，「少數派」毫不怕孤立地堅持己見，最後一致同意在「射流」噴射方向的地面重新取樣分析，用最可靠的質譜技術，與煙雲樣品對比剩餘核裝料的同位素比例。對比分析的結果證明，程先生的判斷完全正確，我們大家心服口服，對他佩服得五體投地。此事不僅對這一次核試驗的測試有十分重要的意義，而且在以後的核試驗中（包括地下核試驗）都將「射流」作為爆室設計的重要問題加以考慮，並從此確定了核裝置在爆室中擺放應有的正確「姿態」。

樣品的分凝問題始終是影響放化分析結果準確性的因素。首次核試驗中的鐵塔在火球中部分汽化、熔化，以鐵為基質的顆粒樣品就有很強的分凝。核試驗轉入地下後，分凝問題也受到特別的關注。在一次小威力的豎井試驗中，鐵罐、鐵架的重量很大，有人擔心核爆的能量不足以將鐵罐、鐵架汽化而在空腔裏發生「煉鐵爐效應」，聚集在空腔底的「鐵水」可能有選擇性地容納爆炸產物，造成嚴重的分凝。程先生十分重視此問題，特請中國科學院地球化學所的專家與我所地質室的同志們共同研究，並利用高壓釜做了大量的模擬實驗，排除了產生嚴

重分凝的可能性，提高了大家「過地下試驗關」的信心。

程先生對國家、對人民高度負責的精神，教育、影響了我們一代人，並在研究所形成了優良傳統。這是程先生給予我們的最寶貴財富，我們要一代一代地傳承下去，為中國的科技事業多做貢獻。

喬登江（中國工程院院士）

採訪時間：2001 年 5 月 20 日
採訪地點：上海
採訪者：熊杏林

1952 年，因全國高等院校院系調整，程老調到南京大學物理系任教，我正好是 1952 年金陵大學畢業分到南京師範學院理化系當助教。因兩校離得很近，經常共同開展一些活動，使我有幸認識了程開甲教授。1952 年冬天，南京市把老師組織起來突擊學習俄文，我與程老在一個學習小組，一起學習了一個月。當時，我是一個剛畢業的青年助教，知識上缺項很多。於是，程老在南大理論物理的授課就成為我補課學習的極好時機，直到1954 年底我去北師大進修，程老一直是我的授課老師。

1963 年 3 月中旬，學校黨委書記找我談話，告知中央組織部調我去二機部，3 月底報到，不知道做什麼。我先把家裏安排了一下，就去了北京。二機部八局（人事局）的同志對我

說，是部隊調你，告訴我去西直門總參招待所找張超報到。我問「我來幹什麼」，八局同志說：「這個問題我不回答。」

到北京西直門總參招待所向張超所長報到後，張所長說：「你以後幹什麼工作，程開甲同志會告訴你。」當我聽到程老是我的上級和技術指導時，心裏感到特別高興，覺得今後開展工作有了依靠，隨即以急迫的心情去找程老，領受了任務和技術工作。程老告訴我要做核試驗，他知道我學過衝擊波等方面的知識，要我任理論研究室副主任。當前要做的工作一是安全問題，二是參數預報（摸索規律）和分佈，三是試驗結果速報，四是效應。從 1963 年到 1973 年，程老一直是核試驗研究所技術副所長兼理論研究室主任，我任室副主任。理論研究室課題組的建制，重大技術課題的開展和發展，以及遇到的難題，都是在程老直接指導下解決的。他為研究室的學科建設、學風建設，學術傳統的形成，重大成果的取得等，都作出了重大貢獻。在作為程老助手期間，在研究室建設的歷程中，我學到了許多理論知識、技術指導方法、學風建設要求以及如何為人等諸多方面的經驗，終身受益。

程老提出我們所是研究單位，不是執行單位，與其他基地的技術部不同。研究單位它重在「你為什麼要這樣做，你這麼做，會有什麼結果」，技術部呢，重在「我怎麼做」，研究所的工作要有前瞻性，創新性。

程老愛發火，工作上如果不能理解他的思想就發火，但從來對事不對人。記得有一次，他在地下核試驗指揮現場，我從空爆試驗現場回紅山，經過那裏。當時，程老與他人在工程問

題上發生了很大爭執。有人提出技術問題到底誰說了算,是聽資產階級反動學術權威的,還是聽群眾的?程老感到壓力很大,希望我留下來說服別人接受他的意見。我技術上贊成程老的意見,但出於政治上的考慮,我沒有留下來,最後是張蘊鈺司令員支持了程老。這件事情程老不記得了,而我一直記得很清楚,後悔當初勇氣不夠。

不顧壓力,不顧反對,以科學態度堅持保證核試驗安全工程要求,在這方面程老為我們樹立了榜樣。這條基本經驗得以繼承,使後人大膽地工作有了主心骨。現在再看,核試驗安全一旦失誤則後患無窮,值得後人警惕。

1973年,程老不再兼任該研究室主任,專心於研究所和基地的技術建設和發展。我接過這個重大的技術指導任務後,雖然擔子沉重,但是,由於研究室在程老指導下經過長期的建設和實踐的鍛煉,已經比較成熟,形成了一整套較為完備的工作流程、工作方式和好的作風與傳統。在學術方面,也已經有了有關核試驗的系統和規律性的認識,積累了不少經驗,在理論為實踐服務方面建立了威信。這些成果也都讓我繼承下來了,使我能比較順利地完成任務。

後來程老到了北京,他在更高層次的領導崗位上時以及後來退居二線後,仍然對研究室的建設和我個人的工作繼續給予指導和關心。1988年後我也離開了基地。研究室有了極大發展和進步,取得了許多成果、經驗,並有許多新的進展,真是青出於藍而勝於藍。

程老在基地工作20多年中,任務繁忙,很多都是「首次」

任務，每一項「首次」任務中都要開創許多新課題。儘管完成任務的工作量很大，程老在技術指導工作中，仍然極力強調加強基礎研究。因此，研究所即使對一些工程保障也當作研究工作來做。落實這些要求，不僅圓滿完成了任務，提高了適應新任務的能力，還在完成任務過程中培養了人才。

通過圓滿完成 40 餘次國家試驗任務，注重學術總結、積累和提高，鑄就了馬蘭精神和傳統，同時在學術成果方面：對核武器的發展起到了推動和催化作用；總結了核試驗和核爆炸規律，對核事業發展起到了基礎建設作用；在核武器效應和防護、核火力應用等軍隊現代化建設所必備的核技術方面，提供了充足的儲備，建立了自己的體系；在軍用裝備的抗輻射加固技術方面開拓了一片新園地，使中國在該項技術上有所發展、前進，以適應信息技術等高新技術的新要求。

研究所前後出了 10 位院士，其中，我是從理論研究室出來的，前後出了 20 多位技術將軍，前後獲得國家級獎項和國家有貢獻專家榮譽的幹部數以百計。這出成果、出人才大好局面的實現，無不彰顯程老的功勞。

邱愛慈（中國工程院院士）

採訪時間：2001 年 8 月 10 日
採訪地點：西安
採訪者：熊杏林

我在研究所從一個大學生到院士，沒喝過洋墨水，沒藉助過外界的力量，完全是由所裏的老專家培養成長的。

1964 年 9 月，我從西安交通大學畢業分配到研究所工作，當時正值準備中國第一次核爆炸試驗之時。10 月 16 日中國第一顆原子彈爆炸試驗成功，作為這個隊伍中的一員，我感到無比自豪和光榮。當時，我在呂敏同志領導的研究室二組工作，主要參與模擬設備運行、維護和試驗，很長時間與程開甲先生的接觸很少，但還是知道是他組建了我們這個專門從事核武器試驗和測試的研究所，他是這個所的技術總負責人。隨着時間的推移，多次核爆炸試驗和測試的成功，與他在工作中的接觸越來越多，了解也越來越深，感受到程先生不僅是一位科學家，更是一位從國家全局出發、作風紮實的出色領導者，是一位真正求真務實、不斷產生科技新思想的功勛科學家。

研究所的模擬設備從小到大、從弱到強發展到今天，不但很好地滿足了試驗測試工作和國內兄弟單位不斷發展的需求，而且在國內不論是專業技術、人才隊伍還是設備建設和性能指標，都佔有重要的一席之地，在國際上也有一定的影響。這一方向的研究正是在程開甲院士、呂敏院士等的積極推動和正確決策下開始進行並取得成功的。

從上世紀 70 年代開始，我直接參與中國第一台強流脈沖電子束加速器研製的全過程。這台加速器的研製，最初是在上級機關召開的會議上確定的，主要用於輻照效應研究，由當時的原子能研究所負責研製，建成後安裝在研究所，由研究所負責抓總，協調各單位使用和機器本身的運行維護工作。作為

研究所的代表，我參加了上級機關召開的一次重要會議，討論確定這台加速器的技術方案。當時，這台加速器模型能否做成，我們所能否得到它，很不確定，大家意見也不一致。有一種意見認為接收來的可能是一堆「廢銅爛鐵」，不主張要這台設備。我及時把這一情況向當時的呂敏副處長匯報，他同程開甲副所長都非常支持，決定一定要爭取到這台設備，用於探索研究相關輻射干擾問題的實驗平台。後來，研究所投入了更多的人員參加這台設備最後階段的試驗、調試，在我們和原子能所同志共同努力下，這台加速器按計劃研製成功並安裝投入運行。事實證明，這台設備（註：後來進行了改進提高）在許多涉及輻射干擾問題的研究和測試標定中都發揮了至關重要的作用。後來它又在抗輻射加固和高新技術領域的開拓性研究中發揮了十分重要的作用。這一切都說明程開甲副所長和呂敏副處長當時的決策是非常正確的，也是非常有遠見的。

1978 年，程開甲先生已擔任基地副司令員兼研究所所長。在研究所領導班子大換班時，他親自提名我擔任某研究室副主任，成為研究所最年輕的研究室副主任，當年我 37 歲。程副司令除了抓核試驗任務外，還十分重視基礎研究和基礎設施建設，在他的呼籲努力下，研究所終於有了單列的預研經費，鼓勵各研究室開展預先研究。在研究所要求各研究室醞釀模擬設備建設問題時，呂敏副所長提出建造一台能研究粒子束對材料產生熱力學效應的設備，我們決定選擇用強流脈沖相對論電子束加速器，當我們把這一意見向程開甲所長匯報時獲得了明確的支持，要求我們對加速器做進一步調研，包括設備指

標和應用領域。經過調研和努力，這種加速器不可能從國外引進，於是，我們提出了自己研製的設想，又很快得到了支持，程所長還大膽地決策讓我為項目負責人，這種信任給了我很多機會，也給了我很大的勇氣。此後，在這台我所有史以來最複雜的大型設備自主研製過程中，始終得到程副司令的支持和關心。記得有一次我上研究所辦公主樓辦事，在樓梯口正好碰到程副司令，他仔細問及項目的進展情況，提醒我要注意的理論問題。以後他又多次聽取我們的匯報，每次都提出重要的指導意見。最令我感動的是他親自主持了兩次 REB 加速器研製項目技術方案評審會。為了邀請到全國該領域的專家來參加這個項目的技術方案評審會，程副司令親自給張震寰主任寫報告，向專家發請帖，為了讓請來的專家們多提意見，他聲明一切責任由我們承擔，所以專家們都願意說。正是有了程副司令等專家、領導的支持和關心，經過全體研製人員近七八年不懈地努力，REB 加速器的研製取得了圓滿成功，它在中國的試驗和測試、抗輻射加固和高新技術研究中始終發揮了不可替代的重要作用。

林俊德（中國工程院院士）

採訪時間：2008 年 4 月
採訪地點：西安
採訪者：程漱玉

對於我，程老是一位讓我既感敬畏又覺親切的老師。敬畏是因為程老的奉獻精神、高深學識和一絲不苟的嚴謹學風；親切是因為程老的處處身體力行、實事求是和對晚輩的關愛。

1963 年春天，我從哈爾濱軍事工程學院進修完畢回北京準備中國首次核試驗任務，得知調來了兩位教授：程開甲教授和董壽莘教授，都是留過洋的，程教授還是南京大學物理系副主任和核武器研究所副所長，主管核武器試驗技術工作。與現在到處都是教授不同，當時教授很稀罕，我在浙大上學時，上千人的機械系只有 3 位正教授。有老專家帶領我們做前人未曾做過的驚天動地的大事業，在光榮、興奮之餘也充滿對兩位大專家的尊敬和期待。

我第一次領略到程老的教誨是程老堅定主張設立「鐘錶式壓力自記儀」研製課題組。研究所是 1963 年 7 月正式成立的，最初的任務是核試驗測量技術的研究和現場實施。當時真是一窮二白，研究所沒有自己的住房，沒有實驗室，連研究所的成立大會也是在國防科委大樓開的。來年就要進行首次核試驗，研究所的人員該從何做起呢？我們都很迷茫。國家的總方針是大協作，動員全國科技力量支持核試驗測量技術研究工作，研究所的人員分散到各協作單位學習。在這個方針之下，研究所的技術人員很快被分散到各協作單位去了，我們研究室主要到中國科學院自動化所、聲學所和地球物理所，還有到哈爾濱軍事工程學院和工程兵第三研究所的。但有 9 位同志被留下來，研製測量核爆炸衝擊波壓力變化過程的「鐘錶式壓力自記儀」，我任組長。

聽說當時有不同意見，有的部門反對我所自己建立項目組搞自記儀研製，是程副所長據理力爭才保留下這個當時全所唯一不外協的項目組。程副所長的理由是：我們不能長久依靠外協，協作項目遲早要回到研究所，保留這個研究所自己有條件研究的項目，不會影響協作力量，還有利於培養獨立自主、自力更生的創業精神，也有利於積累實驗室建設經驗，對儘快接管協作項目也有好處。

後來的歷史事實證明了程老的遠見卓識，所研製的「鐘錶式壓力自記儀」不但順利參加了中國首次核試驗，還取得了比協作的測量項目更大的成功，很快發展成為中國核試驗衝擊波測量的主幹儀器，培養鍛煉了一代年輕技術人才。這件事對我教育頗深，領會到科研要有大局觀，要有勇氣，要敢於直面挑戰。

程老的認真、不講情面和追根刨底是出了名的，在他手下搞課題研究的同志都怕他幾分，不敢打馬虎眼。記得 20 世紀80 年代初我所首批高級技術職稱評審答辯會上，他好幾次追問答辯人，要他們不僅說清楚完成了什麼研究項目，獲得了什麼成果，還要講清楚自己在項目中做了哪些具體工作，對項目做了什麼貢獻。這些答辯人都是研究室領導一級的技術骨幹，是他的直接部下，有些答辯人緊張得一時話都說不上來。休息時大家議論開了，都說程老好厲害，不過大家還都很讚許，認識到研究所確實需要這種不但自己有學識而且敢於要求部下的帶頭人。研究所的學風是與程老的身體力行和悉心培養分不開的。記得「文革」結束不久，我到洛陽參加一次工程兵的科研

成果鑒定會，4個鑒定項目有2個沒有通過，會下閑聊時，中科院力學所的專家就對我說，他們研究所就缺少一位像程所長這樣的人。

程老學識淵博，十分自信，但同時又十分謙虛，十分重視發揚技術民主。他從來不以學術權威自居，十分尊重不同的學術見解，對自己不很熟習的專業從來不輕易發表意見。記得在一次空中核試驗力學測量方案討論會上，程老發表意見之後，我從測量儀器的角度出發，發表了一些與程老意見不同的看法，後來程老採納了我的意見。會間休息時，理論室田純華同志小聲對我說，我們剛才都為你捏把汗，你怎麼能在這種場合發表不同意程副所長的意見呢？這讓他怎麼辦呢？真沒想到他竟採納了你的意見。程老在創造百花齊放、百家爭鳴的平等學術討論風氣方面給我們樹立了光輝典範。

經驗告訴我們，當領導的人總不免對自己所在學科專業的發展多關照點，多聽些熟悉的人的意見，甚至會在發展規劃和資金支持上自覺不自覺地有所偏頗。但在程老身上你看不到這點，他對研究所各個學科專業的發展都十分熱心。程老當副所長時，很長一段時間還兼任理論室主任，但是你就看不到他對理論室有偏心，不管在科技成果評價上，還是在技術職稱評審上，如果說有什麼「關照」的話，那就是更加嚴格要求。在研究所的學科發展上，程老總是從核試驗事業的全局需求來考慮，沒有偏愛，沒有歧視，真正一碗水端平。1978年，我剛走上研究室領導崗位，程老和機關同志下來檢查工作，我反映曾經想建一座氣炮，搞了一年多調研，出現兩種意見：一種

意見認為力學研究的深入很需要做氣炮試驗，研究所應當有自己的氣炮；一種意見認為在紅山建氣炮難度太大，任務又那麼多，還是先緩一緩，以後再說。程老當場就拍板馬上建，他的熱情支持和堅決態度讓我深受感動。1979 年我參加一次防護工程學術討論會，中科院力學所所長鄭哲敏先生說他們從中國首次核試驗就與研究所協作，但是一直沒有機會到基地來看看。回研究所之後，我向程老轉達了鄭先生的意願，建議在基地召開一個地下核試驗技術研討會，藉此推動我所的力學研究工作，程老當即表示同意。第二年，力學所、核武器研究院和核武器試驗基地參加的地下核試驗技術研討會就在紅山召開了，深入探討了地下核試驗的工程技術問題，為研究所走出紅山起到了積極推動作用。

程老對技術幹部很關心，很愛才，特別對年輕人的學術成長更是關懷備至。中國首次核試驗中，我們研製的「鐘錶式壓力自記儀」在衝擊波測量中發揮了重要作用，程老給予了高度評價，成為基地唯一因為技術創新而獲得二等功獎勵的項目。項目組成員中資格最老的離開校門也僅 4 年，如果從工作水平和論資排輩上考慮，獲得這個殊榮的顯然不應該是這群年輕人，看得出，激勵培養年輕人上進是程老最關心的大事。

程老關心培養年輕技術人員的事例很多，我就是受惠者之一。1969 年，「文化大革命」進入清隊整黨階段，軍宣隊進駐研究所，我受到「只專不紅」的批判，還被誣告說過「不能保證永遠忠於毛主席」的錯話，被撤銷了組長職務，接着被

宣佈作復員轉業處理。就在我買了給復員轉業人員發票供應的木箱、毛線和葡萄乾後，研究室呂指導員突然找我談話，説研究所領導向上級打報告，要求保留一批技術骨幹，一室留下李文峰和我兩人，我想，程老肯定是這個報告的發起人。20世紀70年代，「鐘錶式壓力自記儀」成為中國大氣層核試驗衝擊波測量的主幹儀器之後，當時的資料科專門為這個項目進行了資料整理，資料科的羅傳安同志負責這項工作，與他的交往中，他多次對我提起，程副所長説過「鐘錶式壓力自記儀」可以報發明獎。我們當時根本就沒有報獎的概念，也不知道怎麼個報獎法，沒有把它當回事來辦，直到十多年後的80年代，這個項目才獲得研究所的第一批發明獎。還有，1979年的國防科委科技大會上，未經正常晉升程序，我從「技術員」被破格晉升為副研究員。1980年，我受聘擔任中國力學學會主辦的《爆炸與衝擊》雜誌首屆編委。所有這些，都是程老推薦的結果。

在學術上，我同程老是隔輩人，他已經是大專家時我還是一個剛走出校門的學生，由於工作崗位、學科專業和不善交往等原因，我不曾單獨登過程老家門，也沒有單獨向他匯報和請教過，應當説我對程老了解得很少，但是我深深地得益於程老的教誨，他對國家、人民的深深熱愛和對工作的極端負責，他對科學的熱愛和對真理的執着追求，他對科學實驗的重視和對實踐經驗的尊重，他的虛懷若谷和對不同學術見解的包容，他的不搞親疏和一碗水端平，他對同事的友善和對下級與年輕人成長的關懷等都是我成長道路上的指路明燈。

孫瑞藩（原核試驗基地研究所副所長）

採訪時間：2004 年 5 月
採訪地點：北京
採訪人：程漱玉

我於 1963 年初調核試驗研究所工作，1982 年 9 月調回北京，將近 20 年一直在程開甲院士領導下工作，對程老在研究所的工作說得上蠻了解，他是中國地下高速照相的創始人。

程老非常重視實驗技術，拍攝大氣層核爆早期火球的超高速（250 萬次）照相機就是程老提出來的。在中國首次核試驗時，拍攝早期火球的高速照相機最高速率為每秒 20 萬次，每幅照片的曝光時間約為 5 微秒。更短曝光時間的相機我們是用的多台克爾盒（Kerr-cell）單幅相機，它們的曝光時間由控制克爾盒快門的高壓電脈沖寬度決定，其大小約為 1 微秒。

在中國首次核試驗時，在我們一台克爾盒相機上得到了一幅火球尚未形成前的圖像。這裏爆室是暗的，其周圍有些微弱的、有結構的發光區，把爆室旁的木架子顯現了出來。這表明此時核反應已經發生並產生了強烈的核輻射，後者與物質相互作用產生了熒光。對這幅照片程老表現出了很大的興趣。後來他提出了要研製更高頻率 250 萬次相機的意見。研製任務提交給了兩個單位：西安光機所及浙江大學光儀系，各研製兩台。研製成功後，250 萬次相機第一次在 1966 年末參加了試驗。之後相機又經原研製單位改進，使拍攝頻率達到了每秒 300 萬

次以上。在大氣層核爆試驗中，這些高速及超高速相機獲得了一些核爆炸早期火球的數據。同時，這些超高速相機還在試驗中起着監視核爆炸起爆過程的作用——萬一爆炸不正常，超高速相機可能提供爆炸的有關信息。

在地下核試驗中使用高速照相機的想法也是程老提出來的，而且還是在中國地下核試驗開始前的 1966 年，在第一次上 250 萬次相機的核試驗場區準備工作期間。試驗中我們邀請西安光機所的龔祖同所長到現場參觀。在一次場區行車途中程老提出了請西光所研製地下核試驗中使用高速照相機的意向，得到龔所長的熱情回應。當然，那時候我們對地下核試驗還沒有一點具體概念，因而無法提出具體的研製任務，但從那時起我們就開始了與西光所在這方面的聯繫。直到 1978 年正式決定高速攝像機參加地下試驗經歷了漫長的 12 年的工夫。但有一點是肯定的：這麼長的時間裏，程老始終在考慮着如何在地下核試驗的條件下獲得近距離的核爆早期的某種圖像。

開始因為沒有對地下核試驗的感性認識，我們曾經想過把類似大氣層試驗中使用的那種高速相機放到地下坑道中，把相機到爆室之間巖石全部打通。然後考慮如何在爆炸後取得相機中不受核輻射輻照的膠片。西光所的龔所長還提出過採取潛望鏡的原理把光學像從坑道內用光導引到坑道外進行記錄。到後來進行第一次地下核試驗的準備工作時才認識到，那些想法是不符合地下核試驗的安全要求的。

經過相當一段時間以後，提出了利用多幅變相管照相的方案。把相機安放在距爆心幾十米遠處，照相物鏡把需要拍攝的

目標成像到變像管的陰極上，使陰極發射光電子（光電子的多少在一定範圍內正比於光的照度），光電子在電場及磁場的作用下被加速打到變像管的熒光屏上，變成被增強了的光學像。改變偏轉電場的大小，可以使熒光屏上的像從一個位置移到另一個位置。如果每隔 0.3 微秒改變一次成像位置，在 1.5 微秒內前後就共有 6 幅相當於每秒 300 多萬次頻率的照片。熒光屏發光的持續時間可以達若干毫秒，而在毫秒的量級上上述 6 幅照片可以看作是同時存在的。這樣多幅的圖像就可以用電視的方法把它傳輸到坑道外的記錄儀器上。

有了這個方案，我們就向西安光機所提出了研製多幅變像管的任務，時間大致是在 1972 年。不過，由於當時還沒有明確的拍攝對象，變像管前面的物鏡沒有定，後面的電視傳輸系統也沒有定。正式的協議書是 1974 年在馬蘭開會簽訂的。對於這項研製任務程老相當重視，他至少兩次專門出差到西安光機所了解研製工作進展情況並討論變像管的技術指標問題。

在電視圖像的傳輸問題上我們曾經花費了相當多的時間和精力。問題的關鍵在於我們當時沒有明確的拍攝目標，對拍攝對象的分辨率要求沒有具體概念，我們就按普通廣播電視的標準來考慮。按這個標準傳送一幅圖像需要 40 毫秒（在畫面上縱向要掃 625 條線），考慮到地下核試驗中工程的規模，我們設想把變像管相機放在距爆心 25 米遠的地方，在這個距離下，爆炸後衝擊波在 5 毫秒時就會把變像管相機打壞（按衝擊波在花崗巖中的速度計算），因此，變像管熒光屏上的圖像最好要在 4 毫秒內傳出，換句話說，圖像的傳輸速度必須比廣播

電視快 10 倍。為此我們曾試探找過幾個單位請教，都認為比較困難。後來，大概是在 1977 年，我們了解到當時四機部三所曾經研製過每秒 300 幅的高速電視。我們就去了解，得知他們系統的掃描線比較少，大約在 200 條線上下。這說明他們是以降低空間分辨率的方法來提高時間分辨率的。這樣的系統基本上就可以滿足我們的需要，因為掃描線減低 625／200=3.125，水平掃描的像素也相應地減少至 1/3.125，因此掃描一幅圖像的時間就變為原來 40 毫秒的 1／（3.125×3.125），約 4 毫秒。

這樣，由西安光機所研製的多幅變像管相機原則上可以在地下核試驗中在離爆心約 25 米遠處對彈體進行拍照了，條件是圖像的光學分辨率不是很高，現在剩下的就是要明確我們的拍攝目標。

說來也巧，恰恰在之後不久，呂敏同志找到我們，提出在地下試驗中進行中子照相的項目，他當時從文獻中獲悉核輻射成像的核診斷信息。這一要求和我們缺乏拍攝目標一拍即合，馬上就確定了這個中子成像項目。那時大概是 1978 年。後來第一次進行地下照相，對拍攝對象的強度掌握不准，得到的照片曝光過度，雖經圖像處理方法得到一些改進，但終不理想。不過，整套照相系統的工作是完全正常的。這樣的地下照相系統在以後的試驗中應用過多次，並取得了很大的成功，因我已離開研究所，對詳情不很了解。我在這裏要說的就是，如果沒有程老提出地下照相項目，而且始終執着關心這個項目，在地下核試驗中進行核成像診斷的測試恐怕至少要推遲三四年，因為多幅變像管不是很容易研製出來的。誠然，程老 1966 年

提出研製地下高速照相機時，未必會想到對核輻射直接進行照相，但他有地下試驗條件下可以近距離觀測到更多爆炸早期的現象這種理念是可以肯定的。在地下核試驗中高速照相的實現就靠程老的這種理念。

程耕（原核試驗基地研究所科技委副主任）

採訪時間：2001 年 5 月 15 日
採訪地點：北京
採訪者：熊杏林

從 1964 年至 1986 年，有 22 個年頭，我在核武器試驗研究所工作。這期間，我差不多一直在程開甲先生的直接領導和具體指導下工作。在基地工作中，我最引以自豪的是我沒有受過他一次很嚴厲的批評，他發火沒有一次是衝我來的。

1964 年我調到研究所時，程開甲先生是研究所副所長兼理論研究室主任，是基地的最高技術領導。理論研究室負責核爆炸現象和測試的預報，是一個大室，最多時近 200 人。我分配在研究室理論組工作，是初級研究人員。那時，中國第一次核試驗剛取得成功，可程先生已把自己的注意力，集中到把核試驗方式轉入到地下方式的準備上。

地下核試驗遠比空中試驗複雜。安全問題首先要確保，近區的測試項目多，量程的確定要求更為精確，這些都要求試驗

前對爆炸現象進行仔細的模擬計算。程先生組織了大協作來完成這項任務。科學院力學所以鄭哲敏所長和解伯民研究員為首，成立了一個研究組與我所理論室配合，開展這一模擬計算的研究。計算中最重要的參數、核爆氣體和爆炸現場巖石的狀態方程則由研究所提供。程先生是著名的固體物理學家，此事就由他親自指導。我所力學研究室組織了數十人的一個班子，建立了化爆場和實測組，負責用各種實驗的方法測量狀態方程。理論研究室則成立了一個研究組，從理論上解決問題。我就被分配在這個狀態方程理論組中。狀態方程的理論工作是整個問題的關鍵。因為問題涉及稠密爆炸產物氣體和巖石，很多都是實驗室不能做到的，甚至沒有成熟的理論可用。頭一年，程先生每周用整整兩個下午和我們討論，討論的內容非常詳細。程先生對我們總是循循善誘，有時還事先寫一個提綱，為我們講一些基礎知識。程先生的講述條理清晰、深入淺出，遇到複雜的公式時，從不照書或講稿抄，完全憑藉記憶流暢地寫出來。針對疑難問題有時他會說一些方法，鼓勵我們發表意見。漸漸我們消除了畏懼思想，敢於講自己的想法，有時還發表和他不同的意見。通過討論我們對要做的工作就更清楚了。工作中我們每取得一點成績，都會受到他的鼓勵。記得當時中國的計算機還很落後，而計算高溫高壓狀態方程比較好的方法需要大型計算機長時間的計算。我一邊準備計算方案，一邊遍查資料，終於查到了非常完整的計算結果。程先生看到這些結果時興奮地說：「好！好！這省去了我們好多人力、財力。」還記得在一次計算中，我們提出與他不同的意見，照例他給我們

解釋了，我們也就接受了他的意見。可是過了兩天，他忽然找我們去，很誠懇地說：「上次的計算，你們的意見是對的。」絲毫沒有文過飾非的態度。這件事，一直深深地留在我的記憶裏，使我終身受益，學習到真正的科學家做科學的態度。

第一次地下核試驗，由於沒有經驗，加上現場準備工作量很大，核武器研究院和我們都提前三四個月就進場了。進場後的第一件事就是討論試驗的安全問題，因為現場實際情況與原先的理論計算相去甚遠。針對這一嚴重問題，試驗場區的技術領導班子幾乎天天討論。當時在第一線的有朱光亞、彭桓武、程開甲、于敏等，他們討論時爭論得很激烈、尖銳，發言直截了當，從不拐彎抹角，常常各自拿出自己估算的結果。雖然核武器研究院的同志跟我們一樣努力找問題、做估算、提措施，但從職責上說這是研究所的事，最後都得由他定奪，所以，程先生的壓力比誰都大。他常常徹夜不眠，想各種方法來估計實際情況與原計算的偏離。記得當時的一個關鍵問題是 X 管流出多少能量。有專家提出按空腔膨脹的規律計算，結果流走了一半，是一個極限估計。為更切合實際，程先生又讓改進估算方法，經大家討論，由我負責，多位同志幫助拉計算尺，用了一個多星期的時間，硬是用手算出了結果，估計的極限流量減少了一半。這個估計還是偏高，但沒有時間和條件了，程先生就拍板用了，再結合其他問題的討論結果修改了原試驗方案，保證了第一次地下試驗的安全。

程先生處理每個技術問題，都要求有根、有據、有計算數據，而且對施工部隊的要求也十分嚴格，一定得按設計要求施

工。基地領導都尊重他的意見，支持他，因而中國的核試驗，從開始直到他離開，沒有發生過重大安全事故。

鑒於第一次地下核試驗理論工作的一些教訓，程先生在試驗後即着手改進，包括另選試驗場、組織新的地下核爆炸的模擬計算。因我是學物理的，起初我沒有參加新的地下爆炸的數值模擬工作，後因工作進展不大，程先生又決定由我負責另組課題組。第一次有周達銓、王力殊、孫秀凡、孫宗民參加，後來又增加了韓慶書。頭三年，在北京利用七機部的 109 丙機，邊研究邊計算。根據實際情況和條件，我們建立了一個非常複雜的三區域二維耦合數值計算模型。在當時國內很落後的計算機條件下，解決它的困難是難以想像的。我們是初生牛犢不怕虎，程先生掌握全局，這項工作的成敗，關係着整個地下核試驗能否順利進行，但他卻毫不猶豫地批准了這個方案，還積極爭取領導的支持。在一次國防科委的大會上，他還爭取到兩個小時，讓我給幾十名領導報告，並在首次將結果用於地下核試驗前，安排我們單獨向朱光亞副主任做了一次詳細匯報。

在問題的基本物理模型和計算方法解決後，我們課題組一分為二。王力殊等仍留在北京，用這一方法結合具體試驗任務計算。我和周達銓、孫秀凡，還有李松喬、賀成林去上海，用 655 機做改進工作，上海的改進主要在計算方法方面。在程先生的領導和大力支持下，經過五六年的努力，20 世紀 70 年代初，中國就初步建立了自己的地下核爆炸的理論模擬體系。這個體系完全脫離了最初的一維巖石中的衝擊波圖像，是一個複雜的擴孔、射流、自封閉的二維圖像。

程先生還針對每次試驗的具體情況，提出了許多新穎的思想，採用我們這套基本方法去計算、設計，擴展了許多奇特的應用。例如，不僅用於坑道的封閉，還用於測試管的封閉，不僅用於巖石中衝擊波的封閉，還利用爆炸產生的 X 光，引入到一定位置進行管口封閉，我們稱之為引光自封。還利用分段降壓、前封後堵的方法，對測試時間較長的遠區，進行自封閉。測量 X 光劑量，也利用這一程序，算出光孔的收縮問題，以確定真實的出光量。在衝擊波的測試和回收技術上，應用我們的理論計算方法，他設計了一個巧妙的方案，利用 X 光和射流的時間差，把經 X 光照射破壞後的導彈殼材料，拋射到遠離爆心區域，從而回收。如此種種奇妙又富創造性的方法，都是程先生帶領我們做出的。這裏只是舉幾個例子，說明程先生的創新性思維十分活躍。

程先生很謙遜謹慎，也很尊重上級和同級領導的意見。但對涉及技術工作和技術人員的問題，他卻從不含糊，敢於負責，對科研人員也敢於在大風大浪中替他們撐腰。記得一次上級佈置了一項重要任務，所裏剛搞「清隊」運動，軍宣隊和所裏一些人把許多業務上的骨幹都當成了批判對象，我也沒能倖免。由於任務需要，程先生和張超所長商量後，召集了一個全所有上千人參加的動員大會。在會上他佈置了兩項重點任務，提出要組織兩個攻關組，特別強調必須挑選政治上強、業務水平高的同志來承擔任務。隨即，他宣佈由我和黃豹分別擔任這兩個組的組長，這等於公開在大會上宣佈了對我們的平反，這在當時是很不簡單的，要求領導有承擔風險的勇氣。會下，張

超所長對我說，「你不要怕，我和程所長商量好的，如果軍宣隊提出問題，我們黨委就以你們為例，說明他們『清隊』搞得有問題。」事後，軍宣隊也確實未說什麼反對意見，這次會議在基地的震動很大。

丁浩然（原核試驗基地技術部總工）

採訪時間：2001 年 8 月 10 日
採訪地點：西安
採訪者：熊杏林

我 1950 年浙江大學地理系畢業，分配到哈工大採礦系學俄語兩年。1952 年全國高校院系調整，我所在的系被併入東北地質學院（1964 年以後改為長春地質學院）。1964 年 8 月，我正在帶學生做野外試驗，突然接到一個電報，要我趕緊回去，才知道是工作調動，要去核試驗基地研究所，當時我 39 歲，已經工作 14 年。同時調去的還有水文工程地質系的周象乾同志，調我們去是組建研究所的地質研究室。同時從全國各地質院校及有關高校地質專業招來了數十名畢業生。

這是一個特殊的地質研究室。它是按研究所程副所長的規劃，針對地下核試驗而組建的，其任務是為地下核試驗場的建立及試驗環境條件的研究提供技術保障。在中國核試驗剛剛起步的時候，程副所長即做此決策並迅速付諸實施，實屬先見之明。

我室最初有地質組和水文地質組，針對試驗場地的保障；巖石物理力學組和化學分析組，針對試驗環境條件的保障。我們的工作，在所黨委和程副所長的直接領導下，在中科院地質所的協作下，立即開展起來。

地質研究室初期階段的主要任務是地下核試驗場址的選取與核試驗地質環境條件的分析研究。我們按照程副所長提出的技術要求，在基地司令部作試處、工程處、地質院和工兵團的配合下，在中科院地質所的早期協作下，先後選定兩個平洞試驗場和一個豎井試驗場，研究了最初幾次平洞試驗的洞位和豎井試驗的井位；又在我室自建了分析測試實驗室，在國內有關科研院所的協作下，提供了巖石介質的化學成分和各項物理力學參數，基本滿足了試驗的理論計算、放化分析、力學測試以及工程實施等方面所需要的各項技術參數要求。

隨着地下核試驗的實施，核爆炸地質效應的研究提上議事日程。在程副所長的領導與指導下，我室開展了空腔玻璃體研究、巖石衝擊變質作用、自由場巖石破壞分區、坑道破壞效應、地表破壞效應等方面的研究工作（早期有中科院貴陽地化所參加協作），為地下核爆炸現象學的研究積累了實驗資料。

隨着地下核試驗地質效應研究的深化，20世紀70年代中期，按照程副所長的規劃，對研究所部分研究室進行了調整，將地下水污染研究組和空腔非放射性有害氣體研究組調入我室，以利於地質效應研究的全面開展，同時調來高才生同志任我室副主任。這構成了地質研究室的黃金時期，研究組擴充到七個，工作範圍包括地質、水文地質及地下水污染、巖石物理

力學、化學分析、有害氣體研究、地球物理探測及核爆炸地震監測、高溫高壓模擬實驗等方面。對這些工作的開展，程副所長傾注了極多的心血，並親自到室裏給全體同志講解研究室的規劃與研究方向，使我們深受教益和鼓舞。

正是在這種形勢下，研究室在這一歷史階段比較好地完成了地下核爆炸地質效應的全面研究，取得了一些主要成果，如空腔玻璃體對裂變產物的捕獲，自由場巖石破壞分區與爆炸當量及巖石介質的關係，非放射性有害氣體成分、質量及其與當量和巖石介質的關係，放射性泄漏與巖石介質及地質構造的關係，地下水污染的因素、程度及影響範圍，空腔大小與「煙囪」高度探測等。這些成果，對論證理論計算、力學測試、放化分析、安全防護等方面都有一定的參考作用，也豐富了地下核爆炸現象學研究的內容。

在進行了多次地下核試驗，場區的地質調查與地質效應研究都取得較全面的成果後，隨着研究所試驗任務與研究機構的調整，地質研究室在 20 世紀 80 年代中期被解散。此時，程副司令已調離基地，我也調離了研究所。地質研究室因程副所長的倡導而設立，又隨其離任而解散，這似乎有某種戲劇性，實際上這也有某種歷史的必然性。

中國第一個平洞試驗場是 1965 年選定的。選取 A 山的主要原因是其山體高大，在場區範圍內是數一數二的，而且其地層的工程地質條件良好，利於施工；預計的爆心位置也遠在地下水位之上，可防止地下水污染，地理位置又適中，離水源地不遠，施工和生活用水都很方便。

但 A 山是石灰巖介質，它受熱分解將產生大量 CO_2 與 CO，對此，大家是知道的。但對它的危害及其嚴重性，開始並不很清楚。為此，在程副所長的要求下，請中科院地質所做了高壓釜模擬實驗，以檢驗石灰巖在高溫高壓下能否形成玻璃體及其對裂變產物的捕獲情況。結果表明，石灰巖在高溫高壓下能形成玻璃狀物質，也能捕獲某些裂變產物的同位素。但對它是否影響分凝，從未進行實驗。這樣，雖覺得石灰巖並不理想，但在其他條件都適合的情況下，程副所長也就同意選定 A 山作為首次地下核試驗的場址。

中國的豎井試驗場是在第一個平洞試驗場選定之後不久即着手勘選的。這又體現了程副所長的高明之處，因為平洞試驗受到山體的限制，不能多做，而豎井試驗不受地形限制，也基本不受當量限制，必然是未來地下試驗的主要方式。因此，在 A 山選定之後的第三年—— 1967 年即開始豎井場址的勘選。

按照程副所長的要求，本來是想選凝灰巖介質作為豎井場地的。這是美國內華達試驗場的啟示，美國的地下核試驗絕大部分在凝灰巖層裏進行。凝灰巖是硅酸鹽巖石，高溫高壓下容易生成矽酸鹽玻璃體，能很好地捕獲核素，而且不溶於水。另外，內華達州的凝灰巖質地鬆軟，易於鑿開。如果在我們的場區範圍內也能找到一大片這樣的凝灰巖，那會是很理想的。

我們根據已有地質資料分析，並在場區廣大範圍內踏勘之後，雖然發現了一些凝灰巖，但它們都是很古老的巖石，是在三四億年以前形成的，已經變得十分致密堅硬，與內華達州幾

百萬年到千萬年前形成的第三紀凝灰巖那種年輕鬆軟的狀況截然不同，可以説是不可同日而語。另外，在場區發現的凝灰巖，多呈分散分佈，並不構成大面積的整體，這也與美國的大面積、巨厚層的狀況不同。我們把這些情況向程副所長做了匯報，他了解到這樣的實際之後，即放棄那種要求，認為可以選取整體性能好的其他矽酸鹽巖石。這樣，便大大解放了我們的思想。因為就地球上的巖石而言，矽酸鹽巖石佔絕大多數，除了凝灰巖之外，花崗巖、玄武巖、砂質巖等，都是矽酸鹽質的巖石。它們的數量不但遠比凝灰巖多，而且分佈廣泛，易於尋找。

程副所長的這一靈活性，擴展了我們的選擇範圍。豎井場區便是在這種情況下選定的。它有兩種介質——花崗閃長巖和砂質巖，都是矽酸鹽巖類，滿足要求。而且分佈面積廣，地形與地理位置也比較優越。其不足之處是巖性堅硬（花崗巖類是硬巖，砂質巖本應是較鬆軟的，但豎井場區的砂巖已有三四億年的歷史，已經淺變質，非常堅硬）。另外，地下水位也很淺，一般只有二三十米（美國內華達場的地下水位深達 500 多米）。這是我們的特殊情況，只能因地制宜。程副所長也完全體察我們的實際，下決心研製硬巖鑽機，並千方百計採取措施，克服地下水的干擾，創造了新的試驗方式，使中國後來的豎井試驗能大踏步地前進。

第二個平洞試驗場是 1973 年開始勘選的。通過首次平洞試驗，發現石灰巖熔體中裂變核素的分凝現象比較嚴重，不利於放化分析，石灰巖分解產生的大量 CO_2 和 CO 也易引起泄

漏，因此，必須另選其他巖石介質——矽酸鹽巖石。根據我們的實際地質條件，我和地質組的孟廣魁同志通過對場區地質圖和地形圖的綜合分析，發現水源地北面的花崗巖體分佈範圍廣，山體地高也滿足作小當量試驗的要求。於是便至現場踏勘及初步測繪，發現果然不錯。我們將這一情況向程副所長和基地首長匯報後，他們也感到欣喜。因為這地方不但巖性、山體高度及面積大小堪用，而且離水源地不遠，交通、用水都很方便，有利於施工。

當時，試驗的任務已很緊迫，而且想在這次試驗即改變巖石介質。基地領導當即決定，在此進行試驗。說幹就幹，在我們進一步地質勘探的同時，選一洞口開始施工，同時，又借調測繪大隊做大比例尺的地形測量。按照當時流行的說法，叫做「邊勘測，邊施工」。基地領導為了減輕大家的負擔，隨即說明「由於時間緊迫，出了問題，不要你們負責」。這樣，掘進工作在 1973 年上半年就全面展開了。

然而，天不作巧，上蒼好像故意作弄我們，真的出麻煩了。在毛洞掘進過程中，頻繁遇到塌方。塌方的高度，由幾米到十幾米；塌方的洞深，由洞口 15 米附近一直到幾十米、上百米的進深。於是，悲觀情緒來了，提出要趕快另找其他地方。於是開始在紅山附近打主意。因為紅山地域有巨大的花崗巖體，山體也龐大，應該不會找不到合適的地方。為此，基地讓我們地質室一起去做了踏勘。程副所長和基地領導無比重視這件事，白斌司令員和程副所長親臨視察。看的結果是，程副所長堅決認為這裏不合適，「就在家門口，能安全嗎？」他考

慮的正是試驗安全這一原則問題。碰到原則問題，他是決不妥協的，因此，當即就否定了。

這時我們已完成了對 B 山的地質詳查，發現山巖體的中心部位，巖性相當完整。坑道掘進，應該是越往裏情況會越好的。我們向程副所長匯報了這一情況，他感到很興奮，當即讓我們進一步勘探。

本來我們去地面詳查的同時，已在山麓佈置了鑽探。這時，山麓的第一鑽孔已經竣工，結合地面調查，發現山麓有一條隱伏的大斷層，它應該是 B 山山體邊部巖體破碎的罪魁禍首。大凡巨大的斷層都由這樣幾部分組成，中間是斷層破碎帶，兩側是斷層影響帶。巨大斷層的這一地帶，寬可達幾十米至上百米。山麓的這條斷裂，長達數十公里，它的影響帶在 100 米以上。毛洞掘進的初始段，完全在這一影響帶中，它的頻繁塌方，正是起因於此。過了這個破碎帶，裏面的地質條件就會好轉。

情況基本弄清楚以後，我們向程副所長和基地領導做了匯報，他們也感到樂觀。但為了慎重起見，基地領導還是決定請權威專家來進行「會診」。於是，便請了中科院地質所的谷德振教授和王思敬研究員，以及煤炭科學院的專家來現場察看。谷先生是中國工程地質界的權威，王思敬同志是工程地質界的後起之秀。他們到基地後，聽取了我們的匯報，又到現場山上山下察看了幾天。程副所長也親自陪他們一起去察看，還爬上了半山腰，後因遇上一數米高的陡坎，實在不好上才作罷。經過專家們的察看、「會診」，他們對山的工程地質條件及巖體

邊部破碎的原因，以及巖體工程地質力學的現象，詳細地作了理論分析，並同意我們對 B 山地質條件的評價。煤科院的專家對坑道掘進方法提出了合理的建議。至此，一塊石頭落地，工地又重新活躍起來。

為了儘量避開一段破碎帶，在山體往裏的較高部位，另選了一個洞口重新開工。

為了探知花崗巖對分凝的影響，程副所長還讓我室做了高溫高壓模擬實驗。結果表明花崗巖玻璃體捕獲的核素分凝較小。這樣更堅定了花崗巖作試驗介質的信心，從此 B 山就成為以後歷次平洞試驗的場地。

在地下核試驗的工程技術工作中，除上述地質工作外，還有掘進、鑿井、鑽探等重大工程任務。對於這些工作，根據程副所長關於地下核試驗技術的規劃，也早做了安排。就在抽調我們這些地質人員的同時，從煤炭部調來張忠義同志（鑿井、建井），從鐵道部調來寧培森同志（隧道工程）等技術骨幹；基地領導也在 20 世紀 60 年代中期請煤炭部協助組建了打井隊，請地質部協助組建了鑽探隊，加上工程處原有的地質、測繪、工程設計等科室，在大氣層試驗剛剛開始時，為地下核試驗的整套工程技術隊伍就已準備就緒，其陣容之整齊足以迎接任何挑戰。

遺憾的是，由於「文化大革命」的動亂波及基地，打井隊和地質隊相繼遣散，只留下部分骨幹，工程處的地質、實驗人員也遭遣散。這使地下試驗的工程技術工作受到一定影響。但這並未減慢程副所長為地下核試驗積極準備的步伐。在打井隊

遣散之後，為適應豎井場區的硬巖條件，立即開始大型硬巖鑽機的研製，在全國有關單位的大力協同下，迅速取得成功。這為後來豎井試驗的順利進行，準備了有力的技術手段。

回過頭來看，如果當時不是及早地組建地質研究室，不是及早地選定試驗場，不是及時地研製大型豎井鑽機以及做好其他工程技術準備，後來核試驗的及時轉入地下決不會這樣順利。因為地下核試驗的周期長，工程技術問題複雜，如選場、鑿井、掘進、鑽探等，都非一朝一夕之功，都不是可以一蹴而就的，也都不是請外來單位的臨時協作可以迅速解決的，即使解決一些，也不能像有自己的機構、人員和設備這樣得心應手。從這個側面來看，中國地下核試驗的及時順利開展，程院士在此問題上的遠見卓識，他為此擬定的周密規劃，並且在基地領導的積極支持下，及早及時地付諸實施，起到了關鍵的作用。

于冠生（原核試驗基地研究所科技委委員）

採訪時間：2007 年 6 月
採訪地點：北京
採訪者：程漱玉

進行最初的地下核試驗時，我們對於核爆炸產生電磁脈沖對測試系統造成干擾問題沒有足夠的認識，致使絕大多數的測

量由於受到干擾沒有取得結果。而抗干擾涉及電磁場理論，包括強電磁脈沖在巖石中的傳播規律、沿電纜外表皮的傳播以及如何滲透到電纜內部干擾較弱的有用信號等很少有人研究的問題，包括實驗室的模擬研究以及大尺度全屏蔽系統在強電磁脈沖場的屏蔽研究。之後，我們在程開甲院士的指導下總結了經驗和教訓，當時研究所沒有相應的研究，程院士即倡導組織研究所組建了「抗干擾研究組」。從理論研究室和電路研究室各抽調幾位研究人員，由我擔任組長。

抗干擾組雖然成立了，但我長期從事大氣層中電磁脈沖的測量，主要研製測量電路，對複雜的電磁場理念，特別是強電磁脈沖在巖石中的傳播規律則是一無所知。理論室來的幾位雖然理論基礎較好，但對巖石場的傳播以及大尺度測量系統的終端如何受到干擾也不清楚。沒有理論指導，又沒有文獻資料，我們遇到較大困難，找不到正確的研究方向，工作進展緩慢。在這關鍵的時刻，程院士專門為我們編寫了奠定基礎且非常適用的四本教材，還多次為我們講課，使我們的研究組能夠逐步順利地開展研究工作。我雖然擔任研究組組長，但對電磁場理論方面很是生疏，聽了程院士的多次講課並鑽研了這四本啟蒙教材之後，總算入門於這一研究課題之中，整個研究組也都和我一樣。

抗干擾課題包括兩大部分，一是理論研究——由建立模型到計算指導性的理論數據，另外一大部分就是實驗室進行模擬實驗。對實驗室的模擬實驗，程院士提出了「大尺寸全屏蔽測量系統」概念，再由電路研究室的測量組承擔具體研究工作。在

隨後數月進行的大量試驗中，程院士經常到現場進行方向性指導，使我們掌握了全屏蔽測量系統的大量數據，為試驗現場的「大尺寸全屏蔽測量系統」實現防 γ、抗電磁干擾打下了基礎。

抗干擾研究組經過一年多的理論計算和實驗室模擬，獲得了大量數據，為整個核試驗的測量系統制定了抗干擾工程指南，提出了實用的抗干擾措施。最終，我們的研究成果在此後進行的地下核試驗中發揮了作用，保障了測試，使試驗得以順利完成。

程開甲院士為中國的地下核試驗開創了測試的抗干擾理論和實踐的研究，奠定了這一學科發展的基礎。

喻名德（原核試驗基地總工）

採訪時間：2007 年 7 月
採訪地點：北京
採訪者：程漱玉

我是在哈爾濱軍事工程學院讀書時，在聽學術報告的現場第一次見到程開甲，當時他鼓勵我們在校生立志國防科研試驗事業。1964 年 7 月我從哈軍工二系畢業後，分配到核試驗基地研究所工作，從此便有許多機會見到程院士，並在長時間內直接或間接地接受他工作上的指導和學術上的教誨。在我們這些晚一輩科技人員心目中，他雖然是領導，但更是一位老師，

正如漢代學者楊雄所言：「師者，人之模範也。」他在許多方面為我們樹立了榜樣，是值得我們大家學習的模範。

1967 年 10 月中下旬，由當時的國防科委機關主持，在原總參三所召開了關於中國首次地下核試驗的一次重要會議。參加會議的各方面技術負責人有核武器研究院的副院長朱光亞、王淦昌和理論部主任鄧稼先以及有關所、室的主要負責人；有核試驗基地研究所副所長程開甲及有關研究室負責人等。我當時是基地研究所某室的一個項目負責人，參加這類會議是個不錯的學習機會。

這是一次技術工作會議，原定的會議內容是在平洞核試驗方式下，研究測試要求，確定測試項目，擬制總體方案，並進一步論證試驗安全。會議前期，各項議程按預定計劃進行，沒想到會議開到一半時，話題卻突然回轉到中國到底要不要搞地下核試驗這個根本問題上來了。

討論十分激烈，兩種觀點針鋒相對。多數代表認為，中國必須掌握地下核試驗技術，中國應儘快進行首次地下核試驗實踐。因為當時國際上已有一些核國家達成了部分禁核試條約（PTBT），美、蘇、英三國已宣佈不再做大氣層核試驗，將全部試驗轉入地下。很顯然，在那樣的國際形勢下，對於核試驗起步較晚的中國，只有抓緊時間、加快進度，儘早掌握地下核試驗技術，才能爭取到日後的主動。另外，當時也已認識到，同大氣層核試驗方式相比，地下核試驗方式確實有許多優點。地下核試驗有利於封閉核爆炸產生的放射性物質，有利於保守住核裝置及試驗祕密，也便於在核裝置附近佈放較多的用以診

斷產品性能的各種測量項目，等等。並且，當時已經預見到：允許在大氣層進行核試驗的時日可能不多了，不久的將來，全世界各國的核試驗必將全部轉入地下，這是大勢所趨。程副所長是上述觀點的主要代言人。會場上，也有另一部分人認為，地下核試驗的工程量大、周期長、投入多，中國可搞可不搞。1967 年下半年，正處在「文化大革命」的高潮時期，遇事都興搞點辯論什麼的，經常上「綱」或上「線」，說話時也添加了不少頗具當年政治色彩的遣詞造句。在那種氣氛中，程副所長仍然積極主動多次發言，不厭其煩地從國際形勢發展、中國國情特色和地下核試驗優點等幾個方面反反覆覆闡述着同一個觀點：為了國防現代化全局，中國掌握地下核試驗技術不但是必要的，而且已是十分緊迫的事。參加這次會議的領導和專家不少，但真正像程副所長那樣看得遠、觀點明，大膽宣言，據理相辯者並不多。面對壓力，程副所長總是以理服人，但是絕不遷就錯誤觀點，堅定地表現出他對發展中國國防科研試驗事業的忠誠態度。經過一天多的討論，通過程副所長的努力，原來對中國搞地下核試驗持反對或持懷疑態度的與會人員逐漸開始明白事理，有些人轉而表示支持。會議結束時，上級機關派來的會議主持人做了總結性發言。他說，大多數代表認為，中國搞地下核試驗是必要的，也是比較迫切的，因此請各單位代表回去以後，為準備中國首次地下核試驗積極主動地做好自己的工作。一場激烈辯論到此算個了結，以程開甲為代表的大多數人的正確主張最後得到了會議的肯定。1980 年以後中國事實上停止了大氣層核試驗，全部核試驗轉入地下。中國自衞核

力量的成長及核試驗進程的歷史表明：中國在 20 世紀 60 年代末開始地下核試驗實踐並逐步掌握地下核試驗技術，是一種正確的選擇和決定，無論在外交、政治上，還是在技術和工程層面，這個決定為中國核試驗事業的持續發展爭取了主動，其作用是無可替代的。

1968 年 4 月召開了中國首次地下核試驗的工程現場協調會。基地的張志善副司令員既是會議主持人，又是東道主。會上張副司令員宣佈，凡是技術上的大事，由程開甲和王淦昌兩位專家拿主意，凡是工程落實的具體問題，一律由基地業務機關協調處理。

這次會議進展比較順利，再也沒有人提出中國還要不要搞地下核試驗這樣的疑問了。但是，地下核試驗畢竟是第一次，大家都沒有實踐經驗，因此思考的問題相當深入和細緻，需要研究的技術問題很多，兩位專家的作用非常突出，他們是會上最忙的。雖然無人指定，但開會期間自然形成了這樣的局面，有關「保響」和近區物理測試的事，大家都向王淦昌請教；有關「安全」試驗全局的事，大家都去找程開甲請教。王淦昌早已是聞名中外的實驗物理學家，有非常豐富的實驗室工作經驗，對各個物理測試項目的技術細節琢磨得很透，大家都願意向他請教。面對一大群年輕人，王淦昌絲毫沒有架子，十分和善，耐心地傳授知識、介紹經驗並提出具體建議；他還抓住機會給大家講授如何做學問和怎樣利用地下核試驗實踐提高專業技術水平。給我留下深刻記憶的是他在這個會上的一次發言中，特別講了程開甲做學問的故事。他說，程開甲是他在浙

江大學教書時的學生，個子不高，但學習非常用功，幾十年如一日，取得了很多成果；他坐得下來、鑽得進去，計算尺不離手，總是在思考問題，確實是一個做學問的人，等等。參加這次現場協調會時，程開甲已是半百年紀，但他在會議期間表現出來的做學問的堅強進取意志卻絲毫不減當年，非一般年輕人所能相比。他不放過大會發言和分組討論中提出的每一個技術問題及實施細節；他憑藉廣博的物理知識和深厚的數學功底，自己推導、自己計算，有了結果和看法後便同相關技術人員交流；發現問題抓住不放，一抓到底，不找到解決辦法決不停歇，這是程開甲做學問的一貫作風。首次平洞核試驗的安全，一直是上級極為關注的重大問題。針對該問題，程開甲全面分析了多次化爆模擬試驗發生的現象、大量數值計算提供的結果及國外文獻資料披露的信息，在會議上闡述了他的以「三不」（即不啞炮、不冒頂和不放槍）作為試驗安全基本標準的觀點，並通過計算論證初步形成了防止平洞核試驗沿主坑道放槍的總體工程設計思想，那就是前封後堵、分段回填、分段降壓的技術路線。試驗安全的基本標準和坑道回填堵塞的設計思想，創造性地回答和解決了平洞核試驗的安全問題，一直為中國全部地下核試驗所共同遵循。首次地下核試驗中的另一個大家特別重視，但又尚無實踐經驗可供借鑒的問題是如何確保測試項目拿到可信的測量數據。程開甲知難而進，廣泛聽取大家意見，認真研究了不同測試項目的特點，在會上提議用「五防」（即防核輻射、防電磁干擾、防水、防震和防砸斷電纜）作為各個測試項目的具體實施要求，並分別論述了各項防護的

指標。該提議獲得與會人員的一致贊同，並以此作為測試項目提出工程要求及進行工程實施的重要依據。

　　1969 年 9 月 23 日，中國首次地下核試驗成功。我們研究所的測試人員提前幾天從試驗坑道所在山體的山腳下撤離，在十多公里以外的主控站附近搭大帳篷紮營集結，準備投入核爆炸當日的熱測試工作，並籌劃進行核試驗後的成果搶收及儀器設備回收。我住的帳篷隔壁是程開甲和王淦昌合用的一頂中型帳篷，宿舍兼工作間。因為出出進進，我親眼看見和感受到他倆在爆炸前等候的不安心態。我想，大概每一個誠實的科學家都會是這樣，即使已為某事擬制了一個最好的方案，但該方案尚未在實踐中取得預期結果之前，總是會感到還不十分踏實，所以，不管你承認與否，這時的心態難免會有些緊張和不安，因為只有實踐才是檢驗真理的唯一標準；這時的緊張與不安心態，既是當事人對科學認知的莊嚴期待，也體現了當事人對實踐結果的高度負責精神。程開甲是試驗安全的總負責人，王淦昌牽掛的是「保響」和近區物理測試項目能否成功。由於當時的多方面原因，這次試驗沒有提前定下一個明確的爆炸「零時」，更讓人擔心的是核裝置在洞內停留時間太長將受到某些不利因素影響。還有，從 1964 年開始，雖然做過一系列化爆模擬試驗，進行了大量的理論計算分析，根據這些試驗和計算結果並參閱國外極少的數據資料制定了這次試驗的總體設計，但是畢竟是中國的第一次地下核試驗，對試驗的安全保證還不能說有十分把握。崇高的事業心和強烈的責任感使得程、王兩位專家在帳篷裏坐立不安。程開甲來回踱步，不時地自言自語

在說着什麼，偶爾還在行軍桌前寫寫畫畫，時而點頭認可，時而皺眉凝思，儼然是個戰場指揮員在等候戰場的戰報；王淦昌雖然顯得比較平靜，但也緊鎖雙眉，失去了平日那種輕鬆自如的神態。時間在一分一秒過去，人們翹首以待的心情也越來越緊張。不久便傳來了試驗指揮部的決定，將爆炸「零時」選在子夜。選擇深夜時刻實施核爆炸在中國幾十次核試驗中是僅有的一次。

那天正是農曆己酉年秋分。初秋的夜晚，空曠的山間空地，微風習習，頗有幾分涼意。集結在主控站的全體參試人員，不約而同地從各自的帳篷中走出來，站在空地上，立北朝南，遙望遠山。皓月當空，萬籟無聲，大家的視線都集中在試驗場的主峰，人們屏住呼吸，靜候莊嚴時刻的到來。等呀，等呀，等。忽然，一陣急促的地動傳來，人人都有強烈震感，有的人還搖晃了幾下。一時間，長久的寂靜被打破，開始有人說話了，氣氛便隨之活躍起來。此時，只見南面的試驗山體上，灰塵四起，不斷上升和擴散開來，漸漸遮住了月亮。僅憑地震波的感覺和山體的宏觀景象就可以初步判定這次平洞試驗達到了「三不」的基本安全標準；隨後的第一批速報數據進一步說明，爆炸威力在設計範圍之內。中國首次地下核試驗成功了！參試人員奔走相告。儘管已是下半夜，但是大家並無睡意，在議論，在談笑，歡慶勝利的喜悅掛在每個人的眉梢。我在返回住宿帳篷的路上，忍不住往程開甲和王淦昌的帳篷裏看了一眼，只見他倆已恢復了往日的神態，特別平靜，正在往飯盆中盛麵條，準備用餐！此時，午夜早過，他們才開始吃昨天的晚

餐，多麼可敬的科學家啊！

中國首次地下核試驗的成功，開啟了中國掌握、應用和發展核試驗技術的新時期。16年後，中國政府宣佈停止大氣層核試驗，全部核試驗轉入地下；27年後，中國政府宣佈暫停核試驗並在《全面禁止核試驗條約》上簽字，在中國核武器和核試驗事業發展的漫長過程中，地下核試驗發揮了無可替代的歷史作用，建立了不可磨滅的歷史功勳。中國地下核試驗事業的發生和發展歷程，凝結着程開甲院士對國防科研試驗事業的忠誠度、進取意志和負責精神。程開甲院士作為中國核試驗事業的光輝代表，無愧於「兩彈一星」功勳科學家的光榮稱號！

陳世亮（原核試驗基地副司令員）

採訪時間：2007 年 5 月
採訪地點：北京
採訪者：程漱玉

程開甲院士是基地的老領導，核武器試驗的奠基人，基地研究所的締造者。我在基地司令部工程處任設計技術員時有過一些接觸，對程老留下了深刻印象。

20 世紀 70 年代初，上級決定對地下核試驗進行開挖。一是對地下進行核試驗的現象進行深入研究，對自封、擴孔、射

流、空腔、煙囪等現象進行直觀的調查；二是對試驗中設置的石墨究竟有什麼變化、能否形成金剛石進行調查了解；三是為爆炸造成的坑道破壞積累科學數據。

為此，要對爆後空腔打鑽、開挖和現場調查。新成立的工程兵部隊接受了這一任務。這項任務很艱巨的，不僅施工條件艱苦、周期長，更重要的是要經歷「三高一險」：一是溫度高，爆後的熱量散不出去；二是壓力高，爆後封存在空腔內的高壓氣體需要很長時間才能釋放，從而使壓力得以下降，而時間緊迫，不能等到壓力平衡後再作業；第三是放射性強度高。另外爆炸產生的強大衝擊力使圍巖破碎，掘進施工中極易塌方，容易給開挖工作造成險情。

一天，正在施工，我在工地值班室接到處長電話，說程開甲所長要到現場檢查工作。並說他已出發，下午就到，讓我們做好準備。

隨後，我們通知防化部隊做好防護服、測量盒等防護器材的準備，現場劑量做好檢測，並將連續的測量結果準備好，工程部隊也做出相應的安排。

程所長到後，我們在洞口簡要匯報了施工情況。防化部隊匯報了劑量監測情況，研究所在現場的代表對開挖得到的信息做了介紹，並就一些現象做了說明。當時因現場條件差，環境比較惡劣，建議他不要進洞了，但他說：「我一定要進去，到實地看了心裏才踏實。」就這樣沿着高低不平的坑道，頂着昏暗的燈光，穿着笨重的防護服到了幾個開挖的工作面。他一邊詳細地觀察詢問，一邊囑咐研究所的同志，現場資料一定要收

集得全，收集得細，認真觀察記錄每一個現象。他說戰士們開挖付出了艱苦的勞動，我們要把能收集到的信息都收集起來，不辜負戰士們的辛勞，做到「一次開挖，全面收效」。近兩個小時後才從洞裏走出來。

我們的戰士看到這樣的大科學家還到現場親自調查研究，既親身感受到這項工作的重要性和意義，也受到極大的鼓舞，心裏的恐懼感消除了不少。

1974年，一次地下核試驗的準備工作進入到了關鍵的階段，工程和測試的準備工作越來越緊迫。當時測試工作經過深入研究，遇到一個大問題，就是地下核試驗的電磁干擾問題，這個問題不解決，可能使測試工作「全軍覆沒」，達不到試驗目的。程所長提出了全屏蔽的辦法。探頭部分，即記錄設備部分的屏蔽容易實現，而幾百根上千米的傳輸系統電纜屏蔽如何實現難住了大家，在當時再採購雙屏蔽的電纜已沒有時間，而且價格肯定不菲。針對這種情況，程所長提出用金屬盒子包裹電纜的辦法。不少人認為是一個好辦法，但是現場工作量很大，時間緊迫，工程技術人員根據程所長提出的意見組織部隊實施，用鍍鋅鐵皮做成槽子（每一接縫用錫焊封牢），將電纜鋪放在槽內，最後封蓋，後來又針對熱脹冷縮的問題，進行了改進，最終解決了問題。程所長到現場看了以後非常滿意，還表揚了工程部隊。

實踐證明，這種方法是非常有效的，不僅圓滿地解決了電磁干擾問題，和再加工電纜相比還節省了大量經費。後續的地下核試驗一直沿用此種方法，測試的結果越來越圓滿。

朱煥金（原核試驗基地研究所研究員）

採訪時間：2002 年 8 月 8 日
採訪地點：西安
採訪者：熊杏林

我 1963 年 8 月北大地球物理系畢業後參軍入伍，分配到核試驗研究所理論技術研究室工作。當時程委員是研究所技術副所長兼任理論室主任。在核試驗工作中，理論研究是先導工作，處於領頭羊地位。程委員親自兼任室主任就是為了抓羊頭、帶羊頭。每次他有什麼新思想，首先都會讓理論室去論證和計算，理論室就像是他的外腦，為他的決策提供依據、發揮參謀作用。在以後幾十年工作中，我與程委員直接接觸的機會雖然不多，但透過研究所的發展和技術上所取得的成就，我們均可感受到程委員與中國核武器事業的密切聯繫。

2002 年，為了慶祝核武器試驗研究所建所 40 周年，成立了「所慶籌備會」，我有幸參加了慶祝的籌備工作，從而有機會大量查閱了我所成立初期的資料。這些極有價值的資料，無論是技術方案、學科設置，還是組織機構、人員調備方面的，大都起草於程委員之手，他讓我從一個側面領略了程委員的高瞻遠矚。

1962 年，中國核武器研製中的關鍵技術得到了突破。為了加速核武器事業的進程，中央決定成立專門從事核試驗的研究機構，核武器試驗研究所應運而生。但是對於建立一個多大規模、具有什麼性質的研究所並不是十分清楚的。關於研究所

承擔的任務，當時有多種意見，其中一種意見提出要包含為改進產品設計提供數據，研究爆炸現象，軍事、民用和生物效應研究，以及核爆炸偵察、監測和核武器防護等領域的研究。顯然，這是不符合中國當時實際情況的。程委員根據核試驗是一個龐大的系統工程，涉及諸多的學科和許多尖端技術，研究所初建時技術力量不足和沒有經驗的實際情況，確定研究所的性質應是國防科委在組織試驗工作方面的技術參謀部。主要的任務應是在國防系統、科學院、二機部等研究部門的配合下，具體研究現場試驗的內容，試驗所需要的測試方法和設計、試製試驗所必需儀器設備等。在這個框架下，使研究所能在組建過程中，在工作、生活條件較為困難的情況下，充分發揮大協作的精神，集中力量研究測試方法，研製測試儀器設備，在較短的時間內做好首次試驗的準備工作，並圓滿地完成了首次核試驗任務。中國 30 多年的核試驗歷程說明，核武器試驗研究所主要工作是承擔試驗現場的測試任務，根據試驗內容，擬定測試方案，研究測試方法，試製測試儀器設備，以及為武器研製本身提供重要參考和意見，是完全符合中國實際情況的。研究所發展過程中組織機構的不斷調整，學科設置的變更與擴充，大氣層核試驗中開展的大量效應工作和其後的核火力運用研究，以及地下核試驗中大量的效應模擬研究等，都是在完成試驗、科研任務這一主線下進行的。程委員建所初期對研究所的高瞻遠矚，使研究所能適應中國核武器的發展而不斷發展壯大。

1993 年是核武器試驗研究所成立 30 周年。為了繼承和發

揚我所「艱苦奮鬥，無私奉獻，集智攻關，勇攀高峰」的光榮傳統，研究所利用 30 周年大慶之機，召開了「科研發展方向討論會」，邀請了國防科工委、核武器研究院和基地領導，以及曾在我所工作過的老專家等參加。程委員在大會上回憶研究所取得的成就時說到，研究所的歷史就是創新的歷史，「核武器試驗研究所就是創新」。他這一句話博得全場熱烈鼓掌。人們曾私下議論過，說程委員的政治詞彙很少，開口便是技術詞彙。縱然是在政治教育中，需要他這個領導做政治動員時，或是在佈置一次新的任務，需要他對這新任務在政治上的重要性做些說明時，他也只在開始時說上一點，但很快便會轉到技術上，從技術角度說明該次任務的重要性。不善於「務虛」而講求「務實」的程委員，對研究所的歷史能高度概括地總結成「創新」二字，確實出乎人們的意料，難怪大家給予熱烈的掌聲。其實，這是他幾十年在研究所工作的親身體會，是他的肺腑之言。

在完成首次核試驗任務後，程委員對研究所的任務更有了新的理解。認為研究所在經過首次試驗的實踐後，已跨出了首次任務中僅為診斷是否核爆炸的測試工作範圍，今後除了應對現場試驗和理論作分析研究外，還應在核武器使用方面進行科學研究，在效應試驗的技術等領域開展新的研究工作，使研究所成為「生產和使用核武器的技術橋梁」。指出，我們不僅是自然科學方面的研究所，而且是一支承擔中國核武器試驗這一政治任務的隊伍，是從事核武器試驗技術和測試技術研究及核武器效應研究的研究所。很顯然，要成為「生產和使用核武器的技術橋梁」，必須做到：一要完成試驗中為產品服務的測試

任務；二要完成核武器使用中的效應研究。回顧研究所幾十年的發展歷程，正是為實現這一目標而不斷拚搏和創新的。

程委員當時根據完成首次試驗任務的經驗，為了使研究所在成為「生產和使用核武器的技術橋梁」的實踐中不斷創新，還提出了必須正確處理的 20 個關係。這些關係中包括了政治和業務、任務和學科、理論和實踐、尖端和一般、長期和當前、自己研究和大力協同、應用和研究、培養和使用等方面。任務和學科的關係中，程委員認為，對研究所來說，一定要認識到學科的發展必須服從於任務，學科應對任務的完成起到指導作用，必須是任務帶學科，學科促進任務的完成。其中特別要注意開創新的專業，不斷地把成果上升到理論，要自力更生、立足於國內的基礎來提出理論，要創造性地而不是教條地運用已有的理論，理論研究必須在保證和完成任務的基礎上進行；尖端和一般的關係中，要認識到尖端科學是建築在一般科學基礎上的，必須把一般科學做好了才能完成尖端科學的任務，在不斷引用國內外新技術的同時，還必須從我們的需要和實際出發去發展研究新技術；培養和使用的關係中，程委員認為技術力量的成長，要明確出成果與出人才的統一關係，必須在為更好地完成實際試驗任務前提下去培養，反過來，如果使用中不注意有意識地進行培養，其結果是形成不了具有高水平的技術隊伍，完不成更多更大的任務。其他關係也有詳細的論述，在此不一一說明了。程委員從研究所的長遠發展出發，立足於不斷創新，緊密結合研究所實際而提出處理好這些關係，使研究所在為完成武器發展與應用的研究任務中，不斷有所前

進與創新，提供了極好的研究工作氛圍。

程委員還在研究所各個重要的歷史階段，及時地提出一些新的思路。當「文化大革命」結束，全國各條戰線走上正規軌道，科技事業出現新的生機時，他更及時地提出 3 年、8 年規劃和 23 年設想，引導研究所朝着更高、更新的目標前進。

馬國惠（原核試驗基地司令員）

採訪時間：2007 年 5 月
採訪地點：北京
採訪者：程漱玉

我從軍 40 多年，參加過中國近 40 次核試驗任務，大部分時間是在核試驗組織計劃、組織指揮工作中度過的。在程院士領導下工作的 20 多年裏，我從他身上學到了很多寶貴的東西，對我個人的成長進步起到了至關重要的作用。後來我擔任核試驗基地司令員，完成了最後 10 次核試驗任務。從開始到完成最後一次核試驗任務，我們做到了「一次成功，次次成功」。這是程院士帶領我們經過 30 多年艱苦奮鬥、無私奉獻的結果。

核試驗是一項破壞力很強的科學實驗。早期大氣層核試驗，人們將衝擊波、光輻射、瞬態核輻射和剩餘核輻射（放射性沾染）通稱為核武器四大殺傷因素。後來，考慮到核電磁脈沖對電子元器件的破壞效應，以及隨着半導體器件、集成電

路、存儲芯片等電子元器件的廣泛應用，人們將核電磁脈沖列為核武器殺傷因素，並繼續延用四大殺傷因素的說法。新的四大殺傷因素包括：衝擊波、光輻射、核輻射（包括瞬態核輻射和剩餘核輻射）、核電磁脈沖。核爆炸產生的這四大殺傷因素，對核試驗的參試人員和參試系統具有很強的破壞作用。尤其是核爆炸產生的強電磁脈沖會對測試系統的探測器、電纜和示波器及其電子元器件造成干擾甚至癱瘓。因此，要想拿到可靠的測試數據，必須做好測試系統電磁屏蔽工作，即提高測試系統的生存能力。核試驗就是要在做好參試人員和參試系統防護工作的基礎上，測量核武器性能參數和測量四大殺傷因素。因此，防護和屏蔽工作十分重要。當時，核試驗基地對衝擊波、光輻射、核輻射的認識比較全面，防護工作也比較完善，而對核電磁脈沖的規律性認識相對薄弱，防護工作也相對滯後。核電磁脈沖是無孔不入的，在早期核試驗測量工作中，由於不了解電磁脈沖的規律，有些測量項目吃了不少苦頭，辛辛苦苦準備幾年的項目被干擾得看不清有用信號，因而一無所獲。

程院士對核試驗中的核電磁脈沖極為重視，最早提出了核電磁脈沖對測量系統的干擾問題，並帶領核技術隊伍創立了電磁屏蔽技術。首先，他在理論上分析、研究和計算了核電磁脈沖及其干擾規律，並有目的、有計劃地安排模擬實驗驗證核電磁脈沖產生的機理、傳播規律以及對不同介質的影響。其次，他提出了全屏蔽抗干擾的工作思路。他指出：要根據地面核試驗、空中核試驗、平洞核試驗和豎井核試驗中不同的爆炸方式、不同的測試環境，採取不同的電磁屏蔽方法，要把防電

磁場、防電磁耦合，以及防電信號傳輸干擾作為電磁屏蔽的重點；要及時分析、總結，找出規律性的東西，指導實踐。再次，他組織制定了一系列行之有效的電磁屏蔽措施。在大氣層核試驗中，針對近區強度為每米幾萬伏至幾十萬伏的核電磁脈沖，制定了金屬屏蔽電磁場的措施，並針對不同的信號強度，設計不同的接地電阻；在地面核試驗中，為防止近區物理測量項目受源區核電磁脈沖的影響，制定了金屬全屏蔽和防電信號干擾的措施；在地下豎井核試驗中，根據空間小、電纜多的特點，制定了全屏蔽電纜槽、全屏蔽電纜、強弱信號分開、早晚信號分開和做「康普頓擋牆」等措施；在地下平洞核試驗中，制定了做「康普頓擋牆」、前端接地、終端接地、兩頭接地、多點接地、分佈接地、金屬填充等措施。

在程院士直接指導下，核試驗技術隊伍於 1983 年完全掌握了電磁屏蔽技術，為各測試項目拿到可靠數據提供了保障，這也是過地下核試驗測試技術關的重要標誌，是一個新的里程碑。程院士開創的電磁屏蔽技術，不僅在後續的核試驗中得到廣泛應用，同時在抗輻射加固等領域也得到廣泛應用。

范如玉（原核試驗基地司令員）

採訪時間：2007 年 4 月

採訪地點：北京

採訪者：程漱玉

我 1966 年從清華大學畢業，1968 年初到研究所工作，是核試驗基地的後來人，沒有趕上基地最初創建的艱苦歲月。記得剛到部隊不久，我就被下放到工兵團當兵接受再教育，其間，工兵連的那些老同志談到核試驗，就必定談到程開甲；談到程開甲，就必定有一種神祕感。他們那種由衷的敬佩之情，深深地感染了我。後來，雖然有機會見到程老，直接接觸的機會也不多，都是零零碎碎的記憶。程老平時話不多，很少與周圍的人講話。除了部分老同志外，其他人也不敢主動與他講話。程老給我最深的印象，就是他永遠在思考問題，每次見到他，總看到他一個人靜靜地坐在那裏，一動也不動，給人的感覺就是他永遠在深思。

　　執行一次任務時，為抗核爆炸產生的電磁脈沖對測試系統產生干擾，決定修建電纜屏蔽槽。這是第一次在現場修電纜槽。為了做好這件事，執行任務的前一年冬天，程老親自帶了一些人，進場去指導焊接屏蔽槽。我有幸被室領導派往現場，這是我第一次近距離與程老接觸。這次任務的爆室在一個小山包上，設計的電纜槽就是沿着這個山脊修建的。電纜槽用事先成形的白鐵皮在現場一張一張焊接起來。那幾天特別冷，滴水成冰，焊接特別困難。程老在寒風中親自給負責焊接的幹部、戰士講解具體技術要求。由於程老是江浙人，他的話許多戰士聽不懂，我們跟隨去的江浙人就幫着解釋。但天太冷，烙鐵功率再大也熱不起來，焊接質量總不符合要求。程老很着急，負責焊接的同志也非常着急。但功夫不負有心人，第二天，負責焊接的戰士用修理汽車的噴燈烤白鐵皮，提高白鐵皮的基礎溫

度，再用大烙鐵焊，進度雖慢，終於滿足了技術要求。程老知道後，沒想到他竟高興得手舞足蹈起來，把大家都逗笑了。那時我們住地離場區幾十公里，往返一趟要幾個小時。程老坐的是五座吉普車，我們坐的是八座吉普車，路很不好，車子顛得很厲害，回到住地，真是又累、又冷、又餓。當時生活條件很差，程老雖是單獨開飯，其實只是在黑暗的餐廳裏另外安排了一張桌子而已。飯菜也沒有什麼特殊，也是蘿蔔、白菜、饅頭、稀飯。沒想到程先生這麼大的科學家，年齡又那麼大，工作生活條件也是這麼艱苦、簡單！為了解決電磁脈沖干擾問題，程老不僅從理論上、從試驗技術總體上進行研究，而且深入第一線，了解情況，解決問題。我想，一個大科學家必定都是不僅重視提出問題、解釋問題，而且是更重視解決問題的。

執行某次任務時，為了研究安全自封問題，所裏給我們下達了射流監測任務。為了準確測量射流到達時間，我們提出要在坑道監測點處挖一個準直孔，實際上就是一個小貓耳洞，主管工程的同志不問三七二十一就砍掉了，怎麼也通不過。項目組表示如果不挖這個洞，就不會拿到有意義的數據，那還不如不上這個項目。這件事就僵持起來。後來所裏召開工程協調會，要我去匯報。走進會議室，看到程老也坐在那兒。輪到我匯報時，我講了如果不準直，放射性射流在前進過程中就會一直被探測器測量，就無法從測量波形判斷射流到達的確切時間。聽完我的匯報，處在沉思中的程老馬上表態：「就按你們的要求辦。」一個爭論了很長時間本來也很簡單的問題就這麼被程老一句話解決了。項目組同志都很高興。這次任務也拿到

了滿意的數據。我想，科學家的工作作風就是好，實事求是，一切從實際出發。程老對待上場項目，總是從實際需要出發，從保證拿到準確可靠的數據出發。

程老的腦子裏從來沒有停止過對科學問題的思考。有一年，程老給朱光亞主任寫了一封信，建議開展高功率微波技術研究。朱主任批示後很快就召開全國第一次微波技術研討會，程老到會做了重要講話，很多單位都在會上介紹了本單位開展研究的具體想法。這是一次啟動中國高功率微波技術研究的重要會議，會議提出要開展的研究項目的建議，經批准後，都得到了落實。這期間程老做了大量工作。這些研究成果，為今天該領域的發展打下了基礎。回顧這段歷史，應該説，程老是這項研究最早的倡導者。我想，一個大科學家必定是一位有遠見卓識的戰略家，能夠為某個領域的科學技術的發展提出新的研究方向，推動該領域的技術發展。程老就是這樣的科學家。

後來組織對核試驗數據再分析、再研究工作。程老在一次會上要求在這項工作中要重視捕捉「漏網之魚」。他認為過去試驗任務重，時間緊，許多重要的試驗數據沒有來得及系統地認真研究，如果現在重新研究過去的數據，通過系統、認真地分析研究，一定可以發現許多新的曾經被忽視的物理問題。他認為這些問題是「漏網之魚」，必定會對認識武器物理過程大有益處。他的講話雖然由於鄉土口音很多人沒聽懂，但對於後來深入挖掘和認識數據再研究中的物理問題十分重要，這也告訴從事這項工作的同志，數據再研究工作不僅僅是簡單的數據收集、整理，不是「炒冷飯」，而是需要從物理上進行全系統

和全過程分析研究的艱苦細緻的工作。我想，一個大科學家高於一般人的認識之處，就是常常能夠從事物的表象去揭示其本質，使更多的人少走彎路。程老就是這樣的科學家。

正是因為程老的腦子永遠在不停地思考，所以在科學技術問題的研究中，他能夠永遠比一般人看得更遠些，想得更深些。

任萬德（原核試驗基地研究所科技處參謀）

採訪時間：2001 年 7 月 20 日
採訪地點：北京
採訪者：熊杏林

我是 1970 年冬天參軍入伍到核試驗基地的，經過兩個月的新兵訓練後，被分配到核試驗研究所警通排，給副所長程開甲當警衞員。班長張繼寶介紹說程老是從英國愛丁堡大學留學回國的大科學家，導師玻恩是諾貝爾獎獲得者，他原米是核武器研究院的副院長，因為工作需要調到這裏來了，研究所就是他負責籌建的。領導反覆交代：「他是大科學家，一定要照顧好。」第一次聽到程開甲這個名字，我不禁肅然起敬。

在我給程老當警衞員的 4 年多時間裏，正值試驗轉變時期，空爆試驗仍在繼續，首次地下核試驗已經成功完成，地下平洞、豎井試驗在加緊準備。作為核試驗的頂層設計者，程老既負責總體設計、論證，制定長遠規劃，更要親臨試驗一線現

場指導。陪他出差總是風塵僕僕，北京、上海、南京、新疆一年內總要長途奔波多次，每次都要帶上他那心愛的計算尺，在全國各地搞科研協作。程老在基地也總是忙碌不已，經常吃住在場區的帳篷裏，不停地用計算尺推算各種數據。我們晚上熬不過他時，他就讓我們先休息。記不清有多少次，我們睡完一覺醒來，他還在昏暗的燈光下工作。他的頭腦裏似乎根本沒有休息和節假日的概念，是一個永不知疲憊的人。

1971 年 10 月份，試驗前幾天，我們住在帳篷裏，帳篷裏面有牀和桌子，是生活和辦公的場所。帳篷中間放着一個爐子取暖，就是那種王八爐子，用生鐵澆鑄的，轟轟直響。沙漠裏風沙大，早上起來被子上面一層細沙。用水也很緊張，喝的水是鹹的，孔雀河的水也是鹹的。洗腳水不能浪費，沉澱後還有別的用處。程老忙的時候經常不記得吃飯，有一次我給他做了一碗荷包蛋麵條，熱了四次，最後他也沒吃。他一直用計算尺計算，當時還沒有計算器。一把計算尺、一塊黑板伴了他一輩子，儘管後來計算機代替了計算尺，但他對黑板仍情有獨鍾。北京家裏裝修，他還特意在辦公室的牆上裝了一塊大大的黑板，一有時間，便經常在上面推演、思考。

我見過程老與大家爭吵最多的就是試驗測試技術上的問題。有時候為一個問題，他們能爭論一天一夜。在科學技術問題上，他從來不馬虎，他與張蘊鈺司令員爭過，與白斌司令員爭過，也與其他技術人員爭過。有一次，我看他們為「放槍」爭起來了，在安全上爭論得很厲害。程老是一個只服從真理的人，他不會因為對方級別職務高而放棄自己的觀點。吵歸吵，

生活上他們還是相互尊重的好戰友，這就是名師的風範。那時科研風氣端正，一切按科學規律辦事，丁是丁，卯是卯，黑是黑，白是白，對就是對，錯就是錯，從無和稀泥現象。程老就是這樣帶出了一大批作風嚴謹細緻的骨幹，我也從中受到深刻教育，就是不唯上，不唯書，只唯實。

1977年，我大學畢業，被分在研究所組織計劃科當參謀。1981年，經人介紹並徵得父母同意，我和程老的四女兒建玉結成了幸福的伴侶。之後，我有了更多接近程老，耳提面命的機會。至今，程老在一次次核試驗任務中創造的奇跡仍歷歷在目，耳熟能詳。

作為核武器試驗事業的創始人之一，程老最引以為榮的就是以他深厚的理論根底和創新勇氣，在各級支持下，白手起家，籌建了中國包括爆炸力學、光學、核物理、電子技術、放射化學、試驗安全和技術保障等學科專業齊全配套的核武器試驗研究所。他親手設計、起草制定的研究所「前沿圖」至今還被保存着，為核武器事業長遠規劃指明了方向，奠定了全面發展的理論基礎。實踐和歷史已經證明，在他的帶領下，研究所制定的歷次試驗總體方案都是科學、合理的，確保了每一次核試驗任務的圓滿完成。調離基地後，程老又與呂敏、喬登江、錢紹鈞、楊裕生等人組織研究論證建設方案，為研究所今後的發展打下了堅實的基礎。

程老有今天的成就，一半要歸功於我的岳母高耀珊。老太太對程老的照顧真是無微不至，心思全在程老身上。老太太過日子很精細，在紅山時再困難也要每天保障程老一個蘋果。那

時家家有菜窖，就是在地下挖個洞，蓋上席子和土，一到冬天，家家戶戶存放幾筐蘋果、橘子。而他家主要是保障程老，壞的蘋果、橘子自己吃，好的全留給程老，連最小的孩子也很少吃到，包括做飯做菜，魚、肉都給程老了。有一次，老太太去江蘇，我給程老做了一個月飯。走之前，她教了我幾個菜。用紫菜、蝦皮或蝦米，再攤個雞蛋皮子，切成絲做個湯，小鋁鍋做米飯，每頓一盤肉菜，一個湯，一碗米飯。反覆交代每天晚上要給程老削個蘋果或剝一個橘子，分成四瓣，插上牙籤，用一個小碗裝着，放在牀頭櫃邊，提醒他吃。程老生活節儉，老太太也是。在紅山時，她自己種菜，自己養雞，每天剁一種曲曲菜給雞吃，說是雞吃了下蛋率很高，然後給雞下的蛋編號，每天煮最新鮮那個給程老吃。有一天，她從幾里外的山下門診部趕回家，就是為了給早晨忘記交代的一個雞蛋補編號。殷殷深情，讓人感動。老太太的烹飪技術在基地是有名的，有時請基地的人到家裏做客，做的紅燒魚、紅燒肉、鯽魚湯、銀耳蓮子羹都很好吃，張蘊鈺司令員很讚賞她的廚藝，特別喜歡吃她做的冰糖蹄髈。

程老對他的老母親很孝順。老太太每個月會給在盛澤鎮的老母親寄 40 元，那時已經不少了，程老工資最高的時候是 301 塊錢。1972 或 1973 年我陪程老去過一趟上海，住在延安飯店，經過嘉興時去吳江盛澤鎮看望過他母親。當時，他母親生病了，好像是心臟病，由於任務緊我們當天就走了，但到了晚上程老又不放心了，讓我回去再看看。程老的母親 70 多歲，小腳，個很高，臉很娟秀，話不太好懂，就請隔壁一個老師當

翻譯。1974 年，老奶奶去世，我們又回去了一次，記得要了一輛麵包車送到火葬場，辦事時就我們在場，沒有其他人。

程老一心撲在事業上，顧不上管家，老太太把一切都包了。這一生，程老從沒為瑣屑雜事操過心，只顧科研，無論生活多麼艱苦，他都能夠安心工作，專心科研，這一點，他夫人功不可沒。如果說程老為共和國鑄就核盾牌立下了汗馬功勞，他夫人在背後的默默奉獻則是偉大事業的堅強後盾。

1999 年 9 月 18 日，黨中央、國務院、中央軍委隆重表彰為研製「兩彈一星」作出突出貢獻的科技專家，23 位科學家受到表彰。隱姓埋名、默默無聞幾十年的程老終於從幕後走向前台。當江澤民主席親手將一枚象徵榮譽和成就的「兩彈一星功勛獎章」掛在程老胸前時，全場爆發出經久不息的熱烈掌聲。

轉眼間，程老從紅山調到北京已經 20 多年了，老人的晚年生活很充實和幸福。但每每想起在紅山的生活，老人總是充滿懷想和眷戀。因為，那裏有他用心付出的心血，有他事業巔峰的輝煌，有他充滿激情的歲月，有他揮之不去的牽掛。

1　2004 年在第一顆原子彈爆炸成功 40
　　周年座談會上基地新老領導合影（左
　　起：王振榮、常勇、張蘊鈺、程開
　　甲、錢紹鈞、劉國治）

附　錄

程開甲重要文稿選

核試驗一定要嚴格按照科學規律辦（1989）

中國第 1 次原子彈爆炸至今已過去 25 年了。但那振奮人心的往事，卻依舊深深地印在我腦海裏。

中國剛剛度過了三年困難時期之後的 1962 年夏天，黨中央作出決定，要在兩年內（即 1962—1964 年）進行第 1 顆原子彈試驗。當時我在二機部九所任技術副所長，正在研究內爆球中心聚焦理論。該所副所長吳際霖告訴我，組織上要我到西北核試驗基地去創辦研究所，並負責兼任核試驗技術工作，我欣然接受了。開始，這項工作由國防科委副主任劉西堯和原子能所所長錢三強具體負責。他們確定由我和呂敏、陸祖蔭、忻賢傑四人為主，着手研究起草第 1 次核試驗技術的總體方案。後來，孫瑞藩也參加進來，同時調進董壽莘、王茹芝、楊裕生等 24 名技術骨幹，加上基地三部的部分技術人員和臨時從各地抽調的技術人員共約 200 多人，組成核試驗技術準備工作的

隊伍。這個階段除為首次核試驗在技術上擬定總體初步設想之外，還在力學、光學、核輻射、沉降劑量、氣象因素和自動控制等方面，草擬研究計劃。當我們提出了初步設想的研究課題和計劃後，國防科委就立即組織全國技術力量，調集了一大批優秀的科技人才和幾百名大中專畢業生參加進來。我們邊組建、邊工作。1963年夏，正式組建了具有核爆力學、光學、核物理、電子技術、放射化學、理論研究、試驗安全和技術保障等學科、專業配套的核試驗研究所。

當時主要的難點是，不知道爆炸的具體全過程。僅有的信息是以往蘇聯專家的一些談話片斷和1958年美國洛斯·阿拉莫斯（Los Alamos）公開發表的《爆炸波》（*Blastwave*）一書。在沒有經驗和外援的條件下，要求我們在兩年內完成從提出具體試驗計劃、測試項目，直到現場實施，以及大量的研究工作，任務是十分繁重的。這是一個大型的、廣泛的、多學科交叉的系統工程。理論和實踐必須有機的配合，理論研究必須給出各個細節的必然因果關係，而實踐則要求每個細節都得到具體驗證。同時，在試驗工程迅速進展的過程中，還需要不斷地答覆和處理一個接一個的工程技術問題。諸如：為什麼測試工號需要屏蔽？屏蔽要多厚？對爆心地形、安放測點和測點地形有何要求？測試工號承受多少壓力？放在哪裏才合適？等等。一句話，既要有全局理論上的系統分析，又要通過實踐，循序漸進，摸着石頭過河，一步一個腳印地去幹。

第1次試驗，若用飛機投擲，就會增加對測試的同步和瞄準上的困難。因此，我提出了以百米高塔上爆炸為宜。為了系

統可靠而又便於保密，同志們又提出了敷設有線電纜遙控和遙測，不採用無線方案。總體設想經批准後，我們組織力量有針對性地專心致志地首先為突破試驗中實質性的理論和技術問題攻關。例如：點爆的流體力學和空氣動力學理論；核爆炸鏈式反應的測量技術和設施；從記錄微秒級示波器到快速傳輸電纜；γ射線探測和記錄系統；每秒幾千次到百萬次的遠距離長焦距高速攝影機；在爆炸後高空煙雲之中收取放射裂片樣品和放化分析；氣象上要提出預報，並保證下風方向居民點不受碎片沉降放射沾染；同時還要研製高精度的、可靠的全系統同步控制系統等。在大力協同的指導方針下，我們走遍全國，與各軍兵種、科研單位和高等院校等 30 多個單位建立了廣泛的協作關係，開展了大規模的聯合攻關。經過兩年多的辛勤努力，刻苦研究，逐步形成了一個全面的，在科學技術上廣泛交叉的，有高度預見性、準確性和創造性的，切實可行的試驗方案及細節；提出了有定量分析的爆炸圖像；研製了約 1000 台測試儀器。所有這些，都為首次核試驗的成功，奠定了堅實的基礎。這些工作，是和工程施工同時進行的。在今天來講，這似乎不是一件了不起的事。但是，要知道當時我們的水平是：電子工業才剛開始有電子管，控制器件也只有機械式的繼電器，百萬次長焦距的相機還沒有方案，我們還沒有 α、β、γ 的探測和記錄設備，也沒有測亞微秒級的示波器，甚至還不知道動壓是如何殺傷的。我們從來沒有研究使用過大型控制系統。這些都是新問題，都要我們自己去摸索、去實踐、去創新。而時間又是那麼緊迫，我們只能通宵達旦、廢寢忘食地幹。記得我在

考慮 35%光輻射和 50% 力學衝擊波能量時，把午飯和午休忘了，當走出辦公室看到同志們在午休，才明白那是午休，我自己忘了吃午飯，誤把午休當作是白天打瞌睡了。其實，這種事在那時多得很，不足為奇。我們和各協作單位的同志們都不分晝夜，腳踏實地地對每個測試項目的方案進行反覆試驗論證，對每件設備、每個過程進行多次實踐考核。凡在正式試驗前能夠檢查的，都要盡一切力量作出檢驗，把剩下無法考驗的問題減到最少。為了對測試設施進行全面考驗，在上場以前，還做了一次綜合性大規模的化學爆炸模擬試驗，以便檢驗全系統的合理性、可靠性和找出尚未發現的問題。實際上，第 1 次核試驗時，真正留下的問題只有一個，那就是李覺在起爆前幾分鐘對我說的：「我只有一點未敲定，那就是 δ（核燃料內爆壓縮率）。」總之，核試驗的準備工作，通過大家艱苦的努力，一次又一次的論證、試驗，一個一個的問題才從感性認識到理性認識的過程中得到解決。因此，當時我滿懷信心地對司令員張蘊鈺講：「沒有理由會失敗，一定響，一定成功！」

下面舉一些例子，說明人們是怎樣通過實踐研究，分析弄清問題的。眾所周知，在 11 級狂風下人是可能生存的，這時狂風的風速只有 27 米／秒，空氣動壓僅僅約為 0.01 大氣壓。但是在一個核爆炸衝擊波中，達到 11 級大風的風速，其空氣壓高達 0.12 大氣壓，比上述 11 級狂風的動壓大 11 倍，這是人無法承受的。因此，只有把衝擊波和大風融匯在一起比較，才能認識到核爆炸的力學過程，區別出動力和超壓；衝擊波的作用不單是一個超壓，還有其他許多參數，如作用時間等。在

一次化爆模擬試驗中，還發現衝擊波受大風風速的影響很大。衝擊波對地面產生的壓力和拍震，是在離爆炸中心較遠地方的主要地震來源，而不是從巖石介質傳給地面的振盪。另外，在爆炸中需要弄清楚光和衝擊波作用的能量分配；要理解光輻射是輻射流體力學的一個組成部分，但又是一種「廢能」，不對前進的衝擊波產生影響。這樣理解光和衝擊波間的內涵關係，才能理解普通爆炸和核爆之間的區別和相似之處。這些分析結果有力地指導着實踐。另外氣象中的風、溫度、濕度也會影響壓力；遠區衝擊波減弱時，氣象因素便起着主導作用。只有正壓作用時間，才不受氣象影響。由此了解到核試驗要測全部力學量，而不是單純測衝擊波強度。這個預見，在核試驗的實施中發揮了作用。在現場，當周總理在電話中詢問副總長張愛萍「是不是核爆？多少當量？」時，由於第一信息是取自遠區的衝擊波上升值，換算出的僅僅是「千噸當量」，這個數值離設計值差得太遠，使我們驚得發呆。然而，當我們採用不受氣象影響的正壓作用時間時，估算出準確的威力當量，這才得出中國首次核試驗爆炸成功的科學結論。這次試驗中，1000 台儀器都給出了正確數據，各方面的測量作出了一致的結論，受到周總理的稱讚。

我們從無數例子中體會到，科學實驗一定要嚴格按照科學規律辦事，一絲不苟，循序漸進，那就穩操勝券，試驗一定成功。

中國場面宏偉的首次核試驗，也是第一次大型的國家科學試驗，從開始組建測試隊伍，開展設備研製，直到現場實施，圓滿成功，只用了兩年的時間。速度之快，效率之高，不能不

使人們驚奇。其實試驗成功是有其必然原因的：

新中國成立初期，黨一開始就重視教育和科技人才培養。這些科技人才，有的是舊中國留下的，有的是新中國培養的，有的是懷着滿腔熱情從國外回來的。他們一旦得到了用武之地，就會忘我地工作。為了不辜負黨和人民的重望，為了民族的生存，為了振興中華和祖國的昌盛，為了中國在世界上的地位，他們夜以繼日，廢寢忘食，無私奉獻，歷盡了艱難困苦，攻克了試驗中的一個個難關，真可謂「士為知己者用」。

科學技術是生產力，而科技人才是這一生產力中最重要的因素。周總理和中央其他領導同志對奮鬥在核試驗第一線上的科技精英給予高度信賴，委以重任，並嚴格要求。1964 年 6 月，核試驗技術研究所開始了儀器設備的現場安裝工作。為了保密，禁止在場工作人員與外面通信。當時，場區一片沸騰，從上至下，同心同德，齊心協力，有決心、有信心，做到副總長張愛萍提出的保證「響、測、用」的要求，即原子彈要響、測試要可靠、效應可以用，確保一次成功。此時正值盛夏季節，白天戈壁灘地面溫度高達 60 攝氏度以上，人們天天頂着烈日，迎着熱風，曬脫了皮膚，喝着孔雀河的鹹苦水，部分人不適應，拉肚子，有的一天拉十幾次。有時刮起風來，天昏地暗，飛沙走石，能將帳篷頂掀掉，飛起的石頭能將汽車前的擋風玻璃和油漆全部打掉。但是大家始終堅守工作崗位，振奮精神，以苦為樂，以苦為榮，精心準備，發揮自己的聰明智慧，全心全意貢獻自己的每份力量，確保不帶一個問題參加試驗。

新中國成立後，我們黨認真抓了工業、科技和教育的建

設，奠定了堅實的基礎，具備了研製生產原子彈的能力。這些基礎成為以後國防科技工業的支柱。首次核爆炸試驗的順利進行和圓滿成功並不是僥倖，而是事物發展的規律，具備了客觀條件。更重要的是領導重視，發揮了科技人員的積極性。當然，我們吸收了人家成功的經驗，用於本國實踐，少走了彎路，也是不可否認的。

第一顆原子彈爆炸的蘑菇雲隨時間的流逝而消失了。但是，它對人們的啟示、鼓舞則是永遠不會消失的。首次核試驗的成功有力地證明了中國人民是有志氣、有勇氣、有能力的，也證明了自力更生、艱苦奮鬥、創新立業不是一句空話，而是實踐所驗證的真理。它將激勵着更多的知識分子和科技精英向現代科學技術進軍，為開創中華民族的歷史新篇章，作出更多的貢獻。

回憶周總理關懷核試驗工作（1989）

我第一次見到敬愛的周總理，那是 1956 年初夏在北京。當時，中央領導同志在懷仁堂接見規劃十二年科學技術發展綱要的科學家，並照了相。周總理親自走到每一席和科學家握手，他那炯炯的目光和有力的握手，使人感受到一股強大的暖流流貫全身，覺得他是那樣地關心和尊重科學家。起初在規劃中還沒有基礎研究這一項，是總理提出要加上，不能忽視長遠發展的作用。足見周總理在中國科技事業發展上的深謀遠慮。

我因為參加核武器試驗工作，前後向周總理匯報和受到接

見有十次。記得 1962 年春節，那時正值困難時期，周總理專門邀請我們在人民大會堂吃飯。桌上有大碗紅燒肉，這在當時是十分不容易的了。席間，周總理談笑風生，對科技人員表示了十分的關懷，特別是周總理親自走過來向朱光亞同志祝酒，這種真摯的友誼、信任和重託使人萬分感動，至今還令人難以忘懷。

1963 年夏，我們正在緊張投入第一次核試驗的準備。這時美蘇簽訂了禁止大氣層核試驗條約，其目的在於壟斷核武器，特別是想使中國為打破這種壟斷而進行的工作停止下來。周總理邀請這方面的專家到中南海他的辦公地方，徵求我們的看法。他詢問了地下核試驗的困難，表示政府進行大氣核試驗的決心，使我們倍加信心，立志克服千難萬險，也要將工作進行到底。周總理對禁試的內容和地下核試驗的情況了解得比我們還清楚，並問到地下核試驗後產生的一個大的空腔等，顯示了總理淵博的知識，令人敬佩不已。那天晚上，總理坐在面向裏的沙發上，我們都坐在朝外的沙發上。會前總理與大家一一握手，問了姓名和工作。他問了我從事核試驗準備工作方面的情況。由於我一直是在南方，家鄉口音很重，周總理在以後數次會見中說我地方口音那麼重，其意可能是要我稍微改一改。遺憾的是，我下決心改了好幾次都沒有成功，畢竟年紀大了。但總理的關心卻時刻銘記在我的心頭。尤其是當我每次做報告，戰士反映聽不懂時，回憶起總理的關懷，我很難過。

每次試驗，周總理在試驗前、試驗過程中和試驗後都要聽取詳細匯報。他十分注意每個成敗的關鍵環節，對於試驗的安

全、氣象、放射物沉降、煙雲徑跡等總是問得很細。經常在試驗中要到他的住地或辦公場合隨時匯報，他總要詢問安全問題，如煙雲、劑量大小、出境預測等。我們雖然在本土做試驗，歷來沒有發生過放射性沾染的事故，但他一直十分關心此事。對飛機的安全逃脫也是一個重要的質詢點。記得有一次試驗涉及兩架飛機，一架投彈，一架投測量器前後飛，總理當場詢問空軍副司令，副司令說此事基地開甲等同志已經論證過，認為方案是安全的。周總理以詢問的目光向我示意，我點了頭說我們認為是安全的。總理才滿意地點點頭表示放下心了。這種強烈的信任感推動着我們兢兢業業、一絲不苟地工作着。有時總理還提出一些在當時條件下我們還有不周到之處的問題，比如緊急處理、帶彈返航等。有些事情也真的發生過，但由於總理的提醒，使我們有了預防，因而臨陣不亂。這些都體現了周總理辦事是十分周到細緻、以身作則的。他對場區核試驗曾經給出十六字的指示，即「嚴肅認真，周到細緻，穩妥可靠，萬無一失」。正是在周總理的諄諄教誨和嚴肅認真精神的鼓舞下，我們一直是安全、順利地完成了每一次任務。總理對科技人員委以重任，嚴格要求，又完全信任。我們能不學習總理那樣對革命工作鞠躬盡瘁、一絲不苟的精神嗎？有一次，一個專家問我：「你怎麼願意長期在戈壁灘工作，是不是因為黨員必須服從？」我覺得只能以總理的光輝的形象對自己的教育和鞭策來解釋他提出的問題。

1965 年第一次空投試驗後，周總理在人民大會堂接見參試人員，一個個握了手，並照了相。這次許多老帥都來了，並

向大家頻頻招手。在總理的一桌上還有鄧小平總書記、羅瑞卿總長、張愛萍副總長。總理先看了桌上的名字，然後，非常平易近人地坐下來與大家交談。他說自己飯量不大，要大家隨便用餐。桌上張蘊鈺司令員抓緊時機提出早點批下鐵路延長到基地的要求，羅總長也幫了幾句，總理說這在下個五年計劃中考慮，還要加點任務。總理先離開，走過去時見到被稱為戈壁灘上花木蘭的力學測試主持人王茹芝同志，他向她握手道賀。氣氛很融洽，我們一點也不感到拘束。

雖然周總理沒有能去基地參觀試驗，但是每次試驗都有直通電話，經常聯繫。從武器的裝置，飛機的掛彈，測試，到氣象預報等，都及時向總理匯報。每當試驗飛機待命在場時，總理都在請示了毛主席之後，才下令起飛。在中國第一次核試驗成功後，總理還在電話中問張副總長：「肯定是核爆炸，多少當量？」當知道詳情後，那天晚上在北京燈火輝煌的人民大會堂裏總理宣佈中國自力更生爆炸了第一顆原子彈，引起全國沸騰。在當年第三屆全國人民代表大會總理所做的政府工作報告中，稱讚這次試驗一千多台儀器分秒不差，一台不誤地記錄了核爆的數據。

敬愛的周總理，由於長期過度勞累，又受到「四人幫」的殘酷迫害，終於病倒了。他在 1975 年初第四屆全國人民代表大會期間還講了話。可是，1976 年初，當我們正在場區忙着準備另一次試驗時，傳來了周總理不幸去世的消息，大家都沉浸在無比的悲痛之中，萬分傷心，眼淚像泉水一樣直往下淌，捨不得敬愛的周總理離開我們，人民需要他，革命事業需要他。

今年是周總理誕辰九十周年，我懷着十分崇敬的心情紀念周總理，懷念周總理，寫一點我在核試驗期間看到的總理的光輝形象，讓更多的人了解到，中國核試驗的成功和發展一直受到總理的親切關懷和重視，凝聚着他的一片心血；讓更多的人看到周總理的精神，是怎樣教育了我們這一代。我噙着淚水寫下上述這些回憶。總理的精神永垂不朽！

在趙九章銅像揭幕式上的講話（1997）

在紀念趙九章先生誕生九十周年銅像揭幕之際，我代表核試驗基地和研究所向趙先生表示感謝，感謝他在核試驗初期給予的大力支持和幫助。

趙先生對核試驗中幾個重要的安全問題的解決是有貢獻的。雖然他並沒有親自做具體的工作，但他的遠見、他的德高望重、他的支持和幫助，使我們受益匪淺。

第一個安全問題是：氣象預報。當年我們準備空爆試驗時，周總理就問爆炸後煙雲的沉降經不經過日本上空，到時會不會有雨，在每一次核試驗之前，必須有這些數據。當時，我們就去請教趙先生，而趙先生即派顧震潮去試驗基地幫助開展氣象預報工作，為每次試驗任務提供氣象數據，保證試驗的安全。這一安全問題不僅涉及場區內外、國內外的安全問題，還涉及重要的國際關係。

第二個安全問題是：我們已經知道了核爆炸時如果空氣中存在逆溫層就會產生拍震，但對此問題不是十分清楚，又去請

教趙先生，他就派孫超到研究所一起開展研究工作。這不僅是一個地面上的安全問題，也是後來氫彈試驗中的重要安全問題，如果存在逆溫層且風速不合適，氫彈爆炸有可能造成衝擊波聚焦打掉投彈飛機。

這些氣象條件是決定能否進行核試驗的重要條件之一。

第三個安全問題是：地下核試驗產生的地震。由於核武器試驗的需要，提出了地下核爆炸方式，但起初對這種方式爆炸產生地震的影響不了解。為了解決地震問題，趙先生派來許紹燮幫忙工作。在趙先生實踐作風的影響下，許紹燮和我們一起到承德銅礦，炸藥在一個山頭的礦洞裏爆炸，我們在另一個山頭上觀察和測量，得到了有用的數據，地下核試驗安全研究的基礎就由此開始。

此外，由於趙先生在發展空間技術時提出首先研製常規火箭，從而使我們能將火箭用在氫彈爆炸等空中核爆炸的高空取樣中，與空軍共同完成了核試驗中至關重要的取樣任務。

今天我們紀念趙九章先生，就是要向趙先生學習，特別是趙先生在科技上的嚴謹、務實、奉獻和遠見，我們要在實現科技興國、科技強軍中不斷發揚趙先生的精神。在此向趙九章先生致敬！

回憶聶帥（1999）

我最早見到聶帥是在 1956 年他主持中國的十二年科研規劃的制定工作的時候。那時，包括我在內的一批科技人員在聶

帥的直接領導下，在京西賓館集中了三個月的時間，完成這一規劃的制定，當時蘇聯專家對我們的十二年規劃制定給予了幫助。這一規劃為中國日後的尖端科技發展打下堅實的基礎，發揮了非常重要的作用，可以說沒有當年制定的十二年規劃，我們今天的先進武器就不會發展得這麼快。對中國的武器發展來說，聶帥是功不可沒的。

在我與聶帥的交往中，我深感他對未來的事考慮得很周到、很細緻，他善於看到發展過程的前景，善於發現問題，好像他的思維總有一種預感。在他平淡地提問時，他實際上對問題已經有了認真細緻的考慮，有了較全面的基本認識。比如，進行第一次核試驗時，我們感到對壓力的測量不很清楚，他就抓測量，要軍事工程學院負責開展研究，直到研究人員研究出測試儀器方才罷休；對氫彈的研製，他一直在抓，並在場區參加了試驗的全過程，儘管當時「文革」已開始，他仍一直與科研人員討論，討論如何從原理試驗到最後的彈頭裝入導彈，如何減少重量，甚至考慮了屏蔽引起的重量問題。後來試驗基地也亂了一些，但還是完全聽聶帥的指示──「任務第一」。在那種非常形勢下核武器能得以不間斷地發展，聶帥起到了很大作用。

聶帥非常關心科學家。1962 年正值中國的困難時期，他搞了個科研十四條，要求科研人員在黨的領導下克服困難、發揮聰明才智，為祖國立功建業，使我們科研人員充滿信心。1963年春，他在人民大會堂接見我們並做了報告，詳述科研人員怎樣將尖端事業搞上去，當時蘇聯單方面撕毀協議，撤退了援助

的專家，赫魯曉夫說我們「你們到頭來連褲子也沒得穿」，聶帥則用黨中央的指示精神鼓舞我們向前。在那個不正常的年代裏，他一直非常關心我們能否專心致志地研究，他曾對我說：「做些自我批評就行了。」今天的「兩彈一星」包含着聶帥的半生心血。

聶帥平易近人，十分謙虛。見到我們總要問：完成試驗任務有什麼問題沒有？有沒有把握？

1984年春，聶帥在家中接見從事核武器的科技工作者，被接見的有鄧稼先、朱光亞、彭桓武、陳能寬和我，沒想到那是我最後一次見到聶帥，想想很是沉痛。

開拓創新是我國核試驗事業發展的強大動力（2000）

1999年9月18日，在人民大會堂，江澤民主席親手為我們頒發了「兩彈一星功勳獎章」。作為一名獲獎的專家，我的心情十分激動。我覺得，我是作為核試驗技術隊伍的代表接受江總書記授勳的。功勞是大家的，功勳獎章是對「兩彈一星」的輝煌歷程和偉大精神的肯定，是對我們核試驗隊伍幾十年工作的肯定。

1960年我從南京大學由組織調到二機部九所，和朱光亞、郭永懷、王淦昌、彭桓武一起任技術副所長。從此開始了我漫長而又光榮的核武器生涯。爾後由二機部又調到國防科委。回顧幾十年的工作經歷，體會最深刻的是中國核試驗事業是在黨的領導下，在不斷創新中發展進步的。開拓創新不僅是

核試驗事業發展的最大特點，也是中國核試驗事業發展的強大動力。

沒有開拓創新就沒有中國的核事業。

核爆炸是一個複雜的綜合性的物理現象。作為研製和發展核武器必不可少的手段，核試驗本身並不只是為原子彈提供一個爆炸場所，它是一種大規模、綜合性、多學科交叉的科學試驗，涉及各種實驗方法和測試手段，是一項非常複雜而艱巨的研究任務。而中國的核試驗是在極端困難的條件下，一切從零開始，用「摸着石頭過河」的方法起步的。在二機部九所時，在錢三強同志的指導下，我和呂敏、陸祖蔭、忻賢傑等同志一起反覆研討論證，起草了首次核試驗的測試總體方案，確立了核試驗所需要的學科和技術力量配置。在中央各部委和國防科委領導機關的支持幫助下，調集了幾百名科研人員和大中專畢業生，在很短的時間內就組建起了具有多學科、專業配套的核試驗技術研究所。

研究所邊組建、邊攻關，在兩年時間內，與全國、全軍30 多個科研單位和高等院校建立了廣泛的協作關係，連續召開了 100 多次專業會議，研製出 1000 多個測試、取樣、控制用的儀器設備，取得了從無到有的開創性突破，為首次核試驗的成功做好了堅實的技術準備。

1964 年 10 月 16 日，羅布泊一聲巨響，中國第一顆原子彈爆炸圓滿成功。據有關資料記載，法國第一次核試驗沒拿到任何數據，美國、英國、蘇聯第一次核試驗也只拿到很少一部分數據，而我們在首次核試驗中 97% 的測試儀器記錄數據完

整、準確。周總理在三屆人大一次會議的報告中特別指出：在進行核爆炸試驗的時候，自動控制系統在十幾秒的時間內，啟動了上千台儀器，分秒不差地完成了爆炸。這證明我們自己製造的各種材料、燃料、儀器、設備，都是高質量的、高水平的，是過得硬的。

還在 1963 年，針對美、英、蘇簽訂《部分禁止核試驗條約》的騙局，周總理就指示我們要研究地下核試驗的問題。1964 年，在進行第一顆原子彈試驗準備工作的同時，我們就開始組織地下核試驗場勘察選點及化學炸藥爆炸模擬試驗等技術準備了。在 1969 年完成第一次地下平洞核試驗後，我們又立即研究地下豎井核試驗。在 1978 年 10 月實現了第一次地下豎井核試驗成功，特別是 20 世紀 80 年代中國完全轉入地下核試驗後，中國的核試驗工作可以說次次有創新，試驗水平年年有提高，為中國核武器的研製和發展作出了重大貢獻。

1996 年，中國宣佈暫停核試驗，我們完全有理由自豪地說：我們核試驗隊伍的一個大優點就是獨立研究、技術創新，能早發現問題、早提出問題、早解決問題，總能考慮得很遠，超前地為新的核試驗創造條件。

開拓創新的背後是非常艱苦的奮鬥。

說起羅布泊核試驗場，人們都會聯想到千古荒漠，死亡之海，提起當年艱苦創業的歲月，許多同志都會回憶起搓板路、住帳篷、喝苦水、戰風沙。但對於我們科技人員來說，真正折磨人、考驗人的卻是工作上的難點和技術上的難關。當時，我們對核試驗幾乎是一無所知，無論是理論上還是技術上都是一

片空白。在這種情況下準備中國第一次核試驗，我們面臨的困難是常人難以想像的，不知道原子彈爆炸的全過程，中國電子工業剛開始只有電子管，控制器件也只有機械式的繼電器；每秒百萬次長焦距的高速相機還沒有方案，中國還沒有記錄亞微秒級信號的示波器，甚至還不知道動壓是如何工作的。但我們必須在兩年內完成第一顆原子彈爆炸的所有準備工作，包括試驗方案、各種測試手段和 1000 多台儀器設備，試驗的安全防護、取樣、氣象預報、效應試驗，等等。

時間緊迫，困難重重，我們的科技人員沒有猶豫，沒有退縮，義無反顧地投身於這前無古人的偉大攀登。說不清多少次徹夜不眠的討論，記不清多少次絞盡腦汁的思索，數不清多少次風塵僕僕的奔波。通宵達旦，廢寢忘食，這在當時對於我們每一個人都成了很平常的事情。有一次，我走出辦公室看到有的同志在打乒乓球，還提醒他們說現在可是上班時間，大家笑了起來，一問，才知道是午休。原來是我自己忘了午飯，把午休當成上班時間了。

測量核爆炸衝擊波的鐘錶式壓力自記儀，是剛剛走出大學校門的林俊德等幾名年輕的大學生因陋就簡研製的。他們當時的一些實驗設備和檢驗條件，就是寒風、烈日、蠟燭和自行車的打氣筒。為了檢驗儀器嚴寒條件下的性能，他們背着儀器在最寒冷的夜晚爬到海拔三千多米的山頭上去做試驗。就是憑着這樣一股勁，他們在不斷改進和完善壓力自記儀系列之後，又研製了力學實驗設備。同時，這些年輕人也在實踐中成長起來。

各個協作單位的同志們也都不分晝夜，加班加點，對每個

測試項目的方案反覆研究論證，對每件實驗設備反覆檢驗標定。核爆炸的成功只是輝煌瞬間的閃現，誰又能記清，這每一個輝煌的瞬間凝聚着多少人的心血和汗水呢？

我想，我們艱苦奮鬥的傳統不僅僅是生活上工作中的喝苦水、戰風沙、吃苦耐勞，更重要的是刻苦學習、頑強攻關、勇攀高峰的拚搏精神，是新觀點、新思想的提出和實現，是不斷開拓創新的進取精神。所以說，開拓創新的背後是非常艱苦的奮鬥，是多種意義上的無私奉獻和拚搏。

開拓創新的成果是集體智慧的結晶。

寫在立功受獎光榮榜上的名字，只是少數人，而我們核試驗事業的光榮屬於所有參加者。因為我們的每一次成功都是千百萬人的共同創造，我們的每一個成果都是集體智慧的結晶。

我們在總結經驗，回顧歷史，慶賀成功的時候，是應該歷數一下那些為核試驗的成功作出開創性貢獻的同志們的功勞的，但尺幅片言是說不完的。如從杜布納聯合核研究所主動請纓回國參戰的呂敏同志；承擔核爆炸自動控制儀器研製任務的當年的室主任忻賢傑同志；從放化分析的艱難探索中先後走出來的錢紹鈞、楊裕生兩名工程院院士和 6 名專業技術少將；在年逾花甲時調離核試驗基地後又返回試驗場執行任務的孫瑞藩教授等。當然還有長期戰鬥在大漠深處的陽平里氣象站，在核試驗場上徒步巡邏八千里的警衛戰士，在羅布泊忘我奮鬥的工程兵、汽車兵、防化兵、通信兵⋯⋯如果沒有他們每一個人的艱苦奮鬥、無私奉獻，如果沒有全國人民的大力協同和支援，就沒有我們事業今天的成就和輝煌。

撫今追昔，感慨萬千。我認為，傳統不僅是保存文物的博物館和供人瞻仰的紀念碑，它是奔騰不息的河流，是永遠搏動的血脈，它需要繼承和延續，更需要注入和創新。我願和年輕的同志一起發揚「兩彈一星」精神，努力、努力、再努力，創新、創新、再創新，為科技強軍和中華民族的復興偉業作出新的貢獻。

在核試驗基地第一顆原子彈爆炸四十周年座談會上的講話（2004）

大家好！非常高興有機會參加第一顆原子彈試驗成功四十周年的慶祝活動。

四十年前的 10 月 16 日，羅布泊地區一聲巨響，向世人宣佈了中國第一顆原子彈的成功研製。四十年後，我們再次相聚一起，在這裏慶祝四十年前的那聲巨響，它給中國人民帶來信心和力量，使中國成為國際社會不可或缺的重要一員，為維護世界和平作出了重要貢獻。

當年，毛主席說：「原子彈要有，氫彈要快，導彈、人造衛星都要有。」今天，我們都有了，而且載人航天也已實現。這些都充分證明了，中國人民是有志氣、有能力的，是戰無不勝的。

當年，依靠着自力更生、奮發圖強的精神，我們艱苦奮鬥，從無到有，一步一步開創事業，走向了成功。在我們國家最困難的那段時間，經過基地老一代建設者不斷努力，在短

短兩年時間裏完成了試驗工程及試驗測試的人員、技術和設備的準備。儘管當時條件差、困難大，我們在黨中央的正確領導下，遵照周總理提出的「嚴肅認真，周到細緻，穩妥可靠，萬無一失」的十六字方針，大力協同，細緻、勤奮、一絲不苟地工作，所有的付出在四十年前的巨響中獲得成功，非常圓滿地完成了任務。我們取得了全部測試數據，實現了毛主席的要求，為核武器試驗事業打下了基礎，也樹立起完成任務的更大信心。

今天，在鄧小平同志改革開放思想的指引下，我們的黨已經成熟、我們的國家強大富有，中國已經前進在奔向小康的大道上。回顧過去的四十年，展望未來，感到欣慰：核武器不再被獨霸，別人有，我們也有，我們手中有了同樣的威懾力量，沒有誰敢欺侮我們了。

現在，我們基地在總裝備部的領導下，在基地領導班子和年輕一代馬蘭人的勤奮努力下，在繼續前進。

四十年前的成功靠的是艱苦奮鬥和大力協同，四十年來的艱苦奮鬥和大力協同成就了今天的新基地。我相信，這種精神一定會繼往開來，基地一定能更加奮發圖強，高瞻遠矚，創造更大的輝煌，取得更大的勝利。

這次，我很高興在慶祝第一顆原子彈爆炸成功四十周年時再次返回我的老家——馬蘭基地。回來後，我看到了一派新貌的新基地。我參觀了試驗場，看到了新馬蘭建設中的傳統精神，看到了美麗的馬蘭，這都是基地黨委和全體官兵共同努力的結果。看到的這一切讓我感到十分開心，也十分感動。基

地表現出了很強的能力。在新一代領導班子的領導下，基地在再創業中取得了很大成績，希望再接再厲，使我們的基地成為一個最能戰鬥、戰無不勝的試驗基地，在再創業中取得更大成績。

預祝大家取得更大的成功！

創新是科學的生命之源（2004）

（一）

我出生於江蘇吳江盛澤，祖輩是做紙張生意的。祖父期盼着程家能出一個讀書人，雖然他未能等到見着我，但我的到來似乎是對他在天之靈的安慰。由於早早失去了親生父母的愛撫，我的童年並不幸福，年幼的我沒人管教，整天就知道淘。上學了還是淘，只有連連蹲班，家人也奈何我不得。大概因為我還是程家的獨根，隨後大媽和當教師的五姐開始了對我的管教，從此我的學習上了軌，連跳兩級，1931年我考進離家約20公里的浙江嘉興市秀州中學，1937年我又以優異的成績同時被上海交通大學機械系和浙江大學物理系錄取。浙江大學給了我極個別優等生才能享有的公費生待遇，我選擇了浙江大學。由於我的刻苦努力和優秀工作，又被傑出的英國著名學者李約瑟教授（Prof. Joseph Needham）推薦到英國愛丁堡大學師從物理學大師、諾貝爾獎得主玻恩（M.Born）教授，於1948年獲得哲學博士。

我是幸運的。在秀州中學我遇到了出色的教育家顧惠人校

長，遇到數學老師姚廣鈞、教務主任俞滄泉等，他們對我的成長影響很大。來到浙江大學時，學校在享有盛譽的竺可楨教授管理下，已成為精英群集、學術氣氛濃郁、被李約瑟教授稱為「東方劍橋」（Cambridge East）的大學。在這裏我遇到蘇步青、陳建功、束星北、王淦昌等造詣很深的大師，學到他們求真務實、百家爭鳴的科學精神。在愛丁堡，我得到了導師玻恩的真傳。

在這樣的幸運中，我要說的是「99％的汗水和1％的靈感造就天才」，是「刻苦」和「努力」。我忘不了當年我是怎樣去學習的，為了學得多、學得透，熄燈後我就站在昏暗的路燈下、坐在樓梯上，甚至在廁所燈下繼續讀書，在煤油燈暗淡的燈芯邊苦讀三天三夜，為此我還贏得一個「程 BOOK」的雅號；為了求學，不怕學校搬遷的艱辛，我忍着寒冷和飢餓在無棚運貨火車裏站了足足三天三夜。我深深地感到當年的刻苦和努力對我的一生是怎樣的重要，也對古人的哲理領會得更深，我常常以我之見對小輩說「少壯不努力，老大徒傷悲」。

在秀州中學，我的數學和英文都學得很棒。數學老師要我們在學懂的前提下，熟記所有的公式和結果，做到舉一反三。我不僅按照老師的要求去做，而且做得更多更好。我將圓周率背到 60 位，平方表、立方表全部印在腦子裏，我在老師的指導下做課外的難題，學大學的微積分等，每做一道題我都力求用多種方法來解，這些都為我打下了非常好的數學基礎。學校裏的外籍英文教師採取「直接」教授法訓練我們，在他們的訓練和教授下，我十分刻苦和努力，學得很出色。當年我還代

表學校參加浙江省四所中學英文演講比賽，獲得單項第一。來到浙江大學，我仍然十分刻苦和努力，即使在學校流亡的艱辛搬遷中，學校遭受敵機的轟炸，不少學生中途離開，我仍成為年級僅存的兩名畢業生之一，還是很優秀的。在大學裏，我不僅聽物理系束星北、王淦昌等先生的課，還到數學系去聽陳建功、蘇步青的課，我的學習也引起他們對我的更多關注，我在他們的幫助下打下了更堅實的基礎。

在導師玻恩教授那裏，我更是爭分奪秒，珍視每一個學習機會。為了祖國我拚命去學，拚命去獲取知識。我十分珍惜導師給我的平均每天至少 20 分鐘的交談時間，為了這 20 分鐘，我每天都刻苦和努力。我也十分珍惜導師安排我參加的每一次學術交流的機會，我十分努力地為參加交流做準備。參加會議中，我結識了許多真正的大師，如狄拉克、薛定諤（Schrödinger）、泡利（Pauli）、玻爾（Bohr）、海森堡（Heisenberg）、鮑威爾（Powell）等諾貝爾獎得主和索末菲（Sommerfeld）、繆勒（Müller）、海特勒（Heitler）等教授，並在交流中不懼大師，努力闡述自己的觀點，甚至去爭論。我還從他們身上學到了對經典常規的超越、不斷開拓新領域的精神。

我以為，沒有刻苦和努力，成功絕無可能。

（二）

創新是科學的生命之源。面對所遇到的每一個問題，首先要有科學的態度，絕不能有束縛，不能跟着已有的跑，拿着現成的做些錦上添花的事。要有創新思維。我對自己、對學生、

對每個共事者，都要求有自己的認識和解決問題的辦法。不管是學習、科研、任務，我總是從不同的角度去思考和比較，總是立足於「新」，最後採用最好的和最有效的。只有創新，才有突破，才有發展，才有成功。當年我們搞核武器的研製、搞試驗都是在國外對我們封鎖的條件下，我們得不到資料，買不來所需的儀器設備，如果我們再沒有創新的精神、艱苦奮鬥的精神，我們就不會取得今天這樣的成就。

我在上學時就很愛動腦筋，常有新的想法，還有「不見棺材不落淚」的鑽勁和韌性。記得初中時，有一次我畫了張大船模型圖去找姚老師，我說我想造一條大船，用船的重量把大海的水壓到船裏去，水產生的沖力去帶動發電機發電，發電機工作後可以開動船，然後再把船中的水抽出去，周而復始。還有一次，我想用平面幾何的方法三等分角，結果做了幾天幾夜沒有結果，後來才知道必須用群論才能完成。雖然這些都是錯誤或失敗，但這樣的嘗試是應該提倡的。新意就是創新的雛形，要敢於想像、敢於堅持。對我來說這些都是思維方法、學習和工作態度的最初的培養，也是讓我終生受益的。

大學二年級時，我就旁聽王淦昌教授主持的「物理討論」，從王先生那裏我學到了兩條訣竅：一條是緊跟前沿；另一條是抓住問題，扭住不放。我曾經兩次聽王先生講述中子的發現。他說，本來約里奧·居里早已從照片中觀察到了一個無頭的重徑跡，但約里奧·居里粗心大意，主觀臆斷地認為這是 γ 射線碰撞粒子的徑跡，沒有認真地去研究它。後來，查德威克對這一現象認真地研究了好幾個月，仔細地計算了它

的動量、能量的交換關係，證明了這個重徑跡必定來源於一個質量和質子相近的中性粒子的碰撞，從而發現了中子。由於這一發現，查德威克一舉成名，獲得了諾貝爾物理學獎。然後，王先生用德文結束了他的講述：「Rom ist nicht ein Tag geschtalten.」意即「羅馬絕不是一天建立起來的」。

王先生的教誨對我日後從事科研起着重要作用，使我特別注意科學研究的前沿，告誡自己，不盲從權威，要執着，要認真，要窮追不捨，要堅持到底。後來我也從不保守、不停留在前人已有的上面，總能有新的思維、新的方法和新的點子。當然也有由於我沒有堅持而讓我深感遺憾的事，當年我完成了一個很有意義的研究，還由李約瑟教授為論文潤筆修改並帶交給物理學權威狄拉克（P. A. M. Dirac）教授，只因大師回信說沒必要搞這麼多的基本粒子而擱置起來，這方面的實驗工作在20世紀80年代獲得了諾貝爾獎。

在日益養成的創新精神下，在大學裏我就能大膽去做別人不敢想的事。聽了陳建功教授的複變數函數論，深受啟發，就完成了論文《根據黎曼基本定理推導保角變換面積的極小值》，連老師都想不到我真的能做出來。後來我又去挑戰新的課題，狄拉克教授曾經湊出了有名的狄拉克方程，但從沒有人對此方程進行過證明，包括狄拉克本人。我採用相對論原理完成了對它的證明，後來論文《對自由粒子的狄拉克方程推導》由狄拉克教授推薦發表在《劍橋哲學學會會刊》上。再後來，在導師玻恩教授那裏時，我接觸到前沿的超導理論研究，我就深入進去，用新的思維去考慮超導機制，經過細緻的分析研

究，與導師共同提出了雙帶超導理論。20 世紀 90 年代我又研究發展了這一理論。

這種創新精神使我的科研和事業都受益匪淺。因為需要，我經常調換崗位，但我總能坦然面對，不滿足於已有的，做出新的來。在南京大學，我和施士元先生一起努力建起了南京大學正式建成的第一個教研室——金屬物理教研室。接着又建成南京大學核物理教研室，研製出南京大學第一台核物理實驗用的雙聚焦 β 譜儀。我還在講課的基礎上，在李正中的協助下完成出版了國內第一本《固體物理學》專著。

後來我投入到中國的核武器研製和試驗的事業中，我和很多人一樣，開始在一張白紙上開創着我們的事業。對於當初的我們來說，一切都是陌生的、未知的，我們需要用已有的基礎去認識和解決面臨的每一個新問題，創新的思維和方法就變得非常重要。在原子彈的總體設計中，原子彈爆炸時彈心的壓力和溫度是很關鍵的，如何得到它們？經過苦苦思索，我研究提出了合理的「TFD」模型，大家經過半年艱苦努力，終於第一次給出了所需的結果。為此，負責結構設計的郭永懷對找說：「你的高壓狀態方程可幫我們解決了一個大難題！」在武器的試驗中，我們同樣有各種各樣的新問題。比如最初，我和呂敏、陸祖蔭、忻賢傑在一起討論中國第一顆原子彈爆炸的試驗方案。我認為第一次試驗就用空爆方式不妥，因為測試與起爆同步、落點瞄準、投擲飛機安全及保密性都存在問題。經過反覆思考，我突破已有的條條框框，提出「百米高塔的爆炸方式」，並支持了忻賢傑有線測控方案的建議，最後在張愛

萍將軍的主持下，新方式的試驗得以實施。1999 年，朱光亞院士回憶到第一顆原子彈的塔爆，他說：「它不但使我國第一顆原子彈的時間提前了，更重要的是能安排較多的試驗項目，用來監測原子彈動作的正常與否，檢驗設計的正確性。」還比如，我們進行地下核試驗時遇到了棘手的安全問題，我就廣開思路，提出分段堵塞自封的回填方案，很好地解決了難題。再有，中國的核武器研製，走的是理論、試驗、設計相互依存的路。為了檢驗武器的設計，我們經過試驗，將武器本身的理論研究、設計、製造與場區試驗及測試有機地聯繫起來，通過試驗和測試結果為武器的研製提供具有參考價值的各種數據，提出有實際意義的意見，改進設計，解決問題。這種研製和試驗兩者間的有機結合在國外的核武器發展過程中是沒有的，這也是核武器研製和試驗的「中國特色」，一個真正的創新。在中國核武器的研製和試驗中，遇到的新問題是很多的，我們都很好地解決了，訣竅就是創新。

再後來，我仍然以創新為根本，開展着國防科學研究和材料科學研究，直到現在。

創新的路也是艱難的，創新的成功不僅需要有自信，還要有求真的執着。求真是實現創新的重要條件，創新是在交流和爭論中完成的。我每每提出新的觀點和新的方法時，總會引出各種各樣的意見或爭執，我又執着好爭，常常成為爭論的中心。同樣，一旦有問題我也非弄個水落石出不可，每次業務和技術會，我們都討論得很細很細，絕不放過任何疑點。我還非常性急，往往不顧別人的感受，有時真得罪了人。但我的堅持

也是有效的，比如我提出的測試全屏蔽的嚴格要求——不允許有一絲泄漏的要求得到實施，使任務完成得很出色，達到周總理提出的「穩妥可靠，萬無一失」的要求。

（三）

常有人問我對自身價值和追求的看法，我說「我的目標是一切為了祖國的需要」，「人生的價值在於貢獻是我的信念」。

正因為這樣的信念，我才能將精力全部用於我從事的科學研究和事業上。說實在的，我滿腦子自始至終也只容得下科研工作和試驗任務，其他方面我就很難得搞明白。一次，有人對我說「你當過官」，我說「我從沒認為我當過什麼官」，我從來就認為我只是一個做研究的人。

我以為我們每一個人都有自己的追求，作為中國人，追求的目標應該符合祖國的需要。當年，我從英國回來，想的就是祖國的需要，就是我怎樣為祖國出力，怎樣報效祖國。因此，當導師玻恩教授勸我將妻女接到英國時，我考慮的是祖國需要我、我需要祖國，當時讓我為難的是如何向導師解釋，不傷導師的一片苦心。幾十年後，有人問我對當初的決定怎樣想，我說我對回國的選擇一點也不後悔，我說如果我不回國，可能會在學術上有更大的成就，但絕不會有現在這樣幸福，因為我所做的一切，都和祖國緊緊地聯繫在一起。回國後，我一次又一次地改變我的工作，我一再從零開始創業，但我一直很愉快，因為這是祖國的需要。

我以為實現目標就是作貢獻，人也只有作出貢獻才能體現存在的價值。以前我與陳芳允經常在一起討論存在的價值，我們

都認為只要活着就應該活出價值，所以當我們倆都到了八十好幾的時候，都還繼續着我們應該做的事，毫不懈怠，總要去做最能實現自身價值的創新工作。我們努力了，我們也就無憾了。

（四）

一生中，我遇到過很多人，我的小學、中學、大學的老師，我的同事和戰友，我的領導，他們都是那樣地真誠，由於真誠相待，我們都成了好朋友。與中國核試驗基地首任司令員張蘊鈺共同從事核武器試驗的時候，他從方方面面給了我極大和無畏的支持。正是有了他和像他這樣的好朋友，我才很好地闖過了一些難關。在學術研究中，我有許多永遠有討論不完話題的朋友。我們在學術上相互透明、相互支持、相互幫助，大家都得益匪淺。

一生中，我也遇到過很多人，特別是在工作和生活裏，我都真誠待人。工作中，只有竭盡全力做好，沒有你我之分、沒有攀比，不考慮我應該得到什麼。生活上，誰有難找我，我不會推就，自己並不輕鬆，也要盡力幫幫。記得有人曾對我說過「你真傻，完成了就算了，也不總結總結」。我說沒什麼關係。就是現在也一樣。有時我為別人的研究出出點子，成功後，有人為我不平，我想這有什麼呢，做出來就好，只怕不成功。我是個性子特急的人，一旦發現工作做得不細、出了問題，就會跟人急，特別是在研究所時，任務的壓力大極了，往往會發火，先批一頓再說。所以，就是到現在，有人可能還會記着我當年的「火」。我想，我的方法是不太好，但我還是完全從工作出發，對的是事而不是人，真心要大家都好，所以事後我不

會記發生過的事，即使爭吵得不可開交，仍然不會記心上。多少年後，有人跟我提起當年，我說「你不提，我還真忘了呢」。

但是，我也真的有終生遺憾。我在浙江大學的恩師束星北教授，在我求學和工作期間，給了我很多幫助，我一直感恩不盡。沒有料到，1951年思想改造運動中，我幼稚的發言讓束星北教授不能理解，在恩師的有生之年又一直沒有機會當面懇請原諒。

我以為，為人應該正直、善良，嚴於律己、善以待人。「善良、誠信、寬容」是人際交往的基本準則，這也是我始終自覺信奉和遵守的。

在核試驗基地研究所「兩彈一星」精神教育會上的講話（2008）

黨中央、中央軍委、國務院為「兩彈一星」的事業頒發了功勳獎章，我只是代表基地和研究所全體指戰員和曾為核武器試驗事業作出貢獻的全體指戰員接受了江總書記的授勳。功勞是大家的，功勳獎章是對我們事業的肯定，是對「兩彈一星」精神的肯定，也是對我們基地和研究所工作的肯定。

「兩彈一星」精神是「熱愛祖國、無私奉獻，自力更生、艱苦奮鬥，大力協同、勇於登攀」。總書記在大會上號召全國人民學習「兩彈一星」的刻苦鑽研精神、開拓創新精神和拚搏奉獻精神。「兩彈一星」精神在研究所的具體體現就是熱愛祖國、無私奉獻、開拓創新、艱苦奮鬥、自力更生、大力協同。

研究所的發展一直是以創新為重、以大局為重、以科研工作為重，在不斷的開拓和爭論中，走自己的路，力爭開創。從最初的為測試武器的威力和效應研究為主的研究所，在安全、抗干擾、放化分析、近區物理測量等方面預先為進一步的發展做好準備，轉變到核爆炸過程全過程和發展中的重要參數為重的研究方面，力爭到地下核試驗的發展方向，推進了核試驗的進程，在效應、抗輻射加固和武器的發展方面作出了重大貢獻。

研究所的歷史是一個創新的歷史，有創新點，有爭論，有矛盾，才有發展，才能實現創新。研究所是在發現矛盾、提出矛盾、分析矛盾、解決矛盾的過程中得以發展，有了今天的輝煌。

創新的背後就是艱苦奮鬥，創新就有爭論，有反覆，有改進，最後達到目的。比如：放化分析，X 光測試，自封安全，取樣方法，飛機的安全，屏蔽，近區物理測試，豎井，抗輻射加固等。

我們在技術上的創新和成功包括：

（1）拋棄了蘇聯的試驗框框。他們的框框限制我們的爆炸當量只能在 2 萬噸以下，且很多測試項目無法實施。我們就走自己的路。第一顆原子彈不採用空投試驗方式，採用了塔爆方式，考慮到保密和可靠性採用有線傳輸測試方法，圓滿地完成了中國第一顆原子彈試驗。

地下核試驗及半地下核試驗的推進。1963 年周總理召集武器研究所和我們討論大氣層禁試及地下核試驗的政治意義和技術含義，使我們於 1964 年即為此開始了準備，首先組織了

第一支隊伍——過去的六隊，1969年進行了第一次試驗。又做了××地面試驗，及早地提出屏蔽抗干擾、X光、熱擊波等近區物理測量等。

完全可以說：基地和研究所的一個大優點就是獨立研究、技術創新，總能考慮得很遠，能早發現問題，早提出問題，做到早解決問題。在研製的過程中，總能超前地為其創造條件。在「兩彈一星」精神中，創新精神是極其重要的內容。還應認識到創新是與艱苦奮鬥分不開的，更要強調的是「創新的背後是非常艱苦的奮鬥」。艱苦奮鬥不僅僅是喝苦水、戰風沙，更重要的是新觀點與新思想的提出、爭議和實施。

（2）再從研究所本身的體制上來說，實際上也是一個成功的創新。武器的研製和試驗應當是一個有機體，設計和試驗應該是相互促進的。美蘇就是將研究和試驗絕然分開，將武器的研製和測試放在研究所，試驗放在基地，結果是武器的設計和實踐分開了，降低了效益，使研究周期很長。而我們呢？剛開始時，武器設計有了初步的概貌時，中央決定1964年進行第一次核試驗。由於武器研究所正全力以赴製成第一顆核彈，工作十分緊張，無力開闢試驗領域，就將其交由核試驗基地來承擔，從而組建了核試驗技術研究所，後來被張蘊鈺司令接收了去。張司令積極支持研究所的創新工作，特別是為地下核試驗選址，親自環繞場區走一圈察看，他說「基地和研究所決不拖試驗的後腿」，使得基地與國外的核試驗基地有了很大的差別。這不僅使核試驗成為一個獨立的環節，而且在研究所的創新精神下，使實踐走到了研製的前

面，為核武器的設計改進提供了重要的依據，加快了中國核武器發展的步伐，促使中國的核武器發展速度比國外的快得多，不僅加快了速度，取得了效益，同時也使研究所成為中國核武器發展中不可或缺的重要技術力量。我清楚地記得，我和陸祖蔭、呂敏、忻賢傑還是在武器研究所的一間辦公室裏討論擬定第一次核試驗的技術方案的。

（3）不管怎麼說，工作是大家一起做的，沒有基地和研究所的一班人的努力，沒有集體的智慧和大家的忘我勞動就沒有今天的輝煌。在核試驗的歷史中，有很多人做了非常有價值的工作，我們應該給他們擺擺功，當然還有很多無名英雄，他們都在這一事業中作出了開創性的貢獻。

比如地下核試驗，在花崗巖中核爆有無分凝問題是當年六隊的邢梯良用高壓釜給出明確答案的，這是一大功勞，現在快沒有人能記起了；丁浩然，探定了××山是可用的，不必新辟新場區，不僅節省了大量資金，而且大大加速了地下核試驗的過程；喬登江為各效應大隊做了好多工作，使效應工作獲得豐收；董壽莘為豎井鑽井技術作出了貢獻，使得我們很快進入豎井方式階段；程耕對地下平洞自封所做的計算分析起了重要作用；我們的試驗是基地和研究所所有參加者，有名的、無名的英雄們在彎彎曲曲的道路上，一步一個腳印去完成的。

當然，應當提到這一事業的組織指揮者，特別是張愛萍將軍和當年我們的核司令張蘊鈺將軍，他們都是核試驗事業的大功臣。

最後我要再說的仍是沒有「兩彈一星」的精神，沒有幾代

人的艱苦奮鬥和無私奉獻，就沒有我們事業的輝煌，也就沒有研究所的今天。在此我更希望研究所發揚「兩彈一星」的優良傳統，創新、創新、再創新！希望年輕人為此而努力、拚搏，作奉獻！

我們一定要做到在有困難的時候，要拚搏、創新，才能達到「柳暗花明又一村」的光明前景。

在研究所成立五十周年大會上的視頻講話（2013）

研究所於 1963 年 7 月 12 日正式宣佈成立，至今已半個世紀。今天大家一起共慶研究所 50 歲生日，真令人開心。我很遺憾未能在這個日子裏回來，但畢竟 95 了，不便參加這一活動，請大家諒解。在此預祝大家愉快地度過意義十分重大的 10 月 16 日！

回顧已往，一切皆為緣分。今天也是錢三強院士的百年誕辰紀念，我由衷地回憶了與他的交往。三強先生在為第一顆原子彈的研製組建九所時，我在他向中央提出的名單中，並於 1960 年夏任九所副所長；當第一顆原子彈的研製有了關鍵性突破，面臨着兩年後試驗的緊迫問題時，三強先生又提名我承擔這一任務。正是三強先生，我才有了與大家共同為我們事業的拚搏奉獻。今天，我真心地感謝大家，感謝我們故去的老領導張蘊鈺，感謝所有參試人員和協作單位，有了大家的「兩彈一星」精神和協同作戰，才有了我們大家的事業成功，研究所也才能向黨和國家交出合格的答卷。

在當年的條件下，我們在中央專委周總理、聶榮臻和張愛萍的直接領導下，於 1964 年 10 月 16 日圓滿完成了第一顆原子彈爆炸的試驗。50 年來，研究所在中國的核試驗、核技術等方面，經歷了高科技創新的艱苦過程，為核武器的發展和國家的利益作出了重要貢獻；在核爆炸理論研究方面，力學、光學、核輻射、放射化學分析等的測量診斷方面，試驗方式和安全方面，地質勘探和自動控制方面，研究所都取得了極大成功，從而圓滿完成了大氣層和地下多種方式的 ×× 次核試驗。

50 年來，研究所取得了驕人的成績，還培養了大批優秀人才。這是一代一代研究所人「熱愛祖國、無私奉獻、自力更生、艱苦奮鬥、大力協同、勇於攀登」所為，這是研究所的光榮，研究所令我們大家自豪驕傲。為此，我感到高興，並作為核事業的開拓者之一，向研究所表示祝賀。

研究所的昨天和今天是成功的，希望研究所的明天更加輝煌。

最後祝大家身體健康！祝年輕的研究所人作出新貢獻！

程開甲年表

1918　8月3日（農曆六月廿七），生於江蘇吳江縣盛澤鎮。
零歲

1924　盛澤鎮綢業小學學習。
六歲

1928　觀音弄小學學習。
十歲

1930　淘沙弄小學學習。
十二歲

1931　考入浙江嘉興秀州中學。
十三歲

1936　代表秀州中學參加浙江省四所教會中學高中英語演説競賽，獲
十八歲　第一名。

1937	中學畢業。以優異成績同時考取上海交通大學和浙江大學，選
十九歲	擇就讀浙江大學物理系，成為王淦昌、束星北、陳建功、蘇步青
	教授的學生。

1939	大學三年級，完成數學論文《根據黎曼基本定理推導保角變換
二十一歲	面積的極小值》，得到陳建功和蘇步青兩位數學大師的讚賞，
	並由陳建功推薦給英國數學家 Tischmash 發表。

1941	完成畢業論文《相對論的 STARK 效應》。大學畢業，留校擔任
二十三歲	助教，從事基本粒子研究。
	與高耀珊結婚。

1944	完成論文《弱相互作用需要 205 個質子質量的介子》，經王淦昌
二十六歲	引薦，李約瑟博士親自為論文修改潤色，並將論文轉交給物理
	學大師狄拉克教授。

1945	在《自然》雜誌上發表論文《用等價原理計算水星近日點進動》。
二十七歲	在《劍橋哲學學會會刊》上發表論文《對自由粒子的狄拉克方程推導》。

1946	與王淦昌共同署名的研究論文《論五維場論》，發表於美國《物
二十八歲	理評論》上。
	8 月，經李約瑟博士推薦赴英國留學。師從愛丁堡大學物理學大
	師 M. 玻恩（Max Born）教授。

1947	與導師玻恩一起，參加狄拉克（P. A. M. Dirac）主持的劍橋大
二十九歲	學理論物理討論會，結識物理學大師海特勒（W.Heitler）。
	參加愛爾蘭都柏林基本粒子國際學術會議，結識物理學大師薛
	定諤（Schrödinger）、鮑威爾（Powell）等。

1948	獲愛丁堡大學哲學博士學位，受聘為英國皇家化學工業研究所
三十歲	研究員。

參加瑞士蘇黎世低溫超導國際學術會議，結識物理學大師泡利（Pauli）和海森堡（Heisenberg）。會上，因為超導觀點針鋒相對，與海森堡進行了激烈論戰。

9月，參加玻恩主持的愛丁堡國際理論物理討論會，結識物理學大師玻爾（N. Bohr）。

1950
三十二歲

回國。任浙江大學物理系副教授。

1952
三十四歲

全國高等院校院系調整，調入南京大學物理系，從事教學和固體物理等方面的研究。

與施士元教授一起創建南京大學物理系金屬物理教研組。

1956
三十八歲

加入中國共產黨，是新中國成立後南京大學黨組織吸收的第一位高知黨員。

參與制定《1956—1967年科學技術發展遠景規劃綱要》。

10月，作為高等教育代表團成員出訪蘇聯，考察蘇聯的高等教育。

1958
四十歲

與施士元教授一起創建南京大學物理系核物理教研組。

參加江蘇省原子能研究所的籌建。

帶領年輕教師成功研製出中國第一台雙聚焦 β 譜儀。

1959
四十一歲

出版中國第一本《固體物理學》專著，填補中國高等院校固體物理學教材的空白。

1960
四十二歲

任南京大學物理系副主任。

由錢三強點將，調任二機部九所副所長，參加中國第一顆原子彈研製。

第一個採用合理的 TFD 模型計算出原子彈爆炸時彈心的壓力和溫度，為原子彈的總體力學設計提供了依據。

1952- **1960** 三十四歲 - 四十二歲	在《物理學報》《南京大學學報》等國內外雜誌上發表多篇研究論文。在國內首先開展了系統的熱力學內耗理論研究，提出了普適線性內耗理論，具有普遍指導意義。開展了二元代位合金體系、面心立方金屬原子的內耗理論和 Thomas-Fermi 統計正則系統分佈函數、弛豫過程普遍理論、輻射理論、布朗運動、電子集體振動、極化子、細晶粒再結晶等方面的理論研究。
1962 四十四歲	否定蘇聯專家空爆建議，提出中國第一顆原子彈先採用地面靜態爆炸方式，成為《第一種試驗性產品的科學研究、設計、製造與試驗工作計劃綱要（草稿）》中核爆炸試驗的重要部分。 10 月 16 日，經錢三強推薦，成為中國核武器試驗研究的技術總負責人。 11 月，組織草擬了《關於第一種試驗性產品國家試驗的研究工作綱要（草案）》。 12 月 30 日，總參謀部決定組建中國人民解放軍核試驗基地研究所，被任命為副所長，參與組建工作。
1963 四十五歲	7 月 12 日，核試驗技術研究所在國防科委機關召開成立大會，國防科委主任聶榮臻、副主任鍾赤兵等和基地司令員張蘊鈺等出席。研究所下設政治部、4 個處、5 個研究室和 1 個加工廠。 夏天，首次進入試驗場區，選擇爆心、測試佈點位置。 10 月 15 日，組織有關單位在北京郊區官廳水庫化爆試驗場進行大規模綜合性的化爆模擬試驗。
1964 四十六歲	4 月，提前半年進入試驗場區，在原子彈爆炸試驗前，組織多次各單元預演。 8 月 23 日，根據中央專委指示，成立中國首次核試驗黨委會和核試驗委員會，擔任核試驗委員會副主任委員和黨委常委。 8 月 31 日，進行全場綜合預演，對彈的運輸、裝配、控制、測量、偵察、取樣、回收、洗消等進行全面的演練。

10 月 16 日，中國第一顆原子彈爆炸試驗成功。

12 月，完成空爆試驗技術方案，上報《關於空中核爆炸試驗方案的報告》。

1965

四十七歲

當選為第三屆全國人民代表大會代表。

5 月 14 日，中國第一次原子彈空爆試驗成功。

5 月 30 日，周總理在人民大會堂接見並宴請參加第一、二次核試驗的有關同志，作為基地代表之一參加。

年底，參加青海會議，研究 1966 年含熱核材料的原子彈試驗、導彈核試驗、氫彈原理塔爆試驗等重大問題，會議決定暫停地下核試驗準備工作。

1966

四十八歲

5 月 9 日，含熱核材料原子彈試驗成功。

10 月 1 日，受邀登上天安門城樓參加國慶觀禮活動。

10 月，反覆論證場區落點的安全問題，參與導彈核試驗工作。

12 月 28 日，中國氫彈原理試驗成功。

12 月 30 — 31 日，參加聶榮臻主持的全當量氫彈空投試驗問題會議。

1967

四十九歲

6 月 17 日，中國第一顆空投氫彈試驗成功。

1969

五十一歲

9 月 23 日，中國首次地下平洞核試驗成功。

1971

五十三歲

9 月 8 日，在人民大會堂向周總理匯報重大試驗技術問題。

1973

五十五歲

當選為第四屆全國人民代表大會代表。

1977
五十九歲
12 月 6 日，被任命為核試驗基地副司令員兼研究所所長。

1978
六十歲
3 月 8 日，參加全國科學大會，被授予「先進科技工作者」稱號。
研究所 8 項科技成果獲重大科技成果獎。
10 月 14 日，中國首次豎井地下核爆炸試驗成功。
當選為第五屆全國人民代表大會代表。

1980
六十二歲
當選中國科學院學部委員（院士）。
參加全國第二屆高壓學術討論會，做大會學術報告。
7 月，受聘為清華大學物理系兼職教授。
當選為第六屆全國政協委員。

1984
六十六歲
調入國防科工委科技委，任常任委員。
起草中國第一個抗核加固方案，開創和規劃領導抗輻射加固技
術新領域研究。
出席中國第一顆原子彈爆炸成功 20 周年紀念大會。

1985
六十七歲
獲國家科技進步獎特等獎、一等獎。

1986
六十八歲
參加全國首屆核爆探測學會議。
任國家超導專家委員會顧問。
11 月，受聘為國防科學技術進步獎評審委員會委員。
參加 International Conference on Intense Dynamic Loading
and Its Effects。

1987
六十九歲
6 月，參加 The Fourth International Conference on Gyration
and Free Electron Laser。
開創中國高功率微波研究的新領域。
出席瀋陽全國超導學術會議，做學術報告。

| 1988 | 當選為第七屆全國政協委員。 |
| 七十歲 | 獲國家科技進步獎一等獎。 |

1989	1月，參加廈門第二屆全國高臨界溫度超導理論研討會，做大會
七十一歲	學術報告。
	出席由國家自然科學基金委員會主任師昌緒主持、在上海召開
	的程開甲超導電雙帶理論對 BCS 電子成對超導理論錯誤剖析的
	專題討論會。
	4月，參加第三屆全國物理力學會議，做大會學術報告。
	參加 International Conference on High Temperature
	Superconductivity，做大會學術報告。
	9月，參加 Intemational Conference of Physics of Materials，
	Shenyang，做大會學術報告。

1990	1月，受聘為全國自然科學名詞審定委員會第二屆委員。
七十二歲	3月，受聘為中國科學院固體物理研究所、中國科學技術大學內
	耗與固體缺陷聯合開放研究實驗室第二屆學術委員會委員。
	參加在北京舉行的 1990 CMRS 國際會議。
	在清華大學開辦為期一周的超導電雙帶理論短期講座。
	10月，參加合肥第四屆物理力學學術會議，做特邀學術報告。

1991	出版超導專著 Study on Mechanism of Superconductivity。
七十三歲	1月，被聘為第四屆全國抗輻射電子學學會顧問委員會主任。
	10月，享受政府特殊津貼。
	12月，受聘為吉林大學兼職教授。

1992	3月，參加國防科工委科技委第一屆年會。
七十四歲	6月，參加成都物理力學國際會議，做大會報告。
	參加 International Conference on Advanced Topics of
	Quantum Physics，做大會報告。
	12月，受聘為電子科技大學榮譽教授。

1993
七十五歲

1月，受聘為中國工程物理研究院衝擊波物理與爆轟物理國防科技重點實驗室科學顧問。

申報國家自然科學基金的面上項目得到批准，並承擔6個面上基金項目的集團管理，組織、領導集團課題組的研究工作。

3月，受聘為遼寧工學院兼職教授。參加國防科工委科技委第二屆年會。在吉林大學材料系做學術報告，建立合作關係。

7月，在遼寧工學院做學術報告，建立合作關係。

9月，受聘為北京航空航天大學教授。

參加全國超導學術會議，做大會報告。

11月，參加西安第二屆中俄雙邊新材料學術會議，做大會學術報告。

在山東工業大學材料系做專場學術報告，建立合作關係。

出版超導專著《超導機理》。

1994
七十六歲

1月，開始國家自然科學基金課題《合金設計的理論設計》研究。

3月，參加國防科工委科技委第三屆年會。

7月，參加第六屆固體與分子經驗電子論及其在材料科學中的應用學術研討會議，做學術報告。

受聘為山東工業大學名譽教授。

8月，參加長沙第五屆全國物理力學會議，做學術報告。

12月，在北京主持召開集團課題研究會議，進行匯報交流和指導研究。

1995
七十七歲

2月，受聘為西北核技術研究所兼職研究員，研究生、博士生指導教師。

3月，參加國防科工委科技委第四屆年會做學術報告。

在南京大學舉辦超導電雙帶理論系列報告會。

9月，赴俄羅斯新西伯利亞 Tomsk 參加第三屆新材料、新思想、新工藝國際會議，做關於 TFDC 理論的大會學術報告。回國途經莫斯科，拜訪老朋友、莫斯科大學的 N‧B‧Brandt 院士，進行學術討論。

在北京召開第二次集團管理課題研討會。

1996

七十八歲

3月，參加國防科工委科技委第五屆年會。

4月，被聘為中國人民解放軍專業技術重大貢獻獎第一屆評審委員會委員。

參加西安第六屆全國物理力學會議。

受聘為西安交通大學兼職教授。

5月，受聘為西安交通大學博士研究生兼職指導教師。

10月，主持安排俄羅斯科學院強度研究所 Makarov 和 Kulkov 兩位教授關於材料介觀理論和實驗研究的講學活動。

組織吉林大學、遼寧工學院、西北核技術研究所聯合申報國家自然科學基金重點課題「金屬結構材料的電子結構與成分設計」。

7月，參加瀋陽國家自然科學基金重點項目的申請答辯會。

12月，在山東東營石油大學組織召開集團課題研究總結會。在學校做學術報告。

1997

七十九歲

2月，參加中韓雙邊薄膜會議，做學術報告。

3月，參加國防科工委科技委第六屆年會。

5月，受聘為航天醫學研究所兼職研究員。

9月，參加西北核技術研究所「慶賀程開甲院士八十華誕暨學術研討會」。

參加浙江大學百年校慶，在院士報告會上做學術報告。

12月，受聘為北京工業大學名譽教授。

1998

八十歲

3月，參加總裝備部科技委第七屆年會。

7月，參加北京密度泛函理論及離散變分方法國際會議，做大會學術報告。

8月3日，獲中國科學院資深院士稱號。

10月，獲何梁何利科技進步獎。

11月，參加西安國際材料研討會，做大會學術報告。

1999

八十一歲

9月18日，受黨中央、國務院、中央軍委表彰，獲「兩彈一星功勳獎章」。

1月，被聘為國防科技大學高新技術武器研究所科學顧問；被聘為中國科學技術大學兼職教授。

3月，組織召開基金課題「金屬結構材料的電子結構與成分設計」的中期評估會。

4月，被聘為中國人民解放軍專業技術重大貢獻獎第二屆評審委員會委員。

5月，在西北核技術研究所講學並組織課題研究。

組織吉林大學、西北核技術研究所、清華大學、西安交通大學申報國家自然科學基金重點項目「多層材料界面電子密度對材料性能的影響」。

7月，在北京參加並指導國家自然科學基金重點項目「多層材料界面電子密度對材料性能的影響」的申報答辯。

2000
八十二歲

2月22日，在西北核技術研究所做「兩彈一星」精神教育報告。

3月，參加總裝備部科技委2000年年會。此後至2011年，一直堅持參加年會。

4月30日，作為特邀代表出席全國勞動模範和全國先進工作者表彰大會。

10月，受聘為浙江嘉興學院名譽教授。

11月，受聘為河北工業大學名譽教授。

2001
八十三歲

3月29日，參加總裝備部科技委2001年年會。

3月，申報國家自然科學基金面上項目「材料內應力和斷裂機制的理論和實驗研究」。

6月，山東大學作學術報告。

參加西安物理力學國際會議，做學術報告。

10月3日，參加母校浙江嘉興秀州中學百年校慶。

受聘為中國科學技術大學理論物理所名譽所長。

在荷蘭 Elsevier 出版社出版的 *Prospects of Mesomechanics in the 21st Century* 中發表了兩篇關於 TFDC 電子理論的重要論文。

專著《超導機理——雙帶理論還是成對理論》被評為總裝備部

優秀圖書特等獎。

2002
八十四歲

開始「材料內應力和斷裂機制的理論和實驗研究」課題的研究，
與吉林大學合作進行多層膜實驗研究。

5 月 20 日，參加南京大學百年校慶，被授予南京大學百年傑出
校友獎章。

2004
八十六歲

1 月，在《神劍》發表文章《創新是科學的生命之源》。

8 月 13 日，出席總裝備部科技委專業組會議，並做書面發言。

10 月 12 日，出席核試驗基地第一顆原子彈爆炸成功 40 周年座
談會並講話。

10 月 16 日，參加在人民大會堂舉行的第一顆原子彈爆炸成功
40 周年座談會。

2005
八十七歲

2 月，在《稀有金屬材料與工程》發表論文 *Origin of the High
Capacity of Self-Assemble Nano-Composite Thin Film*。

2006
八十八歲

6 月，在《自然科學進展》發表論文《複合薄膜的異常大電容》。

9 月，在《稀有金屬材料與工程》發表論文《納米複合薄膜特異
電容機制探討》。

12 月，在《自然科學進展》發表論文《基於電子理論的斷裂機
理新探》。

2008
九十歲

10 月，在《稀有金屬材料與工程》發表論文《論薄膜的超導電性》。

2010
九十二歲

思考哥德巴赫猜想問題。

2012
九十四歲

思考超導理論問題。

參與程開甲口述史課題研究和《程開甲院士文選》編輯出版工作。

2013
九十五歲

10 月 16 日，在研究所成立 50 周年大會上做視頻講話。

12 月，在《現代應用物理》發表論文《壓力誘發的超導再進入的物理機制初探》。

2014
九十六歲

1 月 10 日，獲 2013 年度國家最高科學技術獎。

2017
九十九歲

獲得「八一勛章」。

2018
一百歲

11 月 17 日在北京逝世。

程開甲主要著述目錄 [1]

1　CHENG KAICHIA. "A Simple Calculation of the Perihelion of Mercury from the Principle of Equivalence". *Nature* Vol. 155，1945：274.

2　CHENG KAICHIA. "Derivation of Dirac's Equation for a Free Particle". *Phil.* 4，1946：185.

3　K.C.WANT，K.C.CHENG. "A Five-Dimensional Field Theory". *Rev.* 70，1946：516-518.

4　CHENG KAICHIA. "Theory of Superconductivity I". *Nature* Vol. 161，1948：968-971.

5　Max.Born，CHENG KAICHIA. "Theory of Superconductivity II". *Nature*，Vol. 162，1948：1017-1019.

6　M.BORN，K.C.CHENG. "Sur la Theorie de la Supraconductivite". France：*Le Journal de Physique et le Radium Serie* 8，Tome 9，1948：249-252.

7　МАКС БОРН и КАЙ-ШИА ШЕНГ. "К ТЕОРИИ СВЕРХПРОВОДИМОСТИ". (Пресмавленоакаемцком С. И.Вавцловым) *Tom* LXII，No.3，1948：313-318.

1　此目錄只收入公開發表的著述。因年代久遠等原因，部分著述相關資料不完整。

8 CHENG KAICHIA. "Theory of Superconductivity Ⅲ". *Nature* Vol. 163，1949：247.

9 程開甲.〈固體的低溫現象〉. 北京：《物理通報》，1951 (4-6)：186-191.

10 H.S.GREEN，K.C.CHENG. "The Reciprocity Theory of Electrodynamics". Edin：*Proc. Roy. Soc.* 63，1951：105-138.

11 KAICHIA CHENG. "On the Mapping of the Brillouin Zones". Beijing：*Science Record*，Vol.4，No.1，1951：51-60.

12 程開甲.〈正則系綜的分佈函數〉. 北京：《中國科學》，1951，2 (4)：417-431.

13 CHENG KAIJIA. "The Cohesive Energies of Metals". Beijing：*Science Record*，Vol. 4，No.3，1951：223-236.

14 CHENG KAIJIA. "On the Radiation Corrections in Elastic Scattering of Electrons by Protons". 北京：《物理學報》，1951，8(2)：111-122.

15 程開甲.〈弛豫過程的一個普遍理論〉. 北京：《金屬研究工作報告會會刊》. 1955：228-237.

16 程開甲.〈布朗運動的擴散方程式〉. 南京：《南京大學學報》，1955，1：64-69.

17 程開甲.〈內耗的熱力學研究（I）〉. 北京：《物理學報》，1955，11 (2)：163-177.

18 程開甲.張肇源.〈細晶粒銅的再結晶現象〉. 南京：《南京大學學報》，1956，2：33-45.

19 程開甲.〈從紅外發散問題上研究海脫勒－彭的輻射理論〉. 南京：《南京大學學報（自然科學版）》，1956 (4)：85-98.

20 程開甲，李正中.〈內耗的熱力學研究（II），代位合金在有序或無序態的內耗理論〉. 北京：《物理學報》，1956，12 (4)：85-98.

21 程開甲.〈從截面上晶粒大小的面密度分佈計算體密度分佈〉. 北京：《物理學報》，1957，13 (1)：58-68.

22 程開甲.〈電介質的分子結構和極化作用〉. 北京：《物理通報》，1957 (9)：526-533.

23 程開甲，張杏奎.〈面心立方體金屬中間隙原子內耗理論〉. 北京：《物理學報》，1958，14 (1)：71-81.

24　程開甲.〈用 Fermi-Thomas 方法計算金屬的結合能〉.北京:《物理學報》,1958,14 (2): 106-113.

25　程開甲.〈量子力學中的哲學問題〉.北京:《自然辯證法研究通訊》,1958 (3): 37-41.

26　程開甲.〈電子集體振動理論〉.北京:《物理學報》,1958,14 (3): 244-260.

27　程開甲.〈離子晶體中慢電子 — 聲子相互作用的理論電子的有效質量和基態能量〉.北京:《科學通報》,1958 (6): 86-89.

28　程開甲.〈弗留里希 — 巴丁超導電理論〉.北京:《物理學報》,1958,14 (3): 262-273.

29　程開甲.〈同位旋對核能級、質子中子的核反應的影響〉.南京:《南京大學學報》,1959 (1): 33-40.

30　程開甲,薛恩雄.〈在周期場中電子集體振盪的經典理論〉.南京:《南京大學學報 (自然科學版)》,1959 (1): 51-59.

31　程開甲.《固體物理學》.北京:高等教育出版社,1959.

32　程開甲,張宗燧.《十年來的中國科學》.北京:科學出版社,1962: 38-43.

33　程開甲.〈關於爆炸力學目前發展的幾點看法〉.四川:《爆炸與衝擊》,1981 (1): 1-5.

34　程開甲,樊啟科,高占鵬.〈TF (或 TFD) 模型中原子的邊界勢及狀態方程〉.北京:《物理學報》,1984 (2): 176-191.

35　CHENG KAIJIA,FAN QIKE,GAO ZHANPENG. "The Equation of State for Simple Minerals". Chengdu:*The International Symposium on Intense Dynamic Loading and its Effects*. 1986: 570-573.

36　程開甲,高占鵬,樊啟科.〈布里淵區角頂附近的費米面的計算〉.北京:《計算物理》,1987,4 (4): 389-400.

37　CHENG KAIJIA. "Comment on Bloch s Theorem on Theories". Beijing:*Chinese Phys.Lett.*,Vol. 5,No.6,1988: 265-287.

38　程開甲.〈超導等離子體激光器設計理論方案〉.成都:《高 TC 技術會議文集》.1988: 484-491.

39 CHENG KAIJIA. "On the Possible Types of Elementary Particles Compatible with the Canonical Formulation". Beijing：*CNIC* 00260，Nu 0003，1988.

40 WEN ZULI，CHENG KAIJIA. "Quasi two Dimensional Bose Condensation and High Tc Superconductivity". Beijing：*Phys. Lett.*，Vol.135，No.2，1989：137-142.

41 施毅，吳鳳美，程開甲，等.〈高壓二極管中子、電子和 γ 輻照特徵的研究〉. 南京：《南京大學學報（自然科學版）》，1989，25 (3): 35-41.

42 施毅，吳鳳美，程開甲，等.〈中子輻照損傷區對矽少數載流子壽命的影響〉. 北京：《半導體學報》，1989，10 (9): 672-679.

43 CHENG KAIJIA. "Theory of Persistent Current in Superconductivity". *International Conference on High Temperature Superconductivity*，Vol. 22，1989：518-520.

44 李文鑄，吳建斌，程開甲，等.〈準二維玻色凝聚、氧空位、高溫超導〉. 北京：《物理學報》，1989，38 (7): 1199-1204.

45 吳建斌，應和平，程開甲，等.〈La2-xBaxCuO4 中摻雜的拓撲效應〉. 北京：《中國科學基金增刊》，1989：22-30.

46 程開甲.〈對 BCS 哈密爾頓中能隙計算評論，超導體中缺氧和能帶結構分析〉. 北京：《中國科學基金增刊》，1989 (8): 87-91.

47 程開甲.〈約瑟夫遜效應機制探討〉. 北京：《中國科學基金增刊》，1989 (8): 92-98.

48 程開甲.〈高溫超導體中缺氧和能帶結構分析〉. 北京：《中國科學基金增刊》，1989 (8): 99-102.

49 CHENG KAIJIA. "Influence of Previous Defects on the Formation of Irradiation Defects in NTD Si". *Physica States Solidi (a)*，1989：113-115.

50 程開甲，喬登江.《中國軍事百科全書 —— 核武器分冊》. 北京：軍事科學出版社，1990.

51 程開甲，程漱玉.〈冷壓狀態方程計算的新方法和材料相圖的研究〉. 北京：《力學進展》，1991，21 (1): 22-30.

52 程開甲.〈關於矢量勢線積分的認識和商榷〉. 四川：《大自然探索》，1991，10 (35): 11-20.

53 CHENG KAIJIA. *Study on Mechanism of Superconductivity*. Beijing：New Times Press，1992.

54 李傳臚，劉永貴，程開甲，等.〈電子束微波發生器的理論分析〉.四川：《強激光與粒子束》，1992，4 (1): 127-129.

55 程開甲，程漱玉.《超導機理 —— 雙帶理論還是成對理論》. 長沙：國防科技大學出版社，1993.

56 CHENG KAIJIA. "Application of the TFD Model and Yu's Theory to Material Design". Beijing：*Progress in Natural Science*，Vol.3，No.3，1993：211-230.

57 CHENG KAIJIA. "On Mechanism of Superconductivity". Beijing：*Progress in Natural Science*，Vol.3，No.1，1993：3-19.

58 程開甲.〈超導機理研究〉.北京：《自然科學進展》，1993，3 (2): 97-108.

59 程開甲，程漱玉.〈TFD 模型和余氏理論對材料設計的應用〉. 北京：《自然科學進展》，1993，3 (5): 141-157.

60 CHENG KAIJIA. "The Energy GAP in Breaking Pairs in BCS Theory of Superconductivity". Beijng：*Progress in Natural Science*，Vol.3，No.4，1993：504-515.

61 程開甲，程漱玉.〈剖析 BCS 超導理論的拆對理論〉. 北京：《自然科學進展》，1993，3 (3): 204-213.

62 CHENG SHUYU，CHENG KAIJIA. "Computation on Heat of Formation and EOS of Alloy by a Refined TFD Model". Beijing：*ACTA Physica Sinica* (Oversea Edition)，Vol.2，No.6，1993：439-448.

63 程開甲.〈高溫超導電子相圖 —— 雙帶理論分析〉. 北京：《全國超導學術會議論文集》，1993.

64 CHENG SHUYU，CHENG KAIJIA. "Computation on EOS for 3-component System by the Application Refined TFD Model". 西安：《第二屆中俄雙邊新材料學術會議論文集》，1993：551-554.

65 程開甲，程漱玉.〈電子邊界是決定分子間作用特性的重要條件〉. 北京：《科技導報》，1993 (12).

66 程開甲.〈國防工業新材料開發的現狀和未來〉. 西安：《稀有金屬快報》，1994 (147): 22-24.

67 程開甲.〈論材料科學中的理論基礎〉. 浙江:《材料科學與工程學報》,1996 (1): 12-20.

68 CHENG KAIJIA. "A Suggestion to the Designing of Ceramic Superconductors with Higher Transition Temperatures". Beijing: *Chinese Letter*, Vol.11, No.6, 1994: 376-378.

69 CHENG KAIJIA, CHENG SHUYU. "Proof of the Validity of the Virial Theorem in the Equation of State by the Thomas-Fermi-Dirac Model". Beijing: *ACTA Physica Sinica* (Oversea Edition), Vol. 4, No.5, 1995: 344-349.

70 程開甲,程漱玉.〈論少子對材料特性的影響〉. 瀋陽:《材料研究學報》,1996,10 (1): 1-5.

71 CHENG KAIJIA, CHENG SHUYU. "Disent to Pairing Mechanism". *International Journal Modern Physics*, Vol.12, 1996: 2894-2897.

72 CHENG KAIJIA, CHENG SHUYU. Theoretical Foundation of Condensed Material. Beijing: Progress in Nature Science, Vol.6, No.1, 1996: 12-25.

73 程開甲,程漱玉.〈納米晶矽和無定形矽混合物特性研究〉. 北京:《自然科學進展》,1996,6 (6): 693-699.

74 CHENG KAIJIA, CHENG SHUYU. "Properties of Mixture of Nanometer Crystals and Amorphous Silicon". Beijing: *Progress in Nature Science*, Vol. 7, No.1, 1997: 32-40.

75 BAO ZHONGXING, CHENG KAIJIA, CHENG SHUYU, etc. "Equations of State, Electrical Resistance Transport Properties and Phase Transitions in Several Kinds of Semiconductors at High Pressure". Beijing: *Chinese Science Bulleti*, Vol. 41, No.4, 1996: 1171-1176.

76 程開甲,程漱玉.〈論材料科學的理論基礎〉. 浙江:《材料科學與工程》,1998,16 (1): 64-70.

77 程開甲,程漱玉.〈薄膜內應力的分析和計算〉. 北京:《自然科學進展》,1998,8 (1): 20-29.

78 程開甲，程漱玉.〈界面和間界面邊界條件的重要作用〉. 陝西:《稀有金屬材料與工程》,1998,27 (4): 189-193.

79 鮑忠興，程開甲，趙昌森.〈CuO 在高壓下的狀態方程、電學性質與相變〉. 四川:《高壓物理學報》,1998,12 (4): 254-257.

80 程開甲.〈必須重視主體與基礎之間的銜接〉. 北京:《民主與科學》,1999 (1): 10-11.

81 CHENG KAIJIA，CHENG SHUYU. "Boundary Conditions of Electrons at Interfaces: Part I Mixture of Nanometer Crystals and Amorphous Silicon". Holland: *Theoretical and Applied Fracture Mechanics* 37, 2001: 19-27.

82 CHENG KAIJIA，CHENG SHUYU. "Boundary Conditions of Electrons at Interfaces: Part II -Internal Stresses in Thin Films". Holland: *Theoretical and Applied Fracture Mechanics* 37, 2001: 11-17.

83 CHENG KAIJIA，CHENG SHUYU. "On the Mechanism of Eutectic Structure". Beijing: *Progress in Nature Science*, Vol.11, No.5, 2001: 345-350.

84 CHENG KAIJIA，CHENG SHUYU. "Interpretation of Structure of Dislocation on Ground of the TFD Model". Beijing: *Progress in Natural Science*, Vol. 11, No.9, 2001: 701-705.

85 程開甲，程漱玉.〈論位錯的穩定存在〉. 陝西:《稀有金屬材料與工程》,2002,31 (2): 81-83.

86 程開甲.〈評介《界面電子結構與界面性能》〉. 北京:《自然科學進展》,2002,13 (8): 1231-1232.

87 程開甲，程漱玉.〈論共晶結構的機理〉. 陝西:《稀有金屬材料與工程》,2002,31 (6): 81-83.

88 程開甲，程漱玉.〈納米管形成與內應力〉. 北京:《自然科學進展》,2003,13 (1): 95-98.

89 CHENG KAIJIA，CHENG SHUYU. "On the Mechanism of Solid Films Roll up into Nanotubes". 陝西:《稀有金屬材料與工程》,2003,32 (10): 773-776.

90 CHENG KAIJIA，CHENG SHUYU. "On the Cracking". *Proceeding of the 7th International Conference on Mechanism*，2005：239-242.

91 程開甲，程漱玉.〈基於電子理論的斷裂機理新探〉. 北京：《自然科學進展》，2005，15 (12)：1528-1529.

92 程開甲，程漱玉，林東升，等.〈複合薄膜的異常大電容〉. 北京：《自然科學進展》，2005，15 (6)：714-718.

93 CHENG KAIJIA，CHENG SHUYU，LIN DONGSHENG，etc. "Origin of the High Capacity of Self-Assemble Nano-Composite Thin Film". 陝西：《稀有金屬材料與工程》，2006，35 (11)：1681-1685.

94 CHENG KAIJIA，CHENG SHUYU. "On Possibility of Superconductivity in Thin Films". 陝西：《稀有金屬材料與工程》，2008，37 (10)：1693-1695.

95 程開甲，程漱玉.〈壓力誘發的超導再進入的物理機制初探〉. 西安：《現代應用物理》，2013，4 (4)：353-355.

後　記

　　對程老的採訪始於 2000 年。當時，「兩彈一星」表彰大會剛開過不久，宋健正在主編《「兩彈一星」元勛傳》，要求 23 位「兩彈一星」功勛獎章獲得者，每人提供 5 萬字左右的科學小傳。因為嚴格遵守保密紀律，以前，程老從不向圈外人談及參加核武器研製與試驗方面的具體問題。這次機遇，我們有幸成為第一個「圈外人」來聆聽他講述自己的故事和戈壁灘上的故事。隨着訪談的深入，我們與程老的配合也日益默契。後來，尤其在講述核武器研製和試驗時，我們深深體會到把他口述的珍貴歷史史料記錄下來、保存下來的重大價值和意義。於是，我們把每次訪談變成對中國核武器研製和試驗史料的考證與研究，雖然時間斷斷續續，但我們非常認真地做了　年，形成了四十多個光盤的採訪錄音資料，並不時有補充。

　　完成對程老的主體訪談後，我們採取口頭或書面的形式又採訪了曾與他在核試驗基地同期共事的張蘊鈺司令員、呂敏院士、楊裕生院士、喬登江院士、邱愛慈院士、錢紹鈞院士、陳達院士、林俊德院士以及孫瑞藩、丁浩然、于冠生、程耕、朱煥金、周南、張利興、朱鳳蓉等人；採訪了曾經接受過他的領導後來成長為基地領導的馬國惠、劉國治、范如玉、陳世亮、喻名德以及任萬德等人；還採訪了在南京大學與他共事並有着師生之誼的劉聖康、王承書、吳文瑛、李正中、張杏奎、施毅等人。此外，我們還在萬美森的帶領

下，實地考察參觀了程老在基地工作、生活的每一個角落。他們都對程老充滿敬意，從他們與程老交集的角度，為程老的科學歷程補充了許多有珍貴價值的歷史資料，有的還提供了他們收藏的信函、手稿。

本書的取材，主要依據訪談程老的錄音資料整理，同時也參考了與程老相熟的戰友和同事撰寫的有關文章。特別是核武器研製與試驗這樣一個千千萬萬人共創的事業，參與人數眾多，不同人的文章中，會有對同一事件的不同說法。對於這種情況，凡涉及與程老工作有交集且與其口述有出入的，只要被發現，我們都與程老溝通、校正，有的還查閱原始檔案，力求我們提供的史料準確無誤。雖然程老年歲已高，但親身經歷過的事情，他回憶的具體細節都很清晰。

手稿完成後，沈志康、趙軍、劉國治、金西康、曾路生等對書稿進行了嚴格的審讀把關，提出了許多重要補充和建議。孫克忠對全書進行了多次審讀。在此表示衷心感謝！

熊杏林　程漱玉
2016 年 5 月 17 日於北京

1　2016 年 5 月程開甲與程漱玉（左）、
　　熊杏林（右）在家中合影

20 世紀
中國科學家口述史

程開甲
口述自傳

程開甲　口述
熊杏林　程漱玉　王瑩瑩　訪問整理

責任編輯　徐嘉雷
裝幀設計　鄭喆儀
排　版　黎浪
印　務　林佳年

出版　開明書店
　　　香港北角英皇道 499 號北角工業大廈一樓 B
　　　電話：（852）2137 2338　傳真：（852）2713 8202
　　　電子郵件：info@chunghwabook.com.hk
　　　網址：http://www.chunghwabook.com.hk

發行　香港聯合書刊物流有限公司
　　　香港新界荃灣德士古道 220-248 號
　　　荃灣工業中心 16 樓
　　　電話：（852）2150 2100　傳真：（852）2407 3062
　　　電子郵件：info@suplogistics.com.hk

印刷　美雅印刷製本有限公司
　　　香港觀塘榮業街 6 號海濱工業大廈 4 樓 A 室

版次　2021 年 8 月初版
　　　© 2021 開明書店

規格　32 開（210mm×145mm）

ISBN　978-962-459-080-7